시장경제와 외국인투자 유치

나남
nanam

나남신서 1495

시장경제와 외국인투자 유치

2010년 6월 25일 발행
2010년 6월 25일 1쇄

편저자_ 모종린
발행자_ 趙相浩
발행처_ (주) 나남
주소_ 413-756 경기도 파주시 교하읍
출판도시 518-4
전화_ (031) 955-4600 (代)
FAX_ (031) 955-4555
등록_ 제 1-71호(79. 5. 12)
홈페이지_ http://www. nanam. net
전자우편_ post@nanam. net

ISBN 978-89-300-8495-6
ISBN 978-89-300-8001-9 (세트)
책값은 뒤표지에 있습니다.

나남신서 · 1495

시장경제와 외국인투자 유치

모종린 편저

나남
nanam

Promoting Foreign Investment for a Market Economy

by

Jongryn Mo and Associates

nanam

머리말

세계화 시대에 외국인투자가 우리나라 경제성장에서 차지하는 중요성은 그 어느 때보다 부각되고 있다. 우리나라는 경제개발 초기에 수출주도형 경제개발 전략으로 경제성장을 이루어왔으나 1997년 금융위기를 계기로 새로운 발전전략을 필요로 했다. 하루가 다르게 진행되는 세계화 흐름에 소국개방경제인 한국은 수출동력으로 고도의 경제성장을 지속할 수 없다. 2008년 세계금융위기는 이 점을 더욱 명확하게 해주었다. 금융과 무역의 세계화에 따라 금융위기의 국제적 전이를 피할 수 없다면, 안정적인 성장을 위해서 외국인직접투자를 유치하는 것이 바람직하다. 즉, 우리나라의 21세기 생존전략은 외국인투자를 유치하여 성장잠재력을 높이고 국가경제를 선진화하는 것이다.

기존의 많은 연구가 외국인투자의 중요성을 역설하며 투자유치정책의 바람직한 방향을 논의해왔다. 그러나 외국인투자 유치를 하기 위해 정부가 정책환경을 개선하기보다는 본래의 기능을 벗어나 지나치게 시장에 개입해왔다는 사실을 지적한 논의는 드물다. 필자들은 외국인투자 유치에서 정부역할을 재정립할 필요성이 있다는 데 문제의식을 갖고 이 연구를 2008년 국제학연구소의 연구사업으로 시작하였다. 이 연구는 기본적으로 시장친화적 유치정책을 강조한다. 또한 외국인투자에서 주로 논의하는 기업, 금융뿐만 아니라 외국인 고급인력, 외국인 학생과 외국인 교육기관으로 유치대상의 저변을 확장하여 좀더 거시적이고 종합적인 시각을 부여하려고 노력했다. 타 연구와의 이러한 차별성은 시장경제에 충실한 '해외자원' 유치가 우리나라 경제성장뿐만 아니라 개방사회와 선진화를 가져다줄 수 있다는 필자들의 굳은 신념에서 비롯되었다.

그리하여 이 결과물로 2009년 6월 안민정책포럼에서 "세계화 시대의 해외자원 유치 전략 세미나"를 개최하였다. 안충영(KOTRA 외국인투자 옴부즈만, 중앙대) 교수님께서 축사를 해주시고 박태호(서울대 국제대학원) 원장님께서 제1부 논문발표 사회를 맡아 주셨다. 류상영(연세대 국제학대학원) 교수가 "외국인 투자유치: 현황과 개선방향", 김치욱(세종연구소) 박사가 "외국 금융자본유치와 금융선진화의 성공조건", 이인재(인천대 경제학과) 교수가 "외국인 인력유치: 문제점과 개선방향", 모종린과 김의성(연세대 국제학대학원) 교수가 "외국인 학생 · 외국교육기관 유치"를 발표했다. 토론자로 이성봉(서울여대 경영학과), 함준호(연세대 국제학대학원), 조동훈(한림대 경제학과), 이 영(한양대 경제금융학부) 교수가 참가하였다.

세미나를 통하여 발표자들과 토론자들은 외국인투자 유치 10년의 평가와 발전과제를 다음과 같이 정리하였다. 첫째, 반외자정서를 극복하고 개방경제에 대한 열린자세를 정립하는 것이 필요하다. 외국인투자가 내국인투자와 동등하게 국가경제에 유익하다고 인정하는 성숙한 사회문화가 형성되지 않으면 보이지 않는 장벽으로 인해 고용창출, 내수증진, 산업고도화 등 외국인투자가 가져다주는 긍정적 효과를 활용할 수 없다.

둘째, 국적 차별적 규제완화 전략에서 투자환경개선 전략으로 변화해야 한다. 국내외 기업을 막론하고 투자여건이 열악하다면 인센티브를 제공하여 외국인투자를 유치하기는 접근방식에 한계가 존재한다. 그러므로 각종 제도적 개혁을 통해 국내의 기업경영환경과 생활환경을 글로벌 스탠더드 수준으로 끌어올려 투자환경을 개선해야 한다.

셋째, 기 진출 외국인투자자를 관리하여 증액투자를 유도해야 한다. 최근 우리나라에 일어나고 있는 외국인직접투자 중 약 50% 내외가 기존 외국인투자자의 증액투자이다. 그러므로 기 투자자들이 기업하기 어려운 환경에 처한 후 사후적으로 처리하는 데 조점을 맞추지 말고 이들이 만족할 만한 투자환경을 제공하고 국내에서 투자를 확대하도록 설득해야 한다. 그러기 위해선 앞에서 언급한 외국인 투자친화적 정서와 투자환경개선이 필연적이다.

안민정책포럼 세미나에서 형성한 공감대를 토대로 하여 외국인투자 유치정책에 중요한 화두를 던지는 이 책을 출판하게 되었다. 외국인투자 유치정책의 논의를 확장하기 위해 후에 김보훈과 모종린의 "해외대학 유치의 이상과 현실", 김지은의 "마케팅 중심의 외국인투자 유치전략"을 추가하였다.

연구 수행과정에서 많은 분들이 연구진을 도와주셨다. 한국무역협회 오영호 부회장, Invest Korea의 정동수 단장, 송유황, 박용수 팀장, 홍성우 과장, 지식경제부의 김경식 무역투자실장, 박청원 산업경제정책관, 이규봉 사무관, 교육과학기술부의 이주호 차관, 구혁재 글로벌인재육성과장, 안준모 사무관께 감사의 말씀을 전한다. 또한 YBM 민선식 사장, TDCO 다니엘김 사장, 새한창업투자 이정우 사장, 연세대학교 김의성 교수, JP Morgan 사무엘남 본부장, 동아일보 반병희 부장, SKT 서진우 사장, 설원희 전무의 격려와 후원이 큰 도움이 되었다. 마지막으로 이 책의 출판을 도와주신 나남출판 조상호 사장과 편집국 여러분들께 감사드린다.

2010년 5월
집필자를 대표하여
모 종 린
연세대 국제학대학원
안민정책포럼
세계화연구센터(www.rig.or.kr)

나남신서 · 1495

시장경제와 외국인투자 유치

차 례

제1장

시장경제 친화적 외국인투자 유치

김 지 은
모 종 린

1997년 외환위기는 우리나라가 개방경제와 열린사회로 향하는 길에 중요한 전환점이었다. 경제위기를 극복하기 위한 다양한 구조조정과 경제개혁은 경제체제 개방에, 경제개혁 과정에서의 시민사회 참여 확대는 정치체제 개방에 기여하였다.

세계화와 개방경제를 추진하는 과정에서 가장 괄목할 만한 변화는 정부의 외국인투자 유치정책이다. 외환위기 이전에 외국인직접투자는 외국자본이 국내경제를 지배한다는 부정적 인식으로 인해 정책적 관심을 받지 못했다. 그러나 1998년 외국인투자촉진법의 제정을 시작으로 외국인투자 유치는 경제위기 타개를 위한 최우선 정책과제 중의 하나로 추진되었다. 초기에는 부족한 외환의 시급한 확보와 국내경제의 구조조정을 위해 외국인투자를 유치하였다. 이후에는 외국인의 국내기업 M&A 허용, 주식시장 제한 철폐, 외국인 토지취득과 부동산시장의 개방 등 자유화의 폭을 확대하면서 국가경쟁력 강화 수단으로 외국인투자를 적극 유치하였다.

이러한 노력으로 급격히 늘어난 외국인투자는 2000년 이후 하락세를 보이기 시작했다. 2002년과 2003년에는 외국인직접투자가 경제위기 이전인 1998년 수준으로 감소하였다. 참여정부는 침체된 외국인투자를 활성화하기 위해 '외국인 경영 및 생활환경 개선 5개년 계획'을 시작으로 외국인투자기업의 주요 애로사항으로 지적되는 경영 및 생활환경 개선 사업을 추진하였으며 동시에 경제자유구역을 조성하기 시작했다. 국내 산업구조를 선진화하는 데 필요한 서비스 및 첨단산업 위주의 외국인투자를 유치하기 위해 외국인투자자에게 실질적인 원스톱 서비스를 제공하고 기존의 세제혜택과 입지제공 등 투자인센티브도 확충하였다.

그럼에도 불구하고 해외자원 유치는 이명박 정부에서도 크게 개선되지 않았다. 이명박 정부는 2008년 '외국인투자 활성화 3개년 계획'[1] 과 2009년 외국인투자 유치제도 강화방안을 마련하였다. 현재 한국의 투자유치 실적과 외국인투자기업이 국내경제에서 차지하는 비중은 여타 세계 주요국과 비교할 때 아직도 낮은 수준이다. GDP 대비 외국인직접투자의 비중은 8.1%로 일본을 제외하고는 OECD 국가 중 최하위 수준이다.

지금까지 추진한 정부의 외국인투자 유치정책에 대한 전반적인 평가도 부정적이다. 보호주의자, 시장경제주의자, 개입주의자 모두 정부 정책과 성과에 회의적이다. 보호주의자는 시장개방과 시장경제에 부정적이기 때문에 요소시장 개방을 반대하는 것은 놀라운 일이 아니다. 우리나

1) 외국인투자환경 개선 3개년 계획(2008~2010)은 2008년 5월 16일 수립되어 경제적 파급효과가 높은 외국인투자 유치 및 홍보 등을 위한 17개 전략적 유치활동 과제들 및 본격적인 외국인투자환경의 지속적 개선을 위한 62개 환경개선 과제들로 이루어져 있다. 62개 과제들의 주요 내용은 첫째, 외국인투자기업의 입지 및 인센티브 지원을 위한 12개 과제, 둘째, 글로벌 스탠더드에 맞춘 기업경영 관련 제도의 정비를 위한 19개 과제, 셋째, 외투기업 대상 예방적 노무관리 지원 등 노사관계 지원 및 반외자정서 극복을 위한 12개 과제, 마지막으로 '글로벌 비즈니스 시티'를 지향하는 생활환경 마련을 위한 19개 과제이다.

라 정부의 외국인투자 유치정책 자체를 반대하는 한국의 보호주의자들이 정부의 노력을 긍정적으로 평가할 리 만무하다. 그들은 기본적으로 우리나라 정부가 그동안 외국자본을 지나치게 많이 유치했다고 인식한다. 최근 글로벌 금융위기의 여파로 상품시장 개방을 지지하는 학자 중 일부도 노동, 자본 등 요소시장 개방에 대해 유보적인 입장을 취한다.

시장경제주의자는 외국자본 유치를 원칙적으로 지지한다. 그러나 시

〈표 1-1〉 외환위기 이후 외국인투자 유치정책의 변천

시 기	정책 목표	주요 대책 및 시행법	세부내용 및 전략
1998~2002 외국인투자 자유화 시기	외환보유고 확충과 기업구조조정을 위한 외국인투자 유치	외국인투자촉진법 (1998)	- 투자절차 간소화 - 인센티브 확대 - 외국인투자지역 지정 - 행정지원 강화
2003~2007 외국인투자 활성화 시기	동북아경제 중심국가 실현 및 국내산업구조 선진화를 위한 전략적 외국인투자 유치	외국인투자 유치 종합대책 (2003.9) 외국인 경영 및 생활환경개선 5개년 계획	- 투자인센티브 강화 - 외국인 경영 및 생활환경 개선 (교육 · 주택 · 의료 · 교통 · 출입국 · 생활문화/통신) - 실효성 있는 원스톱서비스 체제 구축 - 투자유치활동 강화
2008~현재 외국인투자 유치 선진화 시기	고용, 기술 등 파급효과가 높은 외국인투자 유치와 투자유입이 안정적으로 지속될 수 있는 기반 마련	제1선진화: 외국인투자환경 개선 3개년 계획(2008~2010) 제2선진화: 외국인투자 유치시스템 강화 방안(2009.5)	• 외국인투자환경 개선 - 매력적인 투자 기회 제공 - 기업 · 생활하기 좋은 환경 조성 • 외국인투자 유치시스템 강화 - 투자유치 전략의 전환 : 선택과 집중 - 투자유치 체제의 효율화 : 기획 · 조정 기능 강화 - 투자환경 개선체계 정립: 참여 확대 및 상시화 - 경제자유구역 고도화 체제구축 : 기반확충 가속화

출처: 산업자원부(2003), 산업자원부 · KOTRA(2007), 무역 · 투자진흥회의(2008), 지식경제부(2009)를 바탕으로 정리.

〈그림 1-1〉 외국인투자 유치 실적(1~7월 기준)

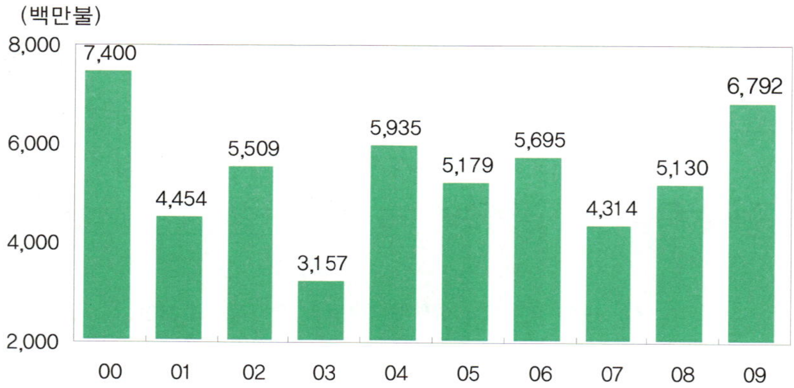

출처: 지식경제부 홈페이지.

장경제주의자는 국가가 자신의 역할을 외국인을 위한 시장 접근성을 확대하고 그들의 거주 및 투자환경을 개선하는 정책에 한정해야 한다고 믿는다. 정부가 해외자원 유치를 위해 과대한 인센티브 제공, 국내자본과 노동에 대한 역차별 등 유치시장에 지나치게 개입하는 행위를 반대한다. 시장경제주의 관점에서 보면 한국 정부의 유치 실적과 정책이 긍정적이지만은 않다. 한국 정부가 시장개방, 규제완화, 외국인 정주환경 조성 등 자신이 정작 해야 할 일은 하지 않으면서, 실적주의, 대중영합주의 등에 밀려 외국인투자자에게 지나친 특혜를 제공한다고 믿기 때문이다.

마지막으로 유치주의자는 현재 한국시장이 외국인과 외국인투자자에게 구조적으로 불리하기 때문에 정부가 적극적으로 해외자원을 유치하지 않으면 해외자원 유입이 불가능하다고 주장한다. 유치주의자들도 그동안 정부의 투자유치실적이 미흡하다는 데 동의하지만 시장경제주의자와는 달리 유치실패의 원인을 정부의 지나친 시장개입이 아니라 오히려 충분하지 못한 투자 인센티브에서 찾는다.

해외자원 유치에 대한 우리 연구진의 시각은 기본적으로 시장경제주의

이다. 우리들은 외국인투자 유치의 필요성은 공감하지만 투자유치를 위한 지나친 정부의 개입은 바람직하지 않다고 생각한다. 특히, 외국인과 외국인투자자의 국내 진출을 위해 내국인과 내국인을 차별하는, 즉 역차별 정책은 최소화해야 한다는 입장을 갖고 있다.

1. 시장개방과 외국인투자 유치

정부가 과거 국내시장 보호와 정치경제적 이유로 규제했던 외국인투자를 적극적으로 유치하는 정책으로 전환한 것을 설명하기 위해서는 투자유치정책이 일반적인 시장개방정책과 개념적으로 상이함을 지적할 필요가 있다. 시장개방정책은 최혜국대우와 함께 외국인에게 내국인보다 불리하지 않은 대우를 제공하여 '동등경쟁조건'(*level playing field*) 을 보장하는 내국민대우를 원칙으로 한다. 그러나 외국인투자 유치는 내국인에게 부여하지 않는 특혜나 기회를 외국인에게 제공함으로써 외국인투자를 자국에 유인하는 정책이다. 이는 시장개방을 전제로 하지만 국적 구분에 근거하여 외국인투자를 촉진하기 때문에 본질적으로 내국인을 차별하고 외국인을 우대하는 정책이다. 시장개방정책은 국적의 무차별주의원칙에 근거하여 자유화를 이루려 하지만 외국인투자 유치정책은 국적 차별에 근거하여 자유화를 추진한다.

그렇다면 국적차별주의에 바탕을 둔 외국인투자 유치정책의 부작용은 무엇인가? 만약 부정적인 효과가 있다면 이를 해소하기 위해 어떠한 정책적 노력을 해야 하는가? 지난 수년간뿐만 아니라 앞으로 우리나라 외국인투자 유치에 대해 우리가 제기해야 할 질문들이다. 외국인투자 유치정책을 분석하고 근본적 문제점을 찾는 작업은 위기 이후 우리나라 외국인투자에 대한 객관적 평가와 직결된다. 외국인투자 유치에 대한 올바른 인식은 앞으로 정책 방향을 정립하기 위해서 매우 중요하다.

2. 역차별 실태와 논쟁

일부 재계와 학계의 역차별 주장은 정부가 외국인과 외국기업에게 분야별로 제공하는 인센티브에 따라 세 가지로 분류할 수 있다. 먼저 규제조치에 관한 역차별 문제로, 정부가 시장진입과 영업활동과 관련한 각종 규제를 외국 기업에게만 완화하거나 철폐하여 생기는 역차별 현상이다. 산업자본의 은행소유를 금지하고 있는 산금분리의 원칙, 출자총액 제한과 금융계열사의 의결권 제한, 지주회사 설립과 전환의 제한, 국내기업의 수도권지역 공장설립 제한 등이 국내자본에만 적용되는 대표적인 역차별 규제이다.

둘째는 정부가 외국인투자자와 기업의 투자비용을 경감하기 위해 제공하는 재정지원에 의한 역차별 현상이다. 외국인투자자에게 제공하는 국공유재산에 대한 임대료 감면, 경제자유구역에 위치한 외국대학을 위한 토지 및 건물 제공, 운영비 지원 등은 국내투자자가 기대하기 어려운 역차별 지원이다.

세 번째 유형의 역차별은 조세 인센티브 부여에 따른 역차별이다. 국내 대기업은 고도기술을 수반하는 사업이라도 차입금 이자가 손금 불산입되는 반면, 외국인투자 기업은 법인세, 소득세, 취득세, 재산세 감면 등의 세제혜택을 받는다.

역차별 정책은 재정지원 또는 조세감면을 제공할 때보다는 규제를 차별적으로 완화할 때 더 심각한 문제로 인식된다. 역차별 논쟁을 일으키는 규제조치가 오늘날 세계적 기업환경의 변화를 반영하지 못하거나 실효성이 불확실한 규제일 때 역차별 피해는 더욱 심각해진다.

대표적인 예가 재벌계열사 사모투자펀드의 은행 소유 금지이다. 정부가 2000년 하나로통신을 지배한 뉴브리지캐피털펀드에 제일은행을 매각하고, 2003년 극동건설을 지배한 론스타가 외환은행을 인수하여 은산(銀産) 분리원칙이 적용되지 않았다는 논란이 존재했다. 외국계 투자펀드가 산업자본을 지배했음에도 불구하고 은행인수가 가능했던 이유는 정부의 적격성 심사에 일차적으로 문제가 있었기 때문이다. 그러나 더 본질적인 문제는 정부가 재벌계열사라는 이유로 일률적으로 이들 사모투자펀드를 외국계와 차별하는 것이 재벌규제와 은산분리라는 정당한 목적에 의해 합리화되는지 여부이다. 현행의 규제는 사전적 규율로 과다규제의 소지가 있고 국내 금융회사의 경쟁력을 약화시키며 시장의 비효율성을 발생시킬 수 있다. 또한 오늘날 은행업과 증권업을 겸업하는 세계 금융산업의 변화를 반영하지 못한다. 그러므로 역차별 논란이 있는 규제를 존속하기보다는 재벌의 소유구조를 개선하기 위한 재벌개혁정책을 더욱 강화하고 은산분리의 적정성을 담보할 수 있는 세부적인 감독방안을 마련하는 것이 올바른 정책방향이다.

정부는 지금까지 역차별 문제에 대해서 이렇다 할 공식적인 입장을 취하지 않았다. 외국인투자자들에게 제공하는 특혜적 규제완화는 투자유치정책으로 접근하기 때문에 정부가 이를 외국인투자자에게 완화한 후 국내투자자에게도 확대한다는 입장도 공개적으로 표명하지 않는다. 그러나 끊임없는 역차별 논란의 대상이 되었던 각종 규제들이 단계적으로 국내투자자에게도 완화되는 경향을 감지할 수 있다. 출자총액제한제도는 거듭되는 논란 속에 2003년 12월에 발표된 시장개혁 3개년 로드맵에 의하여 기업지배구조의 개선정도에 따라 인센티브를 주는 이른바 '출자총액제한졸업제'로 전환하였다가 2009년에 전면 폐지하였다. 마찬가지로 산금분리 원칙도 단계적으로 완화되는 중이다.

〈표 1-2〉 외국인투자 인센티브 종류

<table>
<tr><th></th><th>지원 대상</th><th>지원 요건</th><th colspan="2">지원 방법 및 한도</th></tr>
<tr><td rowspan="5">1.
조세감면
국세 및
지방세
감면</td><td>고도기술수반사업 및
산업지원서비스업</td><td>• 국민경제에 대한 경제적 또는 기술적 파급효과가 크고 산업구조의 고도화와 산업경쟁력강화에 긴요한 기술
• 국내최초 도입일 이후 3년이 경과하지 않은 기술이거나 3년 경과 기술로 이미 도입된 기술보다 경제적 효과 또는 기술적성능이 뛰어난 것</td><td colspan="2" rowspan="5">• 국세
- 법인세
- 소득세

• 지방세
- 취득세
- 등록세
- 재산세

• 7년간 감면
- 5년 100%, 2년 50%</td></tr>
<tr><td>개별형 투자지역 기업</td><td>• 제조업 : 3천만 달러 • 관광업 : 2천만 달러
• 물류업 : 1천만 달러 • R&D : 5백만 달러</td></tr>
<tr><td>단지형 투자지역, 경제자유구역, 자유무역지역, 기업도시개발구역 입주기업</td><td>• 제조업 : 1천만 달러 • 관광업 : 1천만 달러
• 물류업 : 5백만 달러 ※기업도시 : 1천만 달러</td></tr>
<tr><td>경제자유구역 · 기업도시 개발사업자</td><td>• FDI 3천만 달러 이상
• 외투 50% 이상으로, 총 사업비 5억 달러 이상</td></tr>
<tr><td>제주투자진흥지구 개발사업자</td><td>• FDI 1천만 달러 이상
• 외투 50%이상으로, 총 사업비 1억 달러 이상</td></tr>
<tr><td rowspan="2">관세 등
면제</td><td>고도기술수반사업 및 산업지원서비스업, 개별형 투자지역 기업</td><td rowspan="2">• 신규취득 투자로 도입하는 자본재
• 자유무역지역은 비관세지역으로, 반입외국물품에 대한 관세가 유보되며, 반입 내국물품에 대한 관세는 환급</td><td>관세, 특별소비세, 부가가치세</td><td rowspan="2">3년 내 수입신고 완료 대상</td></tr>
<tr><td>경제자유구역 입주기업
경제자유구역 개발사업자
제주투자진흥지구 개발사업자
단지형 투자지역 입주기업
자유무역지역 입주기업</td><td>관세</td></tr>
</table>

〈표 1-2〉 계 속

	지원 대상		지원 요건	지원 방법 및 한도	
2. 입지지원	1. 임대용지 지원	용지매입	외국인투자지역 등의 지정을 통한 임대용지 제공 (부지는 국가와 지자체가 공동으로 매입)		
		임대료 감면 (국유재산) *50년 범위 내에서 임대기간 갱신 가능	개별형 외국인 투자지역	100% 감면	
			1백만 달러 이상 고도기술수반사업	단지형 외국인 투자지역	100%
				5백만 달러 이상 제조업	50%
			5백만 달러 이상 제조업	단지형 외국인 투자지역	75%
				일반 산업단지	50%
			※공유재산의 임대료 감면은 지방조례로 규정		
	2. 임대료 보조		국가, 지방자치단체, 정부투자기관, 민간이 소유한 토지를 외국인투자기업에게 임대료를 감면하여 임대하는 경우 차액 보조		
	3. 분양가 차액보조		국가, 지방자치단체, 정부투자기관 또는 민간이 소유한 토지 등의 조성원가 이하 분양시 차액 보조 - 지자체마다 조례에 따라 차등		

〈표 1-2〉 계 속

	지원 대상	지원 요건	지원 방법 및 한도
3. 현금보조	외국인투자비율 30% 이상인 외국인투자로 i) 외국인투자액이 1천만 달러 이상인 고도기술수반사업 · 산업지원서비스업, 부품 · 소재업(장기차관 투자 포함) ii) 산업지원서비스업 및 고도기술수반산업 분야의 R&D(연구전담인력의 상시 고용규모가 10인 이상이어야 함) : 비영리연구법인 포함	토지매입비, 건축비, 장비구입비, 고용 및 교육훈련 보조금, 기반시설 설치비 등 투자가와 협상을 거쳐 FDI금액의 일정비율을 지원(최소 5% 이상)	보조금 지급에 따른 의무 • 10년간 Cash Grant를 지급받은 사업을 영위 • 현금지원협약에 의해 규정된 최소의무고용인원을 준수 • 계약의무를 불이행할 경우 지원금의 환수, 감액 또는 의무이행기간의 연장 조치
4. 재정지원 : 외국인 투자비율 30% 이상 또는 외국인 1대 주주인 투자기업	교육훈련 보조금	20명 이상 신규고용시 최대 6개월간 1인당 월 10~50만 원까지 지자체가 지급하는 금액만큼 지원	• 신규투자 : 외국인투자금액의 50% • 증설투자 : 외국인투자 금액의 50% 또는 외국인투자금액과 이익잉여금을 더한 금액의 25% 범위 중 더 큰 금액
	외국인투자지역 인프라 조성 지원	산업단지 이외 지역에 위치하는 경우 진입도로 · 용수 시설, 폐수종말처리시설 지원 - 국비지원비율 : 수도권 40%, 비수도권 75%	
	고용보조금	20명 이상 신규고용 시 초과 1인당 월 10~50만 원까지 6월의 범위 내에서 지자체가 지원하는 금액만큼 지원	
	생활환경 개선지원	교육 · 의료 · 주택 등 지원 - 외국인투자위원회에서 지원여부 및 수준 결정 - 외국인학교에 대한 부지매입비, 시설비, 운영비 지원	

출처: 산업자원부 · KOTRA(2007).

〈표 1-3〉 역차별 내용과 분류

		국적으로 인한 역차별 사안	
		내국인/기업/자본	외국인/기업/자본
1. 규제 조치 (*Regulatory*)	시장 진입	대기업 SOC투자사업법인의 지분 30% 이상시 규제	규제 없음
		은행 : 산금분리 원칙	
		중소기업고유업종 국내 대기업 참여 배제	
	영업 활동	회계 : 결합재무제표 작성 의무화	규제 없음
		경영권관리 : 사외이사제 의무화, 감사위원회 도입, 금융계열사 의결권제한, 출자총액제한 (재벌구조), 주식 이익배당액 제한	규제없음
		5% 실행력 미비, 유가 증권 발행규제	의무 공개매수제도, 외국인 주식 투자 규제 폐지
		기업형태 : 지주회사 설립·전환 제한, 기업결합의 제한	규제 없음
		산업입지 : 수도권지역 공장설립 제한, 대기업, 대학, 정부 출연기관 신설 금지, 공장 총량규제	2003년까지 공장 신 · 증설 허용, FEZ 수도권 규제 완화
		행정지원 : 건축허가 처리기간 30일	건축허가 14일
		국가유공자 의무고용/부담금납부	규제 없음
2. 자금 지원 조치(*Financial*)			국공유재산의 임대로 감면
3. 재정 조치 (*Fiscal*)	세제 감면	차입금 손금불산입, 세제혜택 조건부(수도권→지방), FEZ 법인세 감면 없음	고도기술수반사업 법인세, 소득세, 취득세, 재산세, 종합토지세 감면
	자본 투자		증자에 대한 조세감면
	국경 간 거래		자본재의 관세 면제

출처 : 삼성경제연구소2005), 전국경제인연합회(2008), 전국경제인연합회(2003)를 바탕으로 정리.

이처럼 규제를 단계적으로 완화한다면 국내자본과 외국자본의 한시적 역차별은 정당화할 수 있을까? 규제의 단계적 완화는 국적을 막론하고 열악한 전반적인 투자여건을 개선하고 국내시장에서 공정한 경쟁을 통해 효율적인 투자를 촉진하므로 장기적으로 바람직하다. 그러나 단계적 규제 완화를 이유로 역차별을 정당화할 수는 없다. 규제는 본질상 그 목적에 비추어 정당성이 없거나 실효성이 없으면 역차별 논쟁과 상관없이 완화·폐지되어야 한다.

또한 역차별의 정치경제학을 고려하면 단계적 완화론은 한시적 역차별을 정당화할 수 없다. 정부가 내세우는 국내외 기업 간의 차별 이유는 정치경제적 배경과 맞물려 있다. 예를 들어 정부가 외국자본에 차별적 규제혜택을 부여하고 관련 법규를 자의적으로 해석하여 일부 은행을 외국자본에 매각한 배경에는 은행에 투입한 공적자금의 회수실적을 늘리고 금융 구조조정의 산술적 실적을 높이려는 감독기관의 이해관계가 작용하였다. 해외대학 유치를 위해 국내대학을 차별하고 외국대학에 특혜를 제공하는 이유도 일부 지방자치단체가 해외대학 유치를 추진하여 지방경제를 활성화하고 부동산 개발에서 이득을 얻으려 하기 때문이다. 또한 공교육 붕괴와 교육기회 불평등 심화 등을 이유로 정부가 지속적으로 국내대학에 대한 통제권을 보유하려는 의도도 있다. 이러한 역차별의 복잡성은 역차별 문제가 단계적 규제 완화로 해결될 성질의 문제가 아니라는 것을 의미한다. 역차별이 대부분 정책 목적에 대한 잘못된 인식과 정치경제적 원인에서 시작되기 때문이다.

3. 역차별의 비용

우리 연구진이 역차별을 반대하는 이유는 크게 세 가지이다. 첫째, 역차별로 인해 효율적인 투자가 이루어지지 않는다. 정부가 정치적인 부담 때문에 보다 좋은 투자조건을 제시하거나 더 큰 투자효과를 창출할 수 있는 국내투자자를 거부하기 때문이다. 둘째, 외국인투자자가 부족한 상황에서 외국인투자자에 과대한 인센티브를 제공하면 필연적으로 외국인 지위를 편법으로 획득하려는 국내 투자자가 출현한다. 이미 국내증권, 외국인학교 시장은 이러한 '무늬만 외국인', '검은 머리 외국인' 논쟁으로 홍역을 겪고 있다. 셋째, 역차별이 외국인투자에 대한 국민의 반감을 초래하여 시장개방에 대한 공감대를 약화시킨다.

정부가 능력 있는 국내투자자 대신 적합하지 않은 외국인투자자를 선정하여 경제적 비효율성을 발생시킨 대표적인 예가 정부의 해외대학 유치활동이다. 정부는 재정과 토지를 지원하고 수도권 정원규제를 완화하여 해외대학을 우대하면 해외대학이 교육시장에 경쟁압력을 증가시키고 세계적 교육서비스를 제공하리라고 믿는다. 그러나 국내대학을 차별하는 혜택을 제공하여 해외대학을 유치하더라도 해외대학이 본교 수준의 교육을 제공하는 것은 교육서비스 본질상 불가능하다. 만약 정부가 국내외 대학 모두에게 수도권 정원규제를 철폐하고 교육시장에서 공정한 경쟁이 가능한 법규를 제시한다면, 국내대학의 효율적 투자가 가능하고 교육서비스 질도 향상될 것이다. 그러나 국내 지방대학과 수도권대학의 지역 격차 심화라는 정치적 부담으로 인해 오히려 정부가 공정한 시장경쟁을 규제하여 경제적 비효율성을 발생시킨다.

외국인투자자에게 과대한 혜택을 주는 정책은 또한 '무늬만 외국인투자'인 국내투자자들이 이를 악용하는 사례를 유발한다. 예를 들어 '검은 머리 외국인'들이 버진아일랜드나 말레이시아 라부안처럼 세금을 내지 않는 곳에 역외(域外) 펀드를 만들어 국내 증권에 투자한다. 정부가 2009년 2월 발표한 외화유동성 확충방안에서 외국인투자자에게 국채와 통안채의 이자에 대한 소득세는 물론, 만기 전에 채권을 팔아 얻은 양도차익에 대해서도 비과세하는 조치도 외국인 지위를 편법으로 획득한 국내투자자들이 악용할 수 있다.

외국기업에 과도한 특혜를 주고 국내기업을 역차별하는 정책은 우리 국민의 반외자 정서를 키우고 궁극적으로 시장개방 반대세력을 확산시킬 수도 있다. 국가경영전략연구원과 〈중앙일보〉가 공동으로 수행한 2007년 설문조사에 의하면 '우리나라 기업들이 외국자본에 비해 M&A 등과 관련해 어느 정도 차별을 받고 있다고 생각하십니까?'라는 질문에 응답자의 74.1%가 역차별을 받고 있다고 생각했다. 역차별이 가장 심각한 분야로 48.7%가 산업자본이 금융기관을 소유하지 못하는 산금분리, 28.6%가 출자총액제한제도, 나머지 22.7%가 경영권 위협의 보호수단 미비를 꼽았다(박영석 외, 2008: 64). 실제로 소버린이 SK그룹의 경영권을 위협한 후 보유한 주식을 팔아 이익을 챙겨 떠났다는 사실은 한국인에게 외국자본에 대한 충격을 안겨줬다. 1997년 금융위기 이후 많은 국내기업이 헐값에 인수되어 거액의 시세차익을 남기는 사례가 많아지자 소버린 사건이 국민들에게 외자에 대한 부정적인 인식을 심어주게 된 것이다.

4. 역차별 최소화를 위한 외국인투자 유치 방안

이처럼 외국인투자 유치에서 기인하는 역차별 논쟁을 극복하고 시장친화적인 유치정책을 펴기 위하여 두 가지 사안을 고려해야 한다. 첫째, 규제의 실효성이 없는 경우 과감하게 철폐하고 내외국인 모두에게 매력적인 투자환경을 조성해야 한다. 기본적으로 내국인과 국내기업의 투자 및 기업활동을 제한하는 규제가 목적의 정당성, 방법의 적정성, 규제의 최소성에 부합해야 한다. 만약 재벌개혁이라는 공익적 목적은 정당하다 해도 그 목적을 달성하기 위한 수단을 잘못 선택하게 되면, 내국인과 국내기업의 투자활동을 방해하게 된다. 또한 문제의 규제가 외국인투자에 적용되지 않는 경우 불필요한 역차별 논쟁이 발생할 수도 있다.

수도권지역 공장설립 제한도 마찬가지로 과밀규제라는 공익성과 내국인의 투자입지 규제로 인한 피해나 문제점 사이에 설득력 있고 합리적인 균형이 이루어져야 한다. 수도권 공장설립 제한의 필요성에 대해 우리나라 기업들이 동의하지 않는 상황에서 외국인투자자에게만 그 설립권한을 2003년 부여했기 때문에 정책적 혼선을 낳을 수밖에 없다. 일차적으로 외국인만을 특혜 대우한다는 역차별 논쟁이 발생하며, 다음으로 투자 규제의 목적 정당성 자체와 방법의 적정성에 대한 합의가 약해진다. 그러므로 우리나라의 효율적인 투자 달성과 규제를 통한 기타 공익적 목적에 대한 근본적 성찰이 역차별적 규제문제에 접근하는 첫 번째 방법일 것이다.

둘째, 더 근본적으로 역차별의 전제인 내외국인의 합리적 구분은 현 법제도상 불가능함을 인식해야 한다. 세계화 시대에 공개적인 국적 차별 정책은 많은 사람들이 생각하는 것보다 집행하기 어렵고, 더욱이 현재 한국 정서와 법체제하에서 합리적으로 집행하는 것은 거의 불가능하다. 설사 차별정책이 가능하다고 해도 이는 선진개방국가로서 선택할 바람직한 정책이 아니다.

외국인을 우대하고 한국인을 차별하는 정책의 전제는 우리가 외국인과 한국인을 쉽게 구분할 수 있다는 것이다. 실제로 많은 사람들이 그것이 가능하다고 믿는다. 그래서 외국인투자자, 외국인노동자, 외국인학교, 외국인학생, 외국인교수, 외국인선수 등 '외국인'이 포함된 많은 단어를 공식 용어처럼 사용한다. 위에서 나열한 단어 속의 외국인이 각기 다른 기준으로 정의된 사실을 알면 외국인과 한국인의 구별이 생각만큼 만만치 않음을 깨달을 수 있다.

상식적으로 외국인과 한국인은 국적에 따라 구분한다. 외국인은 외국 국적을 가진 사람, 한국인은 한국 국적을 가진 사람이다. 그런데 우리나라 국적법에 따르면 외국인은 단순히 외국 국적을 가진 사람이 아니다. 외국 국적을 가지면서 동시에 한국 국적도 가진 이중국적자를 국민으로 취급하면서 외국인을 '한국 국적이 없는 사람'으로 규정한다. 현행법이 이중국적자를 항상 국민으로 대우하지도 않는다. 때로는 이중국적자도 외국인 대우를 받는다. 예를 들어 '외국의 국적을 보유하고 있는 개인'으로 규정하는 외국인투자촉진법은 이중국적자를 외국인투자자로 대우한다. 또한 정부가 2009년 1월 외국인학교 법령을 개정하기 전까지는 이중국적자도 외국인을 위한 외국인학교에 입학할 수 있었다.

반면 한국 국적을 갖지 않은 외국인이라고 해서 항상 외국인 대우를 받지는 않는다. 외국인 관련 법령은 제각기 다른 기준으로 외국인을 정의한다. 초중등교육법은 외국인학교 진학 자격을 '외국인'이 아닌 '외국인의 자녀'로 제한한다. 그러나 고등교육법은 외국인학생을 '부모가 모두 외국인인 외국인'으로 규정한다. 이에 반해 한국대학은 외국인 교수를 '외국 국적을 가진 교수', 한국농구연맹은 외국인을 '본인이나 친부모가 대한민국 국적을 보유한 적이 없는 자'로 제한한다.

내외국민의 합리적 구분과 외국인 정책의 명쾌한 집행이 현 법제도상 힘든 이유는 정부 내부에서 상호 모순된 정책목표를 추구하기 때문이다. 한편에선 외국인의 범위를 넓혀 외국인의 수를 늘리려 하지만 다른 한편에선 국민정서를 내세워 한국계 외국인이나 이중국적자를 외국인 처우 대상에서 제외하려 한다. 정부정책을 개선하기 위해서는 외국인 구분 정책 자체가 바람직한지를 따져볼 필요가 있다.

위 두 가지 사항을 고려한다면 우리나라 정부는 외국인투자 유치시장에 대한 직접적인 개입과 역차별을 유발하는 과도한 유인 제공을 지양해야 한다. 현재 우리나라는 외국기업, 자본, 인력 등을 흡인할 수 있는 충분한 매력을 갖추지 못한 상황에서 차별적 인센티브 제공 위주의 투자유치정책으로 싱가포르나 홍콩 등과 경쟁하고 있다. 제도개혁을 통해 국내의 기업경영 및 생활환경을 글로벌 스탠더드 수준으로 끌어올리지 않으면서 국적 차별적 인센티브 부여 위주로 해외자원 유치정책을 집행한다면 한계에 부딪칠 수밖에 없다.

그렇다면 해외자원 외국인투자 선진국은 어떻게 해외자원을 유치하는가? 해외자원 유치의 글로벌 스탠더드는 무엇인가? 해외자원 유치의 국제적 모범은 국적 무차별주의와 전반적인 투자환경개선, 두 가지를 기본으로 한다. OECD의 다자간투자협정(Multilateral Agreement on Investment: MAI)에 의하면 "투자의 설립, 취득, 확대, 운영, 관리, 유지, 사용, 향유, 매매 및 기타 청산에 있어 내국민대우, 최혜국대우, 투명성 원칙을 지키는 것"을 규정하여 국제투자가들에게 '동등한 경쟁조건'을 제공하고 투자흐름의 왜곡을 제거하여 자원의 효율적 배분을 촉진하는 것이 투자정책의 기본 접근방법이다(최승환, 2001: 783). 또한 2006년 발표된 OECD의 '투자 활성화를 위한 기본정책'(The Policy Framework for Investment: PFI)도 동일한 기본원칙을 천명한다. 국내외를 막론하고 투자자에게 매력적인 투자환경을 조성하는 것이 정부가 해결해야 할 과제로 본다.

정부는 장기적으로 시장친화적인 외국인투자 유치정책을 수립해야 한다. 이는 외국인투자 유치전략을 차별적 규제 완화 등 인센티브 제공 위주 전략에서 투자환경 개선 전략과 마케팅 강화 전략으로 나아가야 함을 의미한다. 인센티브 전략은 외국인직접투자의 상대적 비용과 리스크를 변화시켜 투자의 크기, 위치와 산업에 영향을 미침으로써 외국인투자를 유치하기 위한 것으로 국내투자자를 차별한다. 이에 반해 투자환경 개선 전략은 투명성 제고, 규제 완화 및 폐지, 사회문화적 투자매력도, 거버

〈표 1-4〉 외국인투자 유입 전략별 유형

	국적 차별	국적 무차별
인센티브 제공 전략	명시적/법적(*de jure*) 외국 특혜적 투자유치(I)	동등한 경쟁조건 투자 유치(II)
투자환경 개선 전략	위장된/사실상의(*de facto*) 외국 특혜적 투자유치(III)	동등한 경쟁조건 투자 개방(IV)

넌스, 언어장벽 완화, 거시경제 및 사회 안정성, 정주여건 개선을 의미한다. 다시 말하면, 국적을 차별하는 인센티브를 투자 상대에게 제공하여 투자를 유치하는 명시적 외국특혜적 유치전략(I) 에서 동등한 경쟁조건 개방전략(IV) 으로 나아가야 한다. 한시적인 인센티브 제공전략에서 벗어나 장기적으로 투명성 제공과 규제 완화 및 철폐를 통해 투자환경을 개선하고 국적의 차별 없이 투자를 유치하는 전략이 글로벌 스탠더드로서의 투자유치 전략이다.

우리 정부도 이러한 조치들을 외국인투자 활성화를 위해 세운 여러 대책에서 언급하고 있다. 예를 들어 2003년 '외국인 생활환경 개선 5개년 계획'에서는 교육 · 주거 · 의료 · 교통 · 출입국 · 생활문화 및 통신으로 분야를 나누어 외국인 생활환경을 개선하려 시도하였다. 또한 2008년 '외국인투자환경 개선 3개년 계획'에서는 기업 · 생활하기 좋은 환경을 조성하기 위해 기업관련 제도의 글로벌 스탠더드화, 노사관계 지원 및 반외자정서 극복, 그리고 글로벌 시티로의 생활환경 구출을 위한 과제들을 제시했다.

시장친화적 외국인투자 유치정책은 더 나아가 마케팅을 활용하는 것이다. 마케팅 전략은 외국인투자자들이 직면하는 비대칭적 정보문제를 해결하고 거래비용을 줄여 투자를 유치한다. 한국이 어느 그룹의 외국인투자가에게 어떤 면에서 투자입지로서 매력적인지 파악하고, 이에 적합한 전략을 세워 실행하는 것이 마케팅에 입각한 투자유치활동이다. 마케팅

활동은 인위적으로 외국인투자자에게 차별적인 규제 혜택을 제공하거나 과도한 비용을 쏟아 외국인투자를 유치하는 것이 아니므로 기본적으로 시장친화적 행위이다. 사실상 위에서 언급한 투자환경개선도 외국인투자자의 투자리스크와 비용을 감소시킨다는 점에서 마케팅의 하위개념이다. 우리나라 정부가 투자유치기관의 마케팅능력을 강화한다면 투자유치활동을 더욱 생산적으로 진행할 수 있다.

그러나 가장 절실한 것은 국민과 정부의 인식개선이다. 우리 국민이

〈표 1-5〉 이명박 정부 외국인투자 유치 정책

기본 방향		세부 내용
외국인 투자환경 개선 3개년 계획	매력적인 투자 기회제공	• 투자관심대상 지속 발굴 • 지역개발과 외국인투자 연계 • 전략적 투자유치 활동 • 현장 밀착형 투자지원시스템 강화
	기업 · 생활하기 좋은 환경 조성	• 수요자 중심의 입지, 인센티브 제공 • 기업관련제도의 글로벌 스탠더드화 • 외투기업 노사관계 지원 및 반외자정서 극복 • 글로벌시티를 지향하는 생활환경 구축
외국인 투자유치 시스템 강화 방안	외국인투자 유치 전략의 전환: 선택과 집중	• 중점유치분야 선정 • 총력 유치체계 구축 • 인센티브 개선
	외국인투자 유치 체제의 효율화: 기획 · 조정 기능 강화	• 외국인투자위원회 기능 강화 • 투자유치 부처별 책임제 도입 • 투자유치 지원조직 강화 • 효과적 투자유치활동 전개 : 해외 IR 종합계획
	외국인투자환경 개선체계 정립 : 참여 확대 및 상시화	• 상시적 제도개선 체계 구축 : 외국인투자환경 개선 3개년 계획(2008~10) 개선과제에 신규과제 지속적 발굴 · 추가 • 고위급 "외국인투자환경 개선팀" 운영 • R&D · 부품소재 · 지역본부 관련 개선 • 투자환경 개선
	경제자유구역 고도화 체제구축: 기반확충 가속화	경제자유구역 개선체제 정립 조기활성화 지원

출처: 무역 · 투자진흥회의(2008)와 지식경제부(2009)를 바탕으로 정리.

외국인투자 유치에 대해 열린 마음을 갖고 있지 않으면 세계화 시대에 국가의 생존전략을 수립하기 힘들다. 자아와 타자를 엄격하게 분리하는 태도나 일방적인 물적 · 인적 수출은 바람직한 전략이 아니다. 21세기 미래 번영은 세계와 적극적으로 상호 교류했을 때 가능하다. 외국자본과 노동이 우리나라가 세계화 시대에 사회적 · 경제적 풍요를 향유하기 위해 필수불가결한 자원임을 인식하는 것이 중요하다.

5. 책의 구조

이 연구는 서론을 제외한 총 6개의 장으로 구성되어 있다. 제 2장 김치욱의 "외국 금융자본 유치와 금융선진화의 성공조건"은 외환위기 이후 10년 동안 외국 금융자본의 유입이 한국 금융시장의 선진화와 허브화라는 기대효과를 거두지 못한 원인을 분석하고 향후 금융개방정책이 나아갈 방향으로 21세기형 글로벌 스탠더드 도입 필요성을 제기한다. 외환위기 이후 정부의 개방정책에 힘입어 금융산업 전 부문에서 외국계 금융자본의 점유율이 대폭 증가했음에도 불구하고 한국 금융시장의 금융산업 발전을 나타내는 국제지표들은 하위권이다. 그 원인으로 이 논문은 외국 금융자본 유치체계, 금융규제 및 감독시스템, 소프트 인프라 차원의 문제점을 지적하며 금융선진화의 성공을 위해 이 세 분야의 구체적인 개선 방안을 제시한다.

제 3장 류상영의 "한국의 외국인직접투자 유치정책: 역사적 개관과 발상의 전환"은 외국인직접투자의 장점을 극대화할 수 있는 외자유치전략에서 한 걸음 더 나아가 국내 및 외국기업 모두에게 매력적인 투자환경을 조성할 것을 주장한다. 1997년 외환위기 직후 적극적 유치전략에 의한 대규모 외국자본의 진출은 한국이 경제위기를 극복하고 경제체질을 개선

하는 데 긍정적인 영향을 미쳤다. 그러나 한국이 외국인직접투자의 단기적 변화에 과도하게 민감한 경제구조로 변화했음을 2008년 글로벌 경제위기가 증명하였다. 또한 2004년 이후 외국인투자의 급속한 감소는 근본적으로 기존의 인센티브 부여 위주의 외자유치 정책이 한계에 부딪힌 데서 기인한다. 이러한 문제점을 개선하기 위해 기존의 양적 지원 위주의 인센티브 제공을 중심으로 하는 공격적인 전략을 넘어서, 신기술이나 생활환경, 문화 등 소프트웨어 중심이 된 매력도 유치전략으로 전환해야 한다.

제 4장 이인재의 "해외 고급인력 유치전략의 방향: 두뇌순환의 관점에서"는 고급인력의 국제이동의 패턴과 이론을 검토한 후 고급인력과 학생이동의 순유출국인 우리나라 해외 고급인력 유치전략의 방향을 "두뇌순환"(*brain circulation*) 적 관점에서 제시한다. 지금까지 우리나라의 고급인력 정책은 국내인력과 외국에서 돌아온 고급인력 및 재외 국내인력을 주로 활용하여 지식 창출과 확산에 기여하는 두뇌 순환적 성격을 이미 보여왔다. 그러나 기술의 순환주기가 빨라지고 R&D 활동의 국제화 및 고급인력에 대한 경쟁이 치열해지고 있는 시점에서 한국인 위주의 고급인력 정책은 한계를 지닐 수밖에 없다. 그러므로 정부는 국적을 불문하고 세계 각국의 고급인력을 적극적으로 활용할 수 있도록 고급인력의 활발한 유출입을 통해 지식생산이 극대화되는 효율적인 메커니즘을 만드는 것이 중요하다. 이를 위해 저자는 해외에 있는 한국의 고급인력 커뮤니티(*Korean highly skilled Diaspora*) 와 국내 고급인력 및 기관간의 긴밀한 네트워크 형성이 필요하다고 주장한다. 또한 외국자격 인증제도 도입 및 외국 고급인력의 단기적 체류와 신속한 이동을 가능하게 하는 출입국제도 개편 등 다양한 접근을 강조한다.

제 5장 김의성 · 모종린의 "외국교육기관과 외국인학교의 유치와 발전"은 외국인 교육기관(외국교육기관, 외국인학교 등) 의 유치가 부진한 근본

적인 원인이 신규 외국인 교육기관을 수용할 수 있는 규모의 외국인이 우리나라에 거주한다는 잘못된 인식에 있음을 지적한다. 수요가 많은 내국인의 입학을 제한하면서 수요가 적은 외국인을 대상으로 외국교육기관을 유치하기 때문에 외국인 교육기관의 공급과잉을 낳고 있다. 저자들은 정부가 세계화되어 가는 교육현실을 인정하지 않음을 비판하면서, 문제점을 시정하기 위해서는 정부의 지나친 개입을 자제하고 시장에서 자발적으로 외국인 교육기관이 공급되도록 수요와 공급에 대한 규제를 완화해야 한다고 주장한다. 외국인 교육기관을 내국인 글로벌인재 육성을 위한 영어매체 학교(*English-medium school*) 시스템의 구축에 활용하는 발상의 전환이 필요하며 외국 교육기관 정책을 외국인투자 유치정책을 넘어 외국인과 내국인 모두를 위한 글로벌인재 육성 정책으로 나아가야 한다고 역설한다.

제 6장 김보훈 · 모종린의 "해외대학 유치의 이상과 현실"은 정부는 해외 명문대학 유치라는 명분에 치중하느라 대학시장의 특성과 지역여건을 고려하지 않은 비현실적인 유치정책의 추진으로 해외대학 유치에 큰 성과를 보이지 못하고 있음을 지적한다. 해외사례나 국내 경험을 보더라도 국내 대학시장에 의미 있는 영향을 미칠 수 있는 명문 해외대학, 특히 학부의 유치는 불가능하다고 진단한다. 따라서 정부는 국내대학과 해외대학이 국내의 독립된 캠퍼스에서 복수학위(*Dual Degree*) 또는 공동학위(*Joint Degree*) 프로그램을 운영하는 조인트 대학(*Joint University*)의 유치를 우선적으로 지원해야 한다. 동시에 해외대학 유치에 필요한 규제완화 및 관련제도 정비와 외국인 정주여건 개선 등 기본 인프라 구축사업도 꾸준하게 추진해야 한다고 주장한다.

제 7장 김지은의 "마케팅 중심의 외국인투자 유치전략"에서는 시장친화적 외국인투자 유치방법으로 마케팅에 입각한 투자유치전략을 제시한다. 외국인투자 유치정책에 마케팅을 도입하면 투자자들이 해외투자할

경우 드는 정보비용과 투자불확실성을 감소시켜 투자를 유치하기 때문에 유치국 입장에서는 가장 효율적인 방법이라 할 수 있다. 우리나라 외국인투자 유치기관인 Invest KOREA, 지방자치단체, 경제자유구역청의 마케팅 조직과 전략을 평가한 결과, 글로벌 스탠더드 수준의 마케팅 능력을 갖추기 위해서는 마케팅을 수행할 수 있는 거버넌스를 구축해야 한다. 즉, 조직 내에 마케팅 문화를 정착하고, 마케팅 전문성을 키울 수 있도록 성과 중심적 인센티브를 부여하며 투자유치 유관기관과의 협조를 통해 외국인투자 유치마케팅을 수행한다면, 기존의 차별적 규제완화처럼 무리하게 시장왜곡을 일으키는 외국인투자 유치정책의 현주소에 의미 있는 변환점이 될 것이다.

참고문헌

강인수 · 김관호 · 한홍렬 외. 2006. 《선진통상국가 실현을 위한 중장기 통상전략 연구: 열린경제》. 대외정책연구원.

권종호. 2006. "현행법상 M&A활성화의 법적 장애와 국내기업역차별제도." 〈비교사법〉 12(3): 363~395.

김기원. 2005. "제 7장 외국자본에 대한 합리적 인식과 대응." 유재원 · 임혜준 편. 《세계화와 개방정책: 평가와 과제》 정책연구 05-22. 대외정책연구원, pp. 259~297.

김대순. 2003. 《국제법》. 삼영사.

모종린. 2009. "개방경제 구축을 위한 민주적 거버넌스."

무역 · 투자진흥회의. 2008. 5. 16. "외국인 투자환경 개선 3개년 계획."

문휘찬. 2008. "특집 외국인투자 활성화 비법은?: 싱가포르에서 배우자." 〈나라경제〉 2008년 6월호.

박영석 외. 2008. 《외국자본과 한국경제: 무엇이 문제인가》. 국가경영전략연구원.

산업자원부. 2003. 11. 19. "외국인 생활환경 개선 5개년 계획 개선 과제 발표." 보도자료.

산업자원부 · KOTRA. 2007. 《외국인직접투자 유치 백서》.

산업자원부. 2007. 《산업자원백서》.

삼성경제연구소. 2005. 4. 6. "대외 자본개방의 허와 실." CEO Information.

양수길. 2008. 06. "특집 외국인투자 활성화 비법은?: Just do it." 〈나라경제〉 2008년 6월호.

연기홍. 2008. 06. "특집 외국인투자 활성화 비법은?: 외자, 지키기가 더 어렵다." 〈나라경제〉 2008년 6월호.

전국경제인연합회. 2003. 6. 11. "기업투자에 있어서 국내기업과 외국인투자기업간의 역차별 규제."

전국경제인연합회. 2008. 5. 13. "경제자유구역 및 기업도시 관련제도 개선과제."

조선일보. 2007. 12. 14. "송희영 칼럼: 김경준씨와 '검은 머리 외국인'들".

지식경제부. 2009. 5. 16. "외국인투자 유치제도 선진화 방안."

최승환. 2001. 《국제경제법》. 법영사.

프라임경제. 2006. 2. 17. "론스타 외환은행인수, 진짜 문제는 뭐였나".

황남기. 2004. 《헌법》. 찬글.

헤럴드경제. 2008. 5. 13. "헤럴드포럼: 동북아 금융허브로 거듭나려면"

Matsushita, Schoenhaum, and Mavroids. 2002. *The World Trade Organization*. Oxford: Oxford University Press.

OECD, 2006. *Policy framework for investment*

OECD. 2003. "Checklist for Foreign Direct Investment Incentive Policies." OECD.

제2장

외국 금융자본 유치와 금융선진화의 성공조건

김 치 욱

1. 서론

이 연구는 지난 10년 동안 외국 금융자본이 한국 금융시장의 발전에 어떤 기여를 했는지 평가하고, 금융선진화를 위해 정부의 외국자본 개방·유치정책이 나아갈 방향을 모색한다.[1]

1990년대 후반 외환위기 이래 외국 금융자본은 한국경제 활성화의 중요한 수단으로 인식되어 왔다. 외환위기 당시 김대중 정부는 시장개방과 외국 금융자본 유치를 생존의 문제로 간주하고 한국경제의 개방화를 통해 외국기업과 외국인투자자의 국내진출을 고무했다. 외국인이 보유할 수 있는 한국기업 주식의 한도를 철폐하고 대통령·관료·기업인들이 앞

1) 엄밀한 의미에서 외국자본에 대한 개방과 외국자본 유치는 다른 개념이다. 전자는 외국인에 대해 차별적으로 적용되던 기존 진입제한의 완화 또는 철폐를 통해 외국자본의 보다 자유로운 이동을 보장하기 위한 것이다. 외국인에 대한 허가제가 신고제로 전환되거나 그 요건이 글로벌 평균, 주요 경쟁국, 또는 내국민 대우 수준으로 완화되는 형태로 나타난다. 후자는 개방을 전제로 한 것으로 내국인에 대해 차별적인 특혜나 인센티브를 외국인에게 제공함으로써 외국자본을 국내로 끌어들이려는 노력을 의미한다.

장서서 외자유치에 나섰다. 정부는 2000년 11월 IMF 위기극복을 공식 선언하고, 이를 기념해 위기극복에 도움을 준 외국인투자자에게 표창을 수여하기도 했다.

외환위기 이후의 금융시장 개방정책은 노무현 정부 들어 보다 적극적인 형태로 계승되었다. 참여정부는 2003년 '동북아 금융허브' 구축을 비전으로 제시하고, 서울을 홍콩, 싱가포르에 견줄 수 있는 아시아 3대 금융허브로 키우려는 전략을 추진했다. 그 첫 단계 조치로서 2007년까지 국내 금융산업의 선진화, 자산운용업의 육성, 금융산업의 글로벌 네트워크 확대, 규제감독 시스템 및 경영 · 생활 여건의 개선을 도모했다.

현 이명박 정부도 글로벌 금융강국 건설을 목표로 대외개방을 통한 한국 금융시장의 선진화를 추구하고 있다. 금융위원회는 '선진화를 통한 세계일류국가'라는 장기 국가비전을 달성하기 위해 금융산업을 신성장동력산업으로 키우겠다고 밝혔다. 정부는 2009년 1월 서울 여의도와 부산 문현동을 글로벌 금융중심지로 육성할 도시로 선정함으로써 글로벌 금융강국을 향한 첫걸음을 뗐다.[2] 이처럼 외국 금융자본은 지난 10여 년 동안 한국경제에 불가결한 존재로 받아들여졌다. 부족한 외환의 긴급수혈, 동북아 금융허브, 글로벌 금융중심지 등으로 외국자본의 쓰임새에 관한 표현만 달리할 뿐 외자의 유입 내지 유치 필요성에 대해 적어도 정부차원에서는 별다른 이견이 없었다.

그러나 역대 정부가 표방했던 외국자본을 활용한 금융산업의 국제 허브화 내지 선진화라는 비전은 여전히 하나의 꿈으로만 남아있다. 후술하는 바와 같이 외환위기 이후 10년 동안 외국 금융자본이 국내에 대거 유입되었음에도 불구하고 국내 금융산업의 국제화와 선진화에 미친 영향은

---

2) 정부는 서울 여의도를 외국 유명 MBA와 외국인 전용병원 등이 들어서는 글로벌 민간금융의 중심지로, 부산 문현동은 선박, 물류업과 증권선물거래소 등 금융 공기업을 묶어 특화된 공공 금융중심지로 발전시킨다는 계획이다.

미미했다고 해도 과언이 아니다. 한 예로 1998년 국제경영개발원(IMD) 국제경쟁력보고서에서 한국의 금융부문 경쟁력은 46개 조사대상국 중 45위를 차지했다. 10년 뒤인 2008년에도 한국 금융산업 경쟁력은 세계 61개국 중 40위를 차지, 하위권을 벗어나지 못했다. 금융허브의 척도라고 할 수 있는 국제금융중심지지수(GFCI)의 경우, 서울은 2008년 9월 전체 조사대상 59개 도시 중 41위를 기록했다.

외국 금융자본의 유입과 유치를 통해 의도했던 금융시장의 선진화라는 기대효과를 거두지 못한 이유는 무엇이며, 기존 외국자본 유치정책의 개선방향은 무엇인가? 이러한 질문에 답하기 위해 이 연구는 2절에서 금융시장 개방과정과 외국 금융자본의 진입 현황을 양적인 측면에서 살펴본다. 3절은 질적인 면에서 금융산업 경쟁력과 금융중심지화를 기준으로 외국자본이 한국 금융발전에 미친 영향을 평가하고, 기존 외국자본 유치정책이 기대 이하의 성과를 거둔 원인을 밝힌다. 이에 기초하여 4절은 금융선진화의 성공을 위해 21세기형 글로벌 스탠더드 도입 필요성을 제기하고, 구체적인 외국 금융자본 정책의 개선방안을 제시한다.

2. 외국 금융자본의 진출 현황

1) 금융시장 개방

1997년 외환위기 이후 국내 자본시장은 완전히 개방되었다(OECD, 2000). 이는 당시 환율 방어를 위해 외국자본의 국내유입에 대한 제한을 철폐함으로써 고금리 정책과 함께 외국자본의 유입을 촉진하기 위한 것이었다. 한국의 주식시장이 처음 개방된 것은 1990년대 초의 일이다. 1992년 1월 3일 국민주를 제외한 모든 상장종목에 대해 외국인 1인당

3%, 종목당 10% 한도에서 외국인투자를 허용함으로써 본격적으로 주식시장이 개방되었다. 그 후 1997년 12월 외환위기 전까지만 해도 종목당 26% 미만이었던 투자허용 한도가 외환위기 이후인 1998년 5월 25일경에는 철폐됨으로써 외국인 투자제한은 사라졌다. 이로써 외국인은 100% 지분소유가 가능해졌다. 채권시장의 경우, 1997년 12월 개별 회사채에 대한 외국인의 투자한도(회사채 종목당 30~50%, 투자자 1인당 10%), 외국인 전용 수익증권에 대한 투자제한(신탁재산의 10% 이상을 중소기업발전채권에 투자 의무화)을 폐지했다. 이어 1998년 상반기에 단기채권 및 비상장 채권에 대한 투자제한을 폐지하면서 국내 채권시장은 완전 개방되었다.

국내 금융산업에 대한 외국인의 진입이 본격적으로 허용된 계기도 외환위기였다. 은행업은 1954년 외국은행의 사무소, 1994년부터 지점 설립이 허용되었지만, 현지법인 설립과 지분참여 방식의 진입은 1998년 4월부터 가능해졌다. 1998년 이전까지 지점과 사무소 설립 형태로 외국인의 진출이 일부 가능했던 증권업과 자산운용(투자신탁)업은 1997년 1월 국내 증권사에 대한 외국인 1인당 투자지분한도(10%이내), 1998년 5월 국내 증권사에 대한 외국인투자 지분한도(50% 미만)가 폐지되고, 증권사의 신설·합작법인·지점 설립도 전면적으로 허용되었다. 보험시장은 상대적으로 일찍 개방되었는데 1996년 말 이전부터 현지법인 설립이 가능했다. 다만 외환위기를 거치면서 보험독점대리점과 보험대리 및 중개업, 보험감정업 등이 허용되었다(표 2-1).

이러한 외국인에 대한 시장개방 조치와 함께 정부는 외국인투자의 유치에 적극적으로 나섰다. 외국인투자촉진법 제정 논의가 한창이던 1998년 6월 국내 채권시장을 해외에 홍보하고 외국인투자자들에게 투자기회를 제공하기 위하여 로이터통신, 〈서울경제신문〉 등과 공동으로 서울인터콘티넨탈호텔에서 '한국채권시장 투자포럼'이 개최되었다. 1999년 4

〈표 2-1〉 외환위기 이후 주요 금융시장 개방 조치

분 야	자유화 약속사항	개방일정	이행상황
증권시장	• 외국인 증권 (주식, 채권)투자 한도 폐지		1998. 5
은행업	• 현지법인 설립 허용	1998.12	1998. 4
투자신탁업	• 국내 투신사에 대한 외국인 1인당 투자지분한도 (10% 이내) 폐지	1997. 1	좌동
	• 국내 투신사에 대한 외국인투자 지분한도(50% 미만) 폐지	1997.12	좌동
	• 신설 · 합작법인 · 지점 설립 허용	1998.12	1998. 5
종합금융업	• 국내 종금사에 대한 외국인투자 지분한도(50% 미만) 폐지	1997. 1	좌동
증권업	• 국내 증권사에 대한 외국인 1인당 투자지분한도 (10% 이내) 폐지	1997. 1	좌동
	• 국내 증권사에 대한 외국인투자 지분한도(50% 미만) 폐지	1998.12	1998. 5
	• 신설 · 합작법인 · 지점 설립 허용	1998.12	1998. 5
보험업	• 보험독점대리점 허용	1997. 4	좌동
	• 보험대리 및 중개업, 보험감정업 허용	1998. 4	좌동
	• 합작법인	일정없음	좌동
투자자문업	• 국내 자문사에 대한 외국인 1인당 투자지분한도 (10% 이내) 폐지	1997. 1	좌동
	• 신설 · 합작법인 · 지점 설립 허용	1997.12	좌동
	• 국내 자문사에 대한 외국인투자 지분한도(50% 미만) 폐지	1998.12	좌동
신용금고업	• 특정 다수인 대상 상호금융업 허용	1997. 1	좌동
신용판매 금융업	• 신용카드업 및 할부금융업 허용	1997. 1	좌동
신용정보업	• 신용정보업 허용	일정 없음	1998. 7
	• 현지법인 설립 및 100% 지분참여 허용	일정 없음	1998. 7
자금중개업	• 신설허용	일정 없음	1998. 5
선물거래업	• 신설허용	일정 없음	1998. 7
M&A	• 적대적 M&A 허용	일정 없음	1998. 5

월에는 한국증권시장 대외홍보를 통한 잠재적 투자자 개발을 위해 미국에서 '코리아 캐러반', '포트폴리오 코리아' 등의 대대적인 투자유치설명회가 열렸다. 같은 해 6월 영국과 독일을 대상으로 2차 포트폴리오 코리아를 유럽 현지에서 개최하여 북미와 유럽의 기관투자가들에 대해 한국증권시장의 인지도를 높이기 위해 노력했다.

참여정부의 동북아 금융허브 전략에 따라 증권선물거래소(현 한국거래소)는 2005년 3월 외국기업 30여 개를 2008년까지 국내증시 상장을 유치해 세계 10대 증권시장으로 도약한다는 계획을 발표했다.[3] 2005년 6월에는 금융허브를 달성하기 위해 2010년까지 세계 50대 자산운용사 가운데 최대 20개를 국내에 유치하기로 했다. 또한 외국인투자자들을 끌어들이기 위해 비거주자가 설립하는 역외펀드 전용 자산운용사의 설립자본금을 하향 조정하고 채권이자소득에 대한 원천징수를 면제해주기로 했다.

2) 외국 금융자본의 유입

(1) 포트폴리오투자

주식시장에서 외국인의 비중은 1999년까지 20%대를 밑돌았지만, 2000년을 기점으로 25%를 상회하면서 2004년에는 40%에 달했다(표 2-2). 2008년 말 외국인 보유 상장주식의 시가총액은 169조 원으로 전체 상장주식 시가총액에서 차지하는 비중은 27.2%였다.

국내 채권시장에서도 외국인투자자의 비중이 급격히 증대하고 있다. 외국인투자자의 국내 상장채권 보유액은 1999년 1조 1,567억 원에서 2007년 말 36조 9,580억 원으로 급증했다. 이에 따라 상장채권시장에서 외국인투자의 비중은 같은 기간 0.31%에서 4.5%로 증가했다. 한편 채권 거래량 측면에서 외국인의 영향력도 크게 증대되었다. 2007년 하반기

3) 〈서울경제〉, 2005. 3. 21.

〈표 2-2〉 외국인의 주식 · 채권 보유비중

연 도	주식시장		채권시장	
	보유액(억 원)	보유비중(%)	보유액(억 원)	보유비중(%)
1998	256334.0	18.6	9683.0	0.3
1999	875530.1	18.5	11567.0	0.3
2000	582619.4	27.0	6921.0	0.2
2001	990695.7	32.2	4293.0	0.1
2002	970898.8	32.8	6466.0	0.1
2003	1479263.0	37.7	17676.0	0.3
2004	1779572.0	40.1	31753.0	0.5
2005	2698378.0	37.2	44034.0	0.6
2006	2730924.0	35.2	46178.0	0.6
2007	3254552.5	30.9	369580.0	4.5

출처: 금융감독원.

채권 유통시장에서 외국인의 거래 비중은 30% 내외로 증대해, 외국인의 투자 행태에 따라 국내 채권시장이 크게 영향을 받는 모습도 보였다. 전체 채권 잔액에서의 보유비중은 아직 한 자릿수에 머물고 있지만 최근 시장에서의 영향력은 30% 이상이다. 실제 거래에서 차지하는 비중이 높기 때문이다. 2007년 11월 전체 거래주체들의 채권 순매수액 23조 8,742억 원에서 외국인(8조 5,371억 원)이 35.7%를 차지했다. 12월에는 전체 순매수액(14조 9,262억 원)에서 33.3%(4조 8,509억 원)가 외국인이었다.

(2) 금융산업 직접투자

한국에 들어오는 외국인투자의 대상에서도 중요한 변화가 일어났다. 그간 외국인의 직접투자는 거의 제조업에 집중되다시피 했지만, 점차 금융산업에 대한 투자에 관심을 기울이기 시작했다. 그 결과 외국자본의 직접투자 중 국내 금융산업에 대한 투자의 비중은 2000년 12.6%에서 2006년 26.9%로 두 배 이상 증가했다(이근영 · 이대기, 2007: 200). 이는 제조업 투자의 비중이 상대적으로 감소하고 금융부문에 대한 진출이 증대하고 있음을 의미한다. 후술하는 바와 같이, 외국자본의 금융산업 직접투자는 각 부문에 걸쳐 공통적으로 증가세를 기록했다.

가. 은행업

외국계 은행의 시장점유율(자산기준)은 외환위기 직후인 1998년 6.0%에 불과했지만, 제일은행이 뉴브리지캐피털에 인수된 1999년 12.2%로 급격히 높아졌다. 그 뒤 한국씨티은행과 외환은행이 외국계로 분류된 2003년 27%로 상승했고, 2005년 이후 30%에 육박했다(그림 2-1). 외국계 은행은, 최대 주주가 외국인이고 외국인 이사 수가 이사회 구성원의 과반수를 상회하는 등 외국인이 실질적인 경영권을 행사하고 있는 제일, 외환, 한국씨티 등 3개 은행과, 국내에 지점을 두고 있는 38개 외국은행 등 41개 은행을 말한다.

SC제일 · 한국씨티 · 외환은행을 제외하고, 2007년 말 현재 경영권을 내국인이 행사하고 있는 시중은행의 외국인 지분율을 보면 국민은행이 81.32%, 신한지주 57.32%, 하나금융 75.38%로 대부분이 50% 이상

〈그림 2-1〉 외국계 은행의 시장점유율

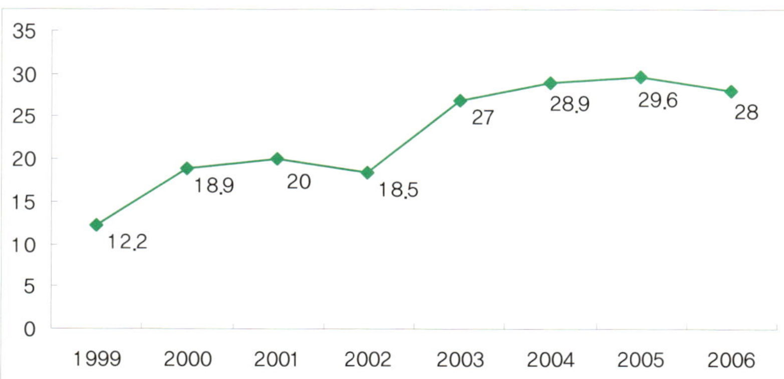

출처: 김동환(2007).

〈그림 2-2〉 외국인의 은행 지분율 변화

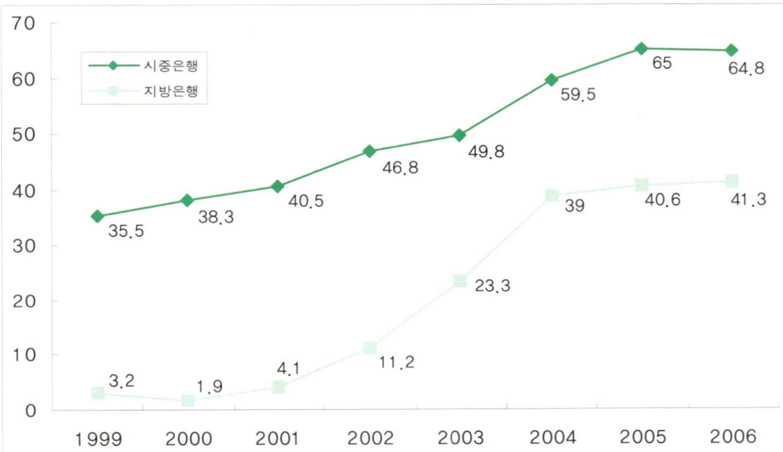

출처: 김동환(2007).

이었다. 지방은행도 대구(69.67%), 부산(64.21%) 은행의 경우 외국계 지분이 절반을 넘었다. 우리금융지주(11.29%)와 전북은행(21.63%)만이 외국인 지분율이 50% 이하였다.

이에 따라 전체 시중은행에 대한 외국인 지분율은 1999년 35.5%에서 2006년 64.8%로 증가했다. 지방은행의 경우에도 같은 기간 외국자본은 3.2%에서 41.3%로 지분율을 높여왔다(그림 2-2).

나. 증권업

1992년 국내 주식시장 개방 이후 모건스탠리, 메릴린치, 골드만삭스 등 국제적 증권회사들이 국내에 진출했다. 1995년 3월 자딘플레밍이 증권거래소 회원으로 가입하면서 외국 증권사의 국내 위탁매매영업이 시작되었으며, 1998년 외국인의 국내 증권사 지분보유가 허용된 이후 외국자본이 국내증권사 지분 매입 및 합작 투자 등으로 진출했다. 브릿지, 메리츠, KGI, 서울, 한누리 등이 외국 사모주식투자펀드에 인수되었으며

〈그림 2-3〉 외국계 증권회사의 시장점유율

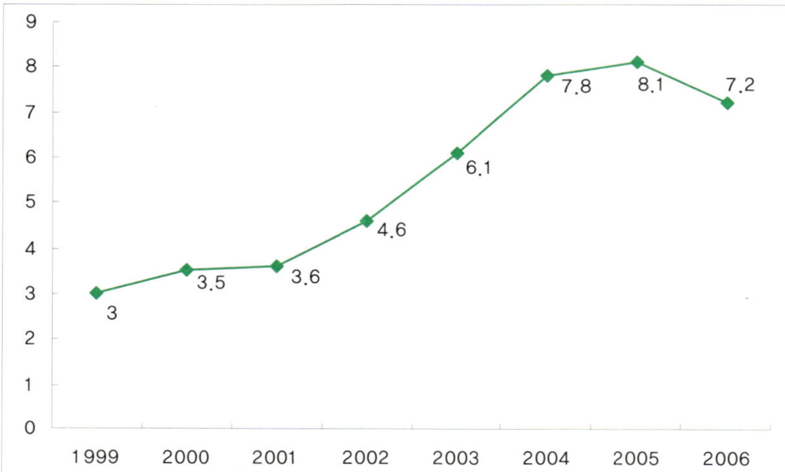

출처: 김동환(2007).

현재 외국 증권회사 지점으로는 골드만삭스, 노무라, 메릴린치, 모건스탠리, 유비에스증권 등의 지점이 있다.

외국계 증권회사의 시장점유율은 1999년 3%에서 2006년 7.2%로 두 배 이상 증가했다(그림 2-3). 2004년의 경우, 19개 외국 증권회사의 지점 및 현지법인의 주식 위탁약정 점유율은 19.4%로 2003년 11%에 비해 8.4%포인트 상승한 반면, 국내 증권사 중 5개 대형증권사의 점유율은 같은 기간 동안에 6.7%포인트 하락하였다. 특히 외국 증권회사가 외국인의 위탁약정을 독점하고 있기 때문에 〈표 2-2〉에서 살펴본 바와 같이 주식시장에서 외국인의 비중이 높아짐에 따라 외국 증권회사의 점유율은 꾸준히 상승해왔다.

한편 국내 개별 증권사에 대한 외국인의 지분을 보면, 2006년 대신증권(37.44%), 신영증권(20.58%), 삼성증권(29.9%) 순으로 외국인의 지분율이 크고, 교보증권(0.42%), NH투자증권(0.67%) 등은 매우 저조한 외국인 참여율을 보였다. 증권산업은 은행업에 비해 외국인 지분이 전반적으로 낮은 상태이며, 각 회사 또는 연도별로 지분 차이와 변동이 큰 편이다.

다. 보험업

생명보험산업의 경우 합작생보사로 동양생명, ING생명, SH&C생명, 하나생명 등이 있으며 외국생보사로는 알리안츠생명, 메트라이프생명, PCA생명보험, 뉴욕생명, 푸르덴셜생명, 라이나생명, 아메리카생명, 카디프생명 등이 있다. 외국계 생명보험사의 국내시장 점유율은 1999년 4.8%에 그쳤으나, 이후 꾸준히 증가해 2006년 12.8%로 증가했다. 외국계 손해보험사는 12개사가 국내에 진출해 있으나, 국내 보험시장 점유율은 생보사에 비해 현저하게 낮은 1%대를 벗어나지 못했다(그림 2-4).

그러나 국내 손해보험사에 대한 외국인 지분율의 변화를 보면, 〈표 2-3〉과 같이 모든 손보사들에 있어서 외국인 소유비중이 급증세를 보였다. 삼성화재, LIG손해보험, 현대해상, 동부화재 등 주요 손보사의 외국인 지분이 적게는 두 배에서 많게는 20배 이상 증가했다.

〈그림 2-4〉 외국계 보험사의 시장점유율(%)

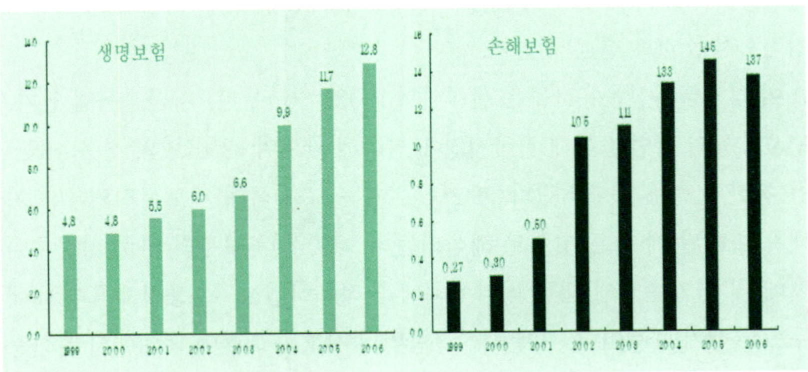

출처: 김동환(2007).

〈표 2-3〉 외국인의 손해보험사 지분율

	2001	2002	2003	2004	2005	2006
메리츠화재	5.63	14.69	13.34	37.68	40.86	34.97
한화손해보험	0.35	0.17	0.03	0.14	0.18	0.76
대한화재	0.01	0.00	0.00	0.17	0.14	0.38
흥국쌍용화재	0.02	0.48	1.28	1.88	1.37	0.94
제일화재	2.59	1.45	0.47	0.54	0.70	7.44
삼성화재	35.67	52.99	51.62	59.53	61.04	54.01
현대해상	8.48	15.09	29.23	47.98	42.55	14.95
LIG손해보험	6.46	4.30	4.89	25.22	27.62	15.07
동부화재	1.02	2.39	6.45	27.23	30.22	19.57
코리안리	8.86	14.76	19.70	42.65	45.00	48.84

주 1: 각 연도 3월 말 기준
2: 동양화재가 2005년 이후 메리츠화재로 변경됨
3: 신동화재가 2007년 이후 한화손해보험으로 변경됨
4: 쌍용화재가 2006년 이후 흥국쌍용화재로 변경됨
5: LG화재는 2006년 이후 LIG손해보험으로 변경됨
출처: 이근영 · 이대기(2007).

라. 자산운용업

외국계 대형 자산운용회사들은 2007년 현재 한국의 자산운용시장의 25.6%를 차지하고 있다(그림 2-5). 이는 외국계 지분이 50% 이상인 자산운용회사의 수탁고를 기준으로 한 것이며, 여기에 신한 BNP파리바 등과 같이 사실상 외국계 자산운용사까지 합치면 외국계 자산운용사의 시장점유율을 40%를 상회한다.

이들 외국자산운용사들은 현재까지 100% 지분투자, 자산운용업 인가, M&A 등의 방법을 통해 한국시장에 진출해 왔으며, 2007년의 경우 M&A를 통한 진출이 두드러졌다(표 2-4). 이는 그해 국내 펀드시장의 규모가 대폭 확대된 데 따른 것으로 해석되는데, 2007년 6월부터 외국 상장주식 매매 및 평가손익에 대한 비과세혜택을 적용하면서, 운용실체를 국내에 두도록 했기 때문이다. 자본시장통합법의 시행과 더불어 국내에서 자산운용업 라이센스를 획득하는 것이 보다 용이해질 것으로 전망된다.

〈그림 2-5〉 외국계 자산운용사의 시장점유율[4)]

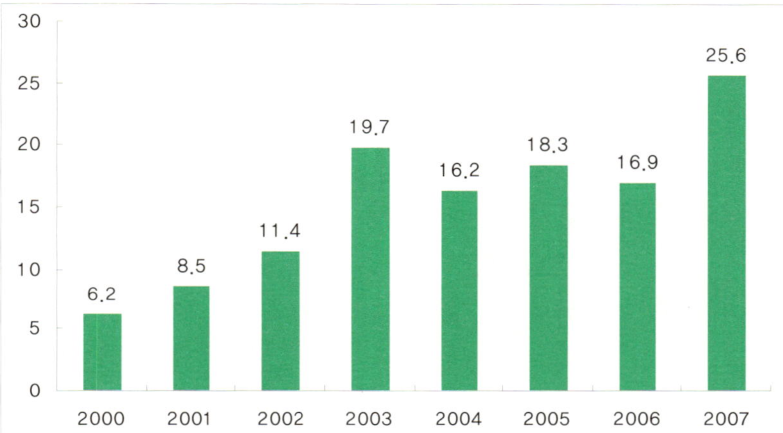

출처: 자산운용협회.

〈표 2-4〉 외국계 자산운용회사의 진출 유형

진출유형	회사명	연 도
100% 지분투자	프랭클린템플턴	2000년
	슈로더	2001년
	도이치투신운용	2002년
	피델리티	2004년
	JP모건 자산운용	2007년
자산운용업 인가	알리안츠	2000년
	PCA투신	2001년
	푸르덴셜	2004년
M&A	UBS-대한투신운용	2007년
	ING-랜드마크	2007년
	골드만-맥쿼리IMM	2007년

출처: 〈자본시장Weekly〉 2008-08호.

4) 외국계 자산운용사는 외국계 지분율이 50% 이상인 자산운용사를 말한다.

3. 외국 금융자본과 한국의 금융선진화

지금까지 살펴본 바와 같이 외환위기 이후 외국 금융자본에 대한 적극적 개방 및 유치정책에 힘입어 양적인 측면에서 외국 금융자본의 한국 금융시장 내 비중이 급격하게 증가했다. 동시에 외환위기를 극복하는 과정에서 외국자본의 유입 덕분에 국내 금융 및 기업 구조조정을 신속하게 추진할 수 있었다. 또 은행산업의 경쟁을 촉진하고 리스크 중심의 책임경영 문화를 확산시켜 국내 금융업의 발전에 어느 정도 기여한 것으로 평가된다.

이 장에서는 외국 금융자본 유입을 통한 금융선진화 계획의 성과를 금융산업의 한국경제 기여도, 금융산업의 국제 경쟁력 및 중심지 지표,[5)] 그리고 각 금융산업의 효율성·수익성·건전성 등을 기준으로 평가한다.

1) 총평

외환위기 한국정부의 외국 금융자본에 대한 인식은 처음의 금융위기 해소를 위한 외환 공급처로부터 금융산업의 성장동력화를 위한 발판으로 바뀌었다. 외국 금융자본의 유입이 한국 경제의 성장에 기여할 것이라는

5) 금융중심지는 국내외 금융시장의 통합정도에 따라 4가지 유형으로 분류된다. 글로벌금융중심지는 금융인프라의 발달정도와 국내 금융시장의 성숙도가 높아 거의 모든 종류의 종합 금융서비스 제공이 가능한 지역으로서 런던, 뉴욕이 대표적이다. 특화금융중심지는 특화된 금융서비스를 제공하는 금융중심지로서 전략적으로 특정부문을 집중 육성한 지역이다. 뮤추얼펀드와 유로본드로 특화된 룩셈부르크, 외환시장과 자산운용업에 특화된 싱가포르, 그리고 선물거래로 유명한 시카고가 그 예다. 이 밖에 비거주자 간 금융거래 유치를 위하여 조세 혜택 등을 부여하는 역외금융지역, 비거주자 간 금융거래를 주로 취급하지만 실질적인 자본의 유출입이 없이 단순히 거래내역의 기장처리만을 수행하는 기장센터(*tax haven*) 등이 있다.

〈그림 2-6〉 GDP대비 금융산업의 비중

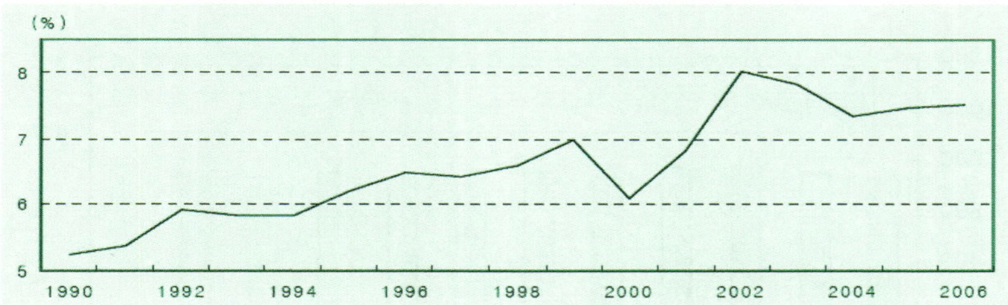

기대를 반영한 것이다. 이에 기초하여 먼저, 금융의 한국경제 기여도를 보면, GDP에서 금융산업이 차지하는 비율은 1990년 5.2%, 1998년 6.6%에서 2006년 7.5%로 높아졌다(그림 2-6). 이는 금융선진국인 미국(7.8%), 영국(8.2%)의 2005년 비중과 크게 차이를 보이지 않았다. 이 점에서 금융산업의 양적인 증대를 꾀하는 데 일정한 성공을 거두었다고 평가할 만하다. 하지만 2000~05년 동안 금융산업의 평균 GDP성장기여율을 보면, 한국은 8.2%를 기록해 미국(11.1%), 영국(15.5%)에 크게 못 미친 것으로 나타났다(한국은행, 2007). 금융산업이 한국경제의 성장동력으로 기능하고 있다고 보기 어려운 대목이다.

금융산업의 고용창출효과를 보면, 전체 취업자 중 고용비중도 3%에 머물고 있으며, 그 중 전문가 비율도 9%를 밑돌았다.[6] 더구나 전체 취업자에서 금융산업 종사자가 차지하는 비중이 하락하는 추세에 있다(그림 2-7). 1997년 3.7%(78.2만 명), 2003년 3.4%(75.1만 명), 2006년 3.4%(78.6만 명)로 감소해왔다. 금융산업의 취업유발계수는 1995년 21.0에서 2003년 11.9(명/10억 원)로 급격히 하락했다.[7] 산출액 10억 원당 취업계수도 1995년 15.1로부터 2003년 8.0(명)으로 급락하여 전체

6) 영국(16.4%), 홍콩(44%, 2001), 싱가포르(51%, 2002).

7) 취업유발계수란 해당부문의 소비·투자 등 최종수요가 10억 원 증가할 경우 해당부문과 여타부문에서 직·간접적으로 유발된 취업자 수를 이른다.

〈그림 2-7〉 금융산업의 취업자 비중

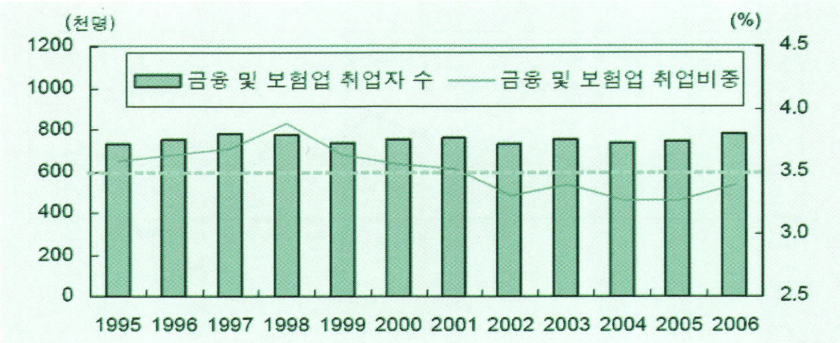

서비스산업 취업계수의 절반 수준에 머물렀다. 이를 산업별로 보면, 금융산업은 외환위기 이후 총 산출, 부가가치 등 양적 측면에서는 크게 성장하였으나 구조적으로는 은행권 위주로 불균형적인 발전 모습을 보였다. 총산출이나 부가가치 면에서 은행권의 비중은 확대된 반면, 여타 금융부문은 정체 내지 하락했으며, 부가가치율도 수익창출능력의 차이로 인해 은행권은 큰 폭으로 확대되었으나 여타 금융부문은 하락했다(신현열 · 김보성, 2007).

다음으로 외국자본의 유입이 한국 금융시장의 국제화와 허브화에 어느 정도 기여했는지 알아보자. 〈그림 2-8〉은 외환위기 이후 2003년을 제외하고 지난 10년 동안 한국 금융부문의 경쟁력은 중하위권을 벗어나지 못했음을 보여준다.

뿐만 아니라 금융허브를 외쳐온 서울이 전 세계 주요도시 중 글로벌 금융센터 순위에서 거의 꼴찌 수준에 머무르고 있다. 2007년 서울은 세계 46개 도시를 대상으로 평가한 글로벌 금융센터 순위에서 바닥권인 43위를 기록했다. 런던, 뉴욕, 홍콩, 싱가포르, 취리히 등 상위 5위권과 시드니(7위) 도쿄(9위) 등 상위권 도시는 제쳐두고라도, 바르샤바, 헬싱키, 빈 등에도 순위가 못 미친다. 2008년 서울의 국제금융중심지지수(GFCI,

〈그림 2-8〉 IMD 국가경쟁력 평가

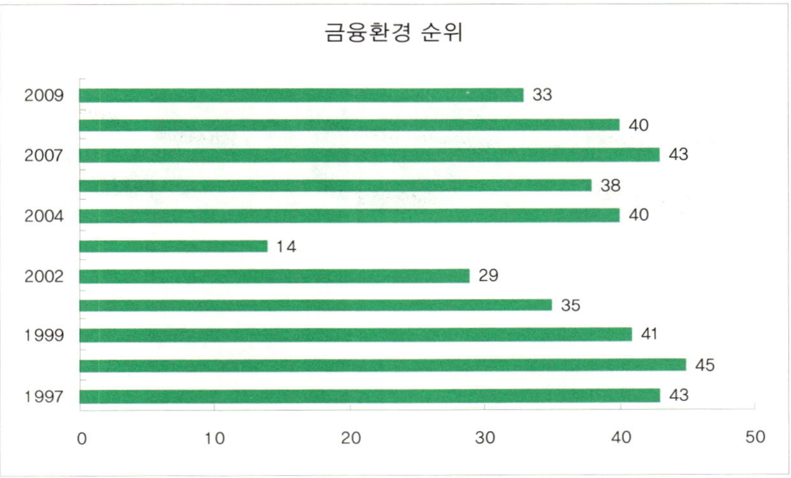

Global Financial Centre Index)는 전체 조사대상 59개국 중 41위를 차지, 금융허브화의 꿈을 무색케 하고 있다.[8] 요컨대, 외국 금융자본의 진출이 금융의 경제성장 동력화, 금융산업의 국제화 및 허브화에 아직까지 가시적인 긍정적 효과를 미쳤다고 보기 어렵다.

2) 부문별 평가

(1) 자본시장

금융시장 전반에서 외국인의 국내투자 유형을 보면, 외국 금융자본은 주식과 채권 등 자본시장에 절반 이상이 투자되고 있다. 반면 금융산업에 대한 직접투자는 20%를 넘지 못하고 게다가 감소추세에 있다(그림

8) KDI (2007)에 따르면, 금융산업의 글로벌 네트워크 강화 추진실적에 대해 조사대상 외국인의 45.5%가 '보통'이라고 답했으며, '낮거나 매우 낮다'고 응답한 경우도 36.6%에 달했다.

〈그림 2-9〉 외국인투자 유형

(단위: 억 달러)

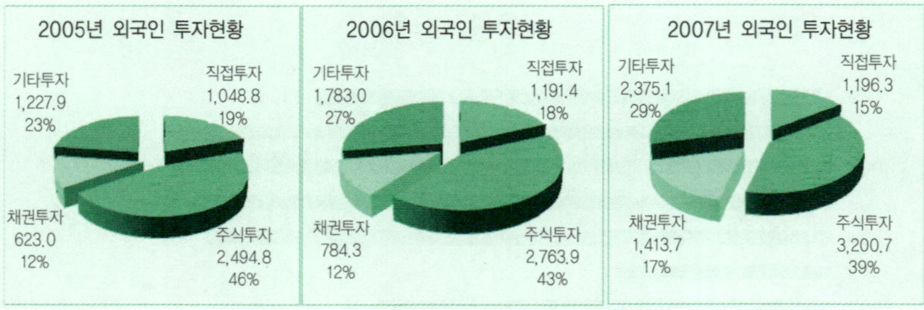

출처: 한국은행.

2-9). 외국인투자자들이 중장기적 영업활동을 통한 수익창출보다는 단기적인 차익실현이 상대적으로 손쉬운 주식시장에 관심을 집중하고 있는 셈이다.

먼저, 주식시장의 경우 외국인들은 블루칩 위주의 투자 행태를 보였다. 시가총액 기준으로 외국인투자자의 비중은 30% 내외를 기록한 반면, 보유주식으로 본 외국인의 주식투자비중은 2000년 13.9%에서 2006년 22.3%였다. 이처럼 시가총액에 비해 주식 수의 비중이 낮은 이유는 외국인이 국내 우량대기업에 집중 투자하고 있기 때문에 나타난 현상이다. 이러한 수출·대기업의 주식에 대한 외국인의 편중투자는 주가 양극화를 심화시키는 부작용을 낳았다. 이에 따라 중소기업 등 일부 기업이 영업성과에 관계없이 주식시장 개방의 혜택에서 소외되는 문제가 발생했다(서상원, 2006).

뿐만 아니라 외국인투자가 상장기업의 배당, 증권시장의 안정성, 그리고 기업지배구조에 미치는 효과를 통해서 외국 금융자본의 공과를 살펴볼 수 있다. 사실 외국인 주식보유 비중의 상승이 배당압력을 심화시키는지, 주식시장에서 떼거리 행태와 시세추종 매매로 시장교란과 유동성이 악화되는지, 또 기업지배구조의 개선에 기여하는지 여부에 대해 논란이 분분하다.[9] 그러나 2008년의 경우, 외국인 주식시장 비중이 30%

로 급락했지만, 지급될 배당금에서 외국인 배당금액은 오히려 늘었다. 외국인 배당금 총액은 5조 6천억 원(환율 950원 기준 59억 달러) 으로 전체 배당금의 40. 23%를 차지, 2007년 말 기준 주식 비중 32%를 훨씬 상회했다. 이처럼 외국인 주식 비중의 감소에도 불구하고 배당의 절대 금액이 증가하면 경상수지의 악화를 부채질할 우려가 있다. 또한 2005년부터 시작된 차익실현을 위한 주식 순매도와 2007년 미국 서브프라임 사태로 인한 금융불안, 신용경색 국면에서 유동성을 확보하려는 외국 금융자본의 노력은 한국 주식시장의 급격한 변동성과 자본시장의 극심한 불안정성 그리고 주가폭락을 초래했다.

한편 증권시장의 국제화를 위해 2008년까지 외국기업 30여 개를 국내 증권시장에 상장하도록 유인하겠다는 계획도 지지부진하다. 목표 연도인 2008년 12월까지 증시에 상장된 외국기업은 중국의 3노드디지탈, 화풍집단KDR, 코웰이홀딩스, 연합과기 등 4개 사에 불과하다. 2009년 중국식품포장, 네트로아이티, 중국원양자원 등 3개 사가 새롭게 상장되었다.

채권시장의 경우, 1998년 상반기 외국인 채권투자가 완전 개방되었고, 외국인에 대한 시장차별적인 요인도 거의 없어졌다. 그럼에도 불구하고 외국인의 국내채권 보유비중은 지속적으로 매우 낮은 수준에 머물고 있다. 절대적인 측면에서 외국인 상장채권 보유비중은 1998년 0. 29%에서 2007년 4. 5%로 급증한 것처럼 보인다. 하지만, 비슷한 시기 외국인에게 개방된 주식시장과 비교하면 평가가 달라진다. 주식의 경우, 2007년 말 외국인이 보유한 시가총액은 325조 원으로 전체 상장총액의 31%를 차지한 반면, 채권 보유 잔고는 36조(4. 5%) 로 주식 보유가치의

9) 예를 들어 연태훈(2005) 은 외국인 주식보유비중과 시장교란 행위, 유동성, 배당, 그리고 기업지배구조 등 간의 관계가 성립되지 않는다고 본 반면, 박현수(2004) 는 외국인의 주식보유비중 확대에 따른 부작용으로 거론되는 현상들이 실제로 존재한다고 주장한다.

10분의 1 수준에 그쳤다. 즉 외국인투자자들은 국내 자본시장에서 주식투자만을 선호하고 채권투자를 외면하고 있다.

채권 종별로 보면, 2007년 말 전체 외국인투자자가 보유한 국내 상장채권 중 국채의 비중이 68.6%를 차지하고, 특수채는 30.4%를 기록한 반면, 회사채의 비중은 1%에 불과한 것으로 나타났다. 외국인들은 회사채에 거의 투자하지 않고 상대적으로 신용도가 높고 유통시장이 발달되어 있는 무위험 채권에 주로 투자하고 있는 셈이다. 채권시장의 본래 목적은 기업들의 자금조달 통로로 기능할 수 있도록 하는 것이다. 은행은 대체로 단기 대출에 초점을 맞추는 경향이 강하다. 회사채 시장은 경제의 스페어타이어로서 단기 자금시장의 경색을 완화할 수 있다. 그러나 회사채에 대한 외국인투자자의 외면은 외국자본의 유입을 통해 기업자금 조달 통로를 다변화·안정화하고자 하는 본래 취지를 살리는 데 도움을 주지 못하고 있다.

요컨대, 외국인의 주식투자는 대기업에 편중돼 있으며, 채권투자도 주로 국채를 대상으로 이뤄져왔다. 외국자본이 한국의 기업금융을 다양화할 것이라는 본래 기대를 충족시키지 못하고 있다고 할 수 있다.

(2) 금융산업

앞서 살펴본 바와 같이, 외국계 금융사의 국내시장 점유율은 각 금융권에서 모두 상승하였고, 특히 외국계 은행 및 생명보험사의 시장점유율이 현저하게 증가했다. 그러나 지난 10년간의 노력에도 불구하고 질적인 측면의 변화에 대해서는 자성의 목소리도 있다. 금융기관의 영업방식이 국화빵 식 행태를 벗어나지 못하고 있으며, 글로벌 플레이어들과 비교했을 때 아직 자산규모·수익구조·전문인력·글로벌 네트워크 등의 측면에서 크게 미흡하다.

우선, 은행업은 국내 은행산업에 금융자본이 아닌 해외구조조정 펀드의 진출이 두드러져 문제가 되고 있다. 금융업을 주목적으로 하는 금융자본이 아니라 투자이익만을 목적으로 하는 투기성 펀드인 셈이다. 현재 외국인이 1대 주주거나 그에 준하면서 경영권을 행사하고 있는 국내은행은 제일, 외환, 한미은행인데, 이 중 제일과 외환은행의 외국인 1대주주는 금융업을 전문하는 은행계 자본이 아니라 전문투자펀드다. 당초 제일은행은 뉴브릿지캐피탈, 외환은행은 론스타에 인수되었다. 지속적으로 은행업을 영위하기보다는 단기 이익을 목적으로 하고 있어 국내 금융기반의 약화가 지속되고 있다.[10)]

이와 함께 외국 금융자본의 진출로 은행의 공공성과 공익성이 저해되고 있다는 지적도 제기되고 있다. 외국계 은행이 상장을 폐지함으로써 금융기관의 투명성과 건전성이 약화될 위험성이 커진 데다, 정부의 금융정책 운용에 장애가 되기도 한다. 외환은행이 LG카드사태 발생 시 정부지원안을 거부한 것이나, 국민은행이 국내 카드사태 때 주주의 반대로 분담금에 반대한 것은 정부간섭에 대한 외국계 금융기관의 부정적인 시각을 보여주는 대표적 사례다(IMF, 2000).

외환위기 이후 외국 사모(私募) 펀드가 인수한 국내 외국계 은행의 경영행태를 보면 안전자산을 선호하는 경향이 있는 데다가 비용 효율성보다는 안정성 제고에 주력한 것으로 나타났다(강종구 · 김현의, 2005). 국내 중소기업에 대한 대출을 기피하고 대출금 회수가 상대적으로 쉬운 주택담보 대출에 치중함으로써 한국 경제의 성장동력을 강화하는 데 걸림돌로 작용했다. 2009년의 경우, 외국계 은행들은 주택담보대출을 늘리고 중기대출은 줄인 것으로 나타났다. 경기침체기에 부실이 늘어날 가능성이 큰 중기대출보다 상대적으로 안전자산인 주택담보대출 영업에 치중해, 국내은행들이 정부 정책에 따라 중기대출을 늘린 것과는 대조적이

10) 이후 제일은행은 2005년이 스탠더드차터드에, 한미은행은 2004년 2월 씨티은행에 매입되면서 금융업을 영위하는 금융자본으로 변화되는 양상을 보였다.

다. 예를 들어 SC제일은행은 2009년 1분기에만 주택담보대출이 2조 1,200억 원가량 급증한 반면, 중기대출금은 4,225억 원이 감소했다. 외환은행도 주택담보대출금은 2247억 원 증가했으나, 중기대출금은 1조 6천억 원이 감소했다.[11]

또한 국내은행들의 자산 대형화가 어느 정도 이루어졌음에도 불구하고 여전히 세계최대은행의 10분의 1에 불과하다. 한국의 상위 4개 은행의 총자산은 미국 상위 4개 사의 13%에 그치고 있다. 은행들의 수익구조도 예대마진에 치중해 있어, 한국 은행들의 비이자이익률은 13%로서 영국(46%), 미국(45%), 독일(27%)에 크게 뒤떨어지는 것으로 나타났다. 은행의 글로벌 네트워킹도 기대 이하에 머물고 있다. 손쉬운 국내 영업에 안주한 결과 국내은행의 평균 해외 자산비중은 2.5%에 불과하다. Citi, HSBC, UBS 등 글로벌 은행의 해외자산 비중이 40~50%를 넘는 것과는 대조적이다.

증권업의 경우, 글로벌 투자은행(IB) 등에 비해 여전히 규모의 영세성, 위탁매매 위주 영업 등으로 인해 글로벌 경쟁력이 취약한 상태를 면치 못하고 있다. 한국 5대 증권사의 자기자본과 직원은 미국 5대사의 7% 수준에 그치고 있다. 또한 국내 증권사의 위탁매매 비중은 68%로 위탁매매에 의존하는 기존 영업현황에 근본적인 변화가 없다. 한마디로 외국자본의 유치가 국내 금융산업의 질적 발전에 기여한다고 보기 어려운 실정이다.

국내 보험산업은 글로벌 보험회사와 비교하면 아직 자산규모, 수익성, 자본력에서 뒤떨어져 글로벌 플레이어에 해당할 만한 회사가 없다. 국내 상위 3개 생명보험사의 자산은 미국과 일본의 17~20% 수준이며, 국내 보험회사의 수익성 지표인 ROA(총자산이익률), ROE(자기자본이익률)

---

11) 다만, 한국씨티은행은 이 기간 중기대출금이 2,354억 원 늘었지만, 주택담보대출은 1,093억 원 줄어든 것으로 조사됐다(〈헤럴드경제〉, 2009.6.5).

는 글로벌 보험회사의 절반 수준에 그치고 있다.

정부는 해외 유수의 자산운용회사들이 우리나라에 법인을 설립하여 내국인을 고용하고, 펀드를 만들어 국내에 등록하는, 이른바 금융허브형 육성전략을 지향해왔다. 금융중심지법은 이러한 전략을 뒷받침하기 위한 것으로 2006년 5월 금융허브 달성을 위해 2010년까지 세계 50대 자산운용사 중 최대 20개를 국내에 유치한다는 계획을 추진했다. 2008년 8월 현재 JP모건 자산운용, 피델리티, 알리안츠 등 11개 사가 100% 지분투자 · 인가 · 인수합병(M&A) 형식으로 국내에서 영업 중이다. 외국 자산운용사의 수만 보면 절반의 성공이라고 할 수 있지만, 여전히 수탁고가 글로벌 자산운용사에 비해 영세하고 펀드 베끼기 관행이 지속되고 있는 등 국내 자산운용사의 선진화에 끼친 영향은 미미한 것으로 평가된다.[12] 이처럼 외국 금융자본의 유입이 한국 금융산업의 선진화로 이어지기 위해서는 아직 풀어야 할 과제가 적지 않다.

4. 금융선진화의 성공조건[13]

이 연구는 한국의 금융선진화를 위한 성공조건으로 글로벌 스탠더드의 한국적 수용을 제시한다. 글로벌 스탠더드란 단일화된 세계시장에서 기준으로 통용되는 국경을 초월한 약속이나 규범을 말한다. 대체로 선진국에서 광범위하게 사용되는 보다 효율적이고 검증된 개념이나 제도를 포

12) 한국 자산운용사의 평균 수탁고는 4.43조 원으로 미국 24.8조 원, 일본 6.87조 원에 크게 밑돌았으며, 세계 1위 바클레이즈의 수탁고가 1,535조 원인 반면, 국내 1위 미래자산운용은 29.0조 원에 머물렀다.

13) 여기에서는 경제적 측면보다는 정치적 · 정책적 차원에 초점을 맞춘다. 외국 금융자본이 국내 금융시장에 미치는 경제적 효과에 관한 실증적 연구로는 연태훈(2005), 박현수(2004), 강종구 · 김현의(2005), 김재칠(2009) 등 참조.

함하는 이른바 모범사례(*best practices*)와 유사한 의미를 갖는다. 한국과 같은 개방형 경제구조를 지닌 국가들이 세계무대에서 경쟁하기 위해서는 글로벌 모범사례와 게임의 규칙을 도입할 수밖에 없다. 사실 외환위기를 겪으면서 글로벌 스탠더드는 단기간에 한국 경제에 강요된 측면이 있었다. 최근 미국발 금융위기로 인해 안팎에서 영미식 글로벌 스탠더드의 유용성에 대한 회의론도 제기되고 있다. 그럼에도 불구하고 금융선진화는 한국의 중요한 국가발전 전략임을 부인하기 어렵다. 따라서 이 연구는 외국 금융자본의 유입에 따른 부작용과 기대 이하의 성과는 일종의 성장통(*growth pain*)이라고 보고, 향후 외국 금융자본의 이점을 최대한 살려 금융선진화에 이를 수 있는 방안을 모색한다.

1) 투자유치체계의 합리화

외국 금융자본에 관한 정책은 기존 양적 접근에서 질적 접근으로 변화할 필요가 있다. 이를테면 '세계 ○○대 금융회사 유치'라는 단기적인 양적 실적을 목표로 내세우기보다는 외국인투자자들이 자연스럽게 한국 시장에 이끌려 진출할 수 있는 여건을 조성하는 데 주력해야 한다. 외국인투자 개방 및 유치의 목적은 외국 금융회사들이 국내에 들어와서 양질의 금융서비스를 내국인에게 제공하고 국내 금융회사의 국제경쟁력 제고에 기여토록 하는 것이다.

이를 달성하기 위해 첫째, 내외국인 등 자본의 국적 구별을 재고할 필요가 있다. 국적에 기초하여 외국 금융자본을 우대하거나 차별하는 정책을 지양해야 한다. 자본의 국적구별은 경영권 방어, 금산분리, 출자총액제한제도 등을 둘러싼 국내 기업에 대한 역차별 논란의 단초를 제공할 뿐만 아니라 피해의식을 유발하여 반외자정서를 자극해왔다. 예를 들어 2002년의 은행법은 내국인이 시중은행의 주식을 10% 한도 내에서 소유할 수 있지만 감독당국의 승인을 받도록 요구하고 있다. 하지만 외국인은 금융위원회 신고만으로 국내은행의 기존 주식을 10%까지 취득할 수 있다. 이는 시중은행에 대한 외국인 지분율의 급증으로 이어져 금융주권의 훼손이라는 우려를 자아냈다.

따라서 국내에서 영업을 하는 경우 국적을 불문하고 모두 국내기업으로 간주하는 인식의 전환이 필요하다. 외국자본의 투자유치에 성공적인 결과를 보이고 있는 국가들은 궁극적으로 국내외 기업을 차별하지 않는 정책을 추진하고 있다. 예를 들어 싱가포르는 기본적으로 '싱가포르에서 사업을 하는 모든 기업은 싱가포르 기업'이라는 원칙에 입각, 모든 자본을 동일하게 대해왔다. 영국과 아일랜드 역시 자국 내외 기업 간 조세, 인센티브 등에 있어서 차별도 특별대우도 두지 않는다. 한국도 국내에서 영업하는 모든 기업을 동일하게 대우하는 '한국에 있는 기업은 한국기업'(*Korea-based company*) 관념의 도입과 시행을 적극적으로 검토해야 한다.

둘째, 외국인투자 인센티브 제도의 개선도 요구된다.[14] 지금까지 정부의 외국자본 유치계획의 대부분은 세제혜택 등 각종 인센티브를 전면에 내세웠다. 2009년 1월 발표된 금융중심지 개발계획도 예외가 아니었다. 정부는 서울 여의도 금융중심지에 입주한 기업에게 취득·등록세를 면제하고 재산세를 5년간 50% 경감하며, 건폐율·용적률·고도제한 등 도시계획 규제를 완화하기로 했다. 또 다른 금융중심지로 지정된 부산 문형동의 경우에도 취득·등록·재산세의 면제와 입주기업의 용지 및 건물구입비 50% 이내 지원을 약속했다.

그러나 IMD 국제경쟁력 보고서에 의하면, 외국인투자 인센티브 측면에서 본 한국의 국제경쟁력 순위는 2004년 41위에서 2007년 42위로 오히

---

14) 외국인투자에 대한 인센티브의 종류와 성격에 대해서는 OECD(2003) 참조.

려 한 단계 하락했다. 정부가 외국인투자 인센티브를 위한 전략을 구사했음에도 불구하고 글로벌 기업인들은 이에 대해 그다지 긍정적인 인식을 갖지 않는 것으로 나타났다(KDI, 2007). 따라서 투자인센티브제도의 합리적 개선이 필요하다. 한국의 성장단계에 맞는 자본의 형태가 무엇인지 염두에 두어야 한다. 이를테면 위험관리 및 자산관리 역량이 큰 자본을 중심으로 인센티브 부여 대상을 좁혀서 선택적이고 전략적으로 접근해야 한다. 외환위기 당시 외국자본의 질보다는 양에 매달려 단기차익을 목표로 한 펀드자금까지 무분별하게 유치했다가 이후 외환은행 사태 같은 후유증을 앓았던 경험을 잊지 말아야 할 것이다.

셋째, 외국 금융자본 유치 주체의 역할분담 및 체계화가 필요하다. 우선 중앙정부와 지방정부 사이에 보다 효율적인 노동분업이 이뤄져야 한다. 지금까지 외국자본 유치는 중앙정부와 지방정부가 경쟁적인 방식으로 추진해왔다. 특히 지방자치단체로선 중앙정부의 금융특구 지정 또는 외국 금융회사의 관내 유치를 하나의 정치적 성과로 여기는 경향이 강하다. 중앙정부 역시 경제적 합리성보다는 정치적인 고려를 앞세운 듯한 태도를 보였다. 이 점에서 2009년 금융중심지 선정을 둘러싼 잡음은 시사하는 바가 크다. 금융위원회는 서울과 부산 두 곳을 최종 대상자로 결정했다. 그러나 아시아의 선발 금융중심지인 홍콩과 싱가포르를 추격하는 입장에서 한 곳에 집중 투자하는 것이 바람직할 것이다. 그럼에도 불구하고 두 군데를 금융중심지로 선택하는 것은 정치적인 계산이 작용한 결과라는 해석이 제기되었다. 금융중심지를 복수로 지정함으로써 재원이 한정된 상황에서 지원역량이 분산되고 결국 아시아 다른 지역의 금융중심지에 비해 경쟁력이 떨어질 수 있다는 지적이다.

뿐만 아니라 지자체 간 과당경쟁으로 금융허브 조성을 위한 중복·과잉투자의 가능성도 배제할 수 없다. 예를 들어 인천은 정부의 금융중심지 지정과 상관없이 청라지역을 국제금융허브로 육성할 계획이다. 경기

고양과 제주 또한 금융선진화를 내세우며 글로벌 금융중심지로 도약하겠다는 꿈을 포기하지 않고 있다. 하지만 지자체 간 지나친 경쟁은 금융선진화 그 자체보다는 중앙정부의 재정지원을 염두에 두고 향후 추가로 조성될 국제금융허브 지정에서 유리한 고지를 선점하고자 하는 계산이 깔려 있다고 볼 수 있다. 따라서 중앙정부와 지방정부가 참여하는 단일 협의체를 구성하여 금융중심지 선정을 포함한 금융허브전략 추진기구 설립을 고려해봄 직하다.[15]

2) 금융감독의 네트워크화

2007년 10월 금감위·금감원의 "세계10대 금융강국 조사"에 따르면, 한국의 금융경쟁력은 OECD 30개 회원국 중 18위에 해당하는 것으로 조사됐다. 금융시장규모는 9위, 성숙도 11위를 기록, 평균 순위보다 상위권에 들었다. 하지만 금융시스템의 효율성 및 감독역량은 21위, 금융산업의 국제화는 25위로 한국의 전반적인 금융경쟁력 순위를 끌어내리는 역할을 하고 있는 것으로 나타났다(그림 2-10). 2007년 KDI의 여론조사에서도 규제감독시스템의 혁신성과에 대해 응답자의 대다수(전체 51.6%, 외국인 55.4%)가 낮거나 매우 낮은 것으로 평가했다. 이듬해 전경련·서강대 서강시장경제연구소가 금융전문가 184명 대상으로 한 여론조사에서 응답자의 70.1%가 금융감독제도가 금융선진화에 기여하지 못하고 있다고 대답했다. 이처럼 현재의 금융감독과 규제체계는 금융선진화의 또 다른 걸림돌이 되고 있다.

이 연구는 금융감독의 선진화 방안으로서 금융감독 철학의 변화를 바탕으로 한 국내적·국제적 네트워크의 강화를 제시한다. 우선, 금융감독은 국내외 금융시장의 변화상을 반영해야 한다. 한국이 지난 40년 동안

15) 외국인 투자유치기관와 유치성과에 관한 연구로는 Morisset(2003)가 있다.

〈그림 2-10〉 한국 금융선진화의 현주소

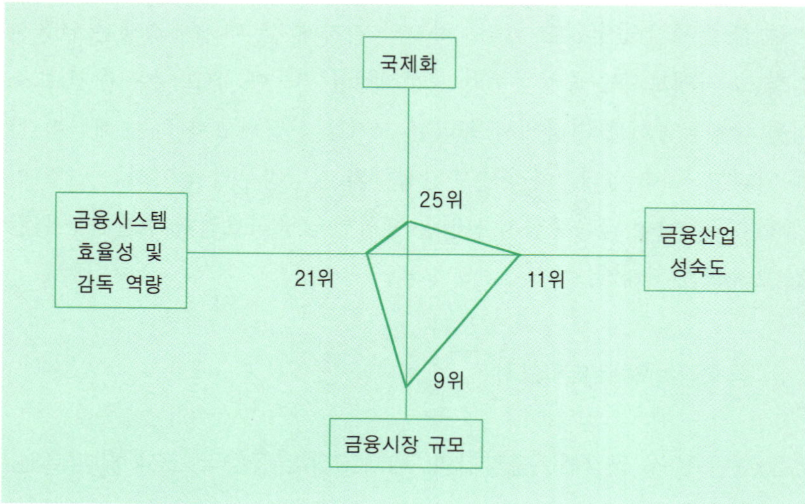

출처: 전광우 (2008).

이룬 경이적인 경제발전은 상당 부분 정부 주도적인 경제정책에 의해 달성되었다. 정부의 지도·규제·감독이 상대적으로 효율적인 자원배분에 기여했다. 그러나 시장의 개방화·글로벌화·겸업화 등 급변하는 금융환경의 변화가 심화됨에 따라 지시 위주의 금융감독의 효율성과 실효성이 반감되었다. 따라서 감독 당국의 역할은 아직까지 관성으로 남아있는 시장 개입자(*intervener*)에서 시장 촉매자(*catalyst*) 혹은 촉진자(*facilitator*)로 재조정되어야 한다.

둘째, 이러한 감독역할의 조정은 민간 시장참여자들의 참여를 불가결하게 만든다. 다시 말해 금융감독과 규제에 있어서 민-관 정책네트워킹이 요구된다. 지금까지 감독기관의 의사전달은 감독기관에서 업계로 일방적으로만 이루어져왔고, 시장참가자들이 직면하고 있는 현안과 동떨어진 경우가 많았다. 그 결과 금융규제들이 일관되고 적절하게 집행되지 않을 뿐만 아니라 규제내용과 실질적인 영업관행 간의 괴리가 커졌다.

또한 금융시스템의 안전성 확보를 감독기관에만 전적으로 의존하는 관행이 바뀌어야 한다. 민간부문도 책임감을 갖고 건전한 사업관행을 정착시킬 수 있도록 노력할 수 있는 여지가 많다. 예컨대, 기업지배구조의 개선 강화와 민간신용평가회사 등의 활성화 등을 통한 시장기구에 의한 감시장치의 정착이 요구된다. 요컨대, 감독기관과 금융시장 주체들 간의 쌍방향 소통이 가능한 상호 협력적 거버넌스를 수립해야 한다.

끝으로, 금융감독의 국제적 네트워크를 강화할 필요가 있다. 규제개선과 더불어 감독기관은 시장참여자와 투자자들에게 안전하고 효율적인 시장환경을 제공할 책무를 지고 있다. 올바른 시장여건 제공에 실패할 경우 외국인투자자의 신뢰를 얻기 어렵고 의도했던 금융선진화를 기하기 어렵다. 이러한 국내 금융시장의 안정성을 제고하기 위해서 금융당국은 국제적 감독 네트워크를 강화해야 한다. 이를 통해 투기성 외국 금융자본의 국내 진입을 사전에 인지함으로써 금융시장의 교란을 방지할 수 있다. 뿐만 아니라 파산절차 등 법·회계기준의 개선과 글로벌한 차원에서의 규제 조화(*harmonization*) 노력도 병행되어야 한다. 금융회사의 외국인 소유는 의사결정권의 이전, 외국은행의 조직적 체계와 유치국의 규제체계 간의 불일치로 인해 규제당국에게 도전을 제기한다(Domanski, 2005). 이러한 도전에 대처하기 위해서는 투자국과 유치국의 규제당국 간 조정의 필요성이 강조된다. 해당 국가 간 금융 및 거시경제 안정성에 관한 정보 교류가 요구되는 것도 이 때문이다.

3) 소프트 인프라의 개선

KDI(2007) 조사에 따르면, 국내 경제전문가와 외국 금융종사자들은 한국의 금융중심지 실현가능성에 대해 매우 회의적인 반응을 보였다.[16]

16) 전체적으로 61.3%, 외국인 66.3%가 금융허브정책의 실현가능성이 낮다고

그 대표적인 이유는 불편한 사회문화적 환경, 금융전문인력 부족 등 경영·생활환경에 관련된 것들이었다.

우선, 외국 금융자본을 대하는 정서적 인프라가 개선되어야 한다. 2005년 한 외신은 "아시아 금융위기 이래 거의 10년이 지나간 시점에서 한국은 그들의 경제를 구해준 외국투자자를 충분히 받아들일 준비가 돼 있지 않다"고 지적했다.[17] 외국자본에 대한 한국의 이중가치를 꼬집은 것이다. 외환위기 직후 한국은 외화를 절실하게 필요로 했기 때문에 당시 유입된 외국자본은 유입형태를 불문하고 외환위기 극복에 도움이 되는 '고마운' 자본이었다. 외국자본은 장기자본을 공급하여 일자리를 창출하고 기술을 이전하는 데 기여했을 뿐만 아니라, 지배구조의 선진화와 기업경영 행태의 개선 등 글로벌 스탠더드를 도입하는 데 긍정적인 역할을 한 것으로 생각되었다. 그러나 소버린의 SK 경영권 공격, 칼 아이칸의 KT&G 인수위협, 론스타의 외환은행 헐값 인수 논란 이후 외국자본에 대해 부정적인 인식이 싹트기 시작했다. 이들 외국자본은 주로 투기적 헤지펀드 또는 사모펀드로 주가의 상승을 유발한 후 차익을 먹고 튀는 이른바 먹튀의 행태를 보인다. 필립스와 론스타는 한국에 돈을 벌기 위해 들어왔고, 벌어들인 수익 규모도 비슷하다. 하지만 한국인들은 제조업 투자에 대해서는 일자리 창출 등에서 큰 도움을 줬다며 박수를 보냈지만, 펀드의 금융회사 투자에 대해서는 투기자본이라며 인색한 평가를 내린다. 이처럼 외국자본의 폐해는 해당 자본의 속성이 단기적 자본차익을 노리고 투자하는 경우에 나타나는 현상으로, 해당 자본이 외국자본이기 때문에 나타나는 현상은 아니다. 따라서 과거처럼 무분별한 유치가 아닌 자본의 성격을 면밀하게 따지는 유치정책을 시행함으로써 외국자본의 폐해에 대한 일반화의 오류를 막고 정서적 친밀감을 제고할 수 있을 것이다.

말했다.

17) *Financial Times*, 2005. 08. 04.

또한, 금융의 국제화와 선진화를 뒷받침할 수 있는 인적 인프라의 강화가 시급하다. 앞서 인용한 KDI의 조사에 의하면, '금융전문인력 양성'의 추진실적에 대해 전체 응답자의 45.7%, 외국인의 56.4%가 보통이라고 대답했으며, 낮거나 매우 낮다는 평가도 전체 42.6%, 외국인 29.7%에 달했다. 이는 IMD 국제경쟁력 순위변화에서도 나타나는데, 상사직원들의 국제적 경험은 2004년 5위에서 2007년 49위로 추락했으며, 상사직원들의 전문성 순위는 같은 기간 45위에서 41위로 별다른 개선이 이뤄지지 않았다. 정부가 2006년 금융전문대학원과 금융인력 네트워크센터를 설립했음에도 불구하고 국내외 금융전문가들은 부정적인 평가를 내렸다. 실제적인 예로 채권시장에 대한 외국자본의 참여가 저조한 이유 중 하나로 채권딜러의 전문성 부족이 꼽힌다. 1999년부터 정부는 전문딜러제도를 도입하고, 국채딜러간 거래를 위하여 증권거래소에 국채전문유통시장을 개설했다. 그러나 채권딜러의 시장조성 기능은 여전히 미흡하다는 평가다(양두용 · 김은경, 2003). 금융인력 네트워크센터에 따르면 현 직무에 3년 이상 근무하고 있는 인력의 비중은 국내 금융기관은 22.9%에 불과하다. 외국계 금융기관이 45.4%인 점을 감안하면 근무기간이 절반밖에 안 되는 셈이다. 근무기간 외에 공인회계사(CPA), 미국공인회계사(AICPA), 공인재무분석사(CFA), 금융위험관리사(FRM) 등 전문자격증을 소지한 금융기관 직원도 전체의 1.18%에 그치고 있다.[18] 금융인력의 전문성 제고를 위해 직무의 연속성과 국내외에서 재훈련의 기회를 대폭 확충하는 것이 급선무다.

요약하면, 금융개방을 통한 금융중심지로의 도약은 외국 금융자본에 대한 정서적 인식의 개선과 금융인력의 전문성 제고 및 국제화가 전제되어야 한다. 이를 위해 외국에 대한 개방도를 높임으로써 외국문화에 대

18) 〈서울경제〉, 2007.02.12.

해 보다 개방적인 정책을 실시하여 국민들의 인식이 열린 문화형태로 바뀔 수 있도록 노력해야 한다.

5. 결론

이 연구는 외환위기 이후 10년 동안 외국 금융자본의 유입이 한국 금융시장의 선진화와 허브화에 어떤 기여를 해왔는지 평가하고 향후 금융개방정책이 나아갈 방향을 모색했다. 외환위기 직후 외국 금융자본은 한국경제 활성화의 중요한 수단으로 인식되었다. 금융시장 개방과 외국자본 유치를 한국경제의 생존문제로 간주하고 외국기업과 외국인투자자의 국내진출을 고무했다. 상장주식의 외국인 소유한도를 철폐하고 은행, 보험, 자산운용 등 금융산업 전 부문에 걸쳐서 외국인의 참여를 촉진했다. 외환위기 극복 이후에도 '동북아 금융허브', '글로벌 금융강국' 등을 내세우며 세계 금융중심지로의 도약을 향한 노력은 지속되었다.

그러나 정부가 표방해온 금융산업의 국제 허브화 · 선진화에 외국 금융자본이 얼마나 기여했는지 의문이다. 사실 정부의 개방정책에 힘입어 주식 · 채권시장에서 외국인의 비중이 급격하게 높아진 것은 물론, 금융산업 전 부문에서 외국계 금융자본의 점유율이 대폭 증가했다. 이 점에서 양적인 측면에서 외국 금융자본의 유치에 어느 정도 성과를 거두었다고 볼 수 있다. 그럼에도 불구하고 국제경쟁력보고서와 국제금융 중심지지수 등 금융산업 발전의 국제적 지표들은 공통적으로 한국 금융시장의 현주소를 하위권으로 평가했다.

이 연구는 외국 금융자본의 유입과 유치를 통해 의도했던 금융시장의 선진화라는 기대효과를 거두지 못한 원인을 외국 금융자본 유치체계, 금융규제 및 감독시스템, 소프트 인프라 차원의 문제점에서 찾았다. 따라서 금융을 국가경제의 성장동력으로 육성하려는 비전이 실현되기 위해서는 먼저 투자유치체계의 합리화가 이뤄져야 한다. 자본의 국적을 내외국인으로 구별하여 외국인에게 특혜를 제공하는 관례에서 벗어나 한국에 있는 기업은 모두 같은 한국기업이라는 인식이 도입될 필요가 있다. 또한 외국자본에 대해 무차별적으로 부여하던 인센티브 제도를 개편, 한국경제의 성장단계에 걸맞은 금융자본을 주 타깃으로 설정하는 선택적인 접근법이 요구된다. 아울러 중앙정부와 지방정부 간의 보다 효율적인 역할분담을 전제로 하는 금융선진화추진기구를 고려해야 한다.

금융감독시스템의 경우, 금융감독의 철학을 시장개입자로부터 시장촉진자로 재조정하고, 그동안 일방적인 지시와 감시의 대상이었던 민간 주체들과의 네트워크 형성을 통해 기존 지시 위주의 감독 관행에서 탈피해야 한다. 또 금융시장의 안정성과 건전성을 확보하기 위해 국제투기자본에 대한 국제공조체제를 구축해야 한다.

위와 같은 법과 제도 차원의 개선뿐 아니라 소프트 인프라의 질적 향상도 시급한 과제다. 과거 무분별한 유치정책으로 인해 파생된 외국자본에 대한 부정적 인식을 시정하기 위해 개방된 글로벌 문화를 지향하는 사회문화정책이 시행되어야 한다. 동시에 금융인력의 국제적 네트워크와 전문성을 제고하기 위해 직무의 연속성을 담보하고 재훈련의 기회를 부여할 필요가 있다.

요컨대, 지난 10년 동안 정부는 금융개방을 통해 금융선진화를 이룰 수 있기를 기대했다. 하지만 외국 금융자본의 진입 효과는 국내 금융시장을 둘러싸고 있는 초기조건(*initial conditions*)에 의해서도 좌우된다. 즉 외국인투자자들에게 매력적으로 받아들여지는 법·제도적 기반, 금융규제와 감독 정책, 그리고 인프라 등이 중요하다. 한국의 금융시장 환경은 이러한 초기조건을 아직 제대로 충족하지 못하고 있으며, 따라서 이의 개선이 절실히 요구된다.

참고문헌

강종구·김현의. 2005. "외국 자본의 진입이 국내 은행산업에 미친 영향." 〈금융시스템 리뷰〉 2005. 7.

국회예산정책처. 2008. "2008년 상반기 주요경제정책과제 분석."

김동환. 2007. "금융산업의 변화와 향후 과제." 한국금융연구원.

김재칠. 2009. "자산운용시장 육성전략 재검토해야." 〈한국재경신문〉. 4월 22일.

김준호·최우석. 2008. "금융산업의 외국인 영향력 수준 평가와 향후 감독상 대응방안." 〈금융감독원 조사연구 Review〉 23호.

박현수. 2004. "외국자본의 국내 진출 동향과 시사점." 〈SERI 경제포커스〉 제 6호.

______. 2004. "외국인 주식투자가 국내기업의 성장에 미치는 영향." 〈삼성경제연구소 Issue Paper〉. 2004. 12.

서상원. 2006. "외국인 주식투자가 국내주가에 미친 영향 및 시사점." 한국은행 금융경제연구원 〈경제분석〉 12(1).

신현열·김보성. 2007. "산업연관표로 분석한 금융산업의 구조 및 경제기여도 변화." 한국은행.

양두용·김은경. 2003. "국내채권에 대한 외국인투자 부진의 원인분석." 〈KIEP 세계경제 Focus〉 6월호.

연태훈. 2005. "외국자본 진입확대의 경제적 영향." 한국개발연구원.

여은정. 2007. "외국자본이 국내산업에 미치는 영향과 시사점." 〈금융동향 2007 가을.

유용주 외. 1999. "외자계의 국내 금융업 진출 현황과 영향." 삼성경제연구소.

재정경제부. 2005. 〈선진통상국가 추진과제〉.

______. 2007. "금융선진화를 통한 금융허브 구축."

전광우. 2008. "새 정부의 금융정책 방향." 전경련 경제정책위원회 강연, 4월24일.

최희갑. 2001. "금융산업의 경쟁력 현황과 과제: 은행업을 중심으로." 삼성경제연구소.

한국개발원. 2007. "금융허브 정책에 대한 의견조사."

한국은행. 2007. "국민경제와 금융산업." 금융허브회의 자료, 7월18일.

City of London. 2008. *The Global Financial Centres.*

Domanski, Dietrich. 2005. "Foreign Banks in Emerging Market Economies: Changing Players, Changing Issues." *BIS Quarterly Review.* December.

IMF. 2000. The Role of Foreign Banks in Emerging Markets. *International Capital Market*, September.

Morisset, Jacques. 2003. "Does a Country Need a Promotion Agency to Attract Foreign Direct Investment? A Small Analytical Model Applied to 58 Countries." *Policy Research Working Paper No. 3028.* The World Bank.

OECD. 2000. "Korea: Examination of Position under the Codes of Liberalization and the Declaration and Decisions on International Investment and Multinational Enterprises". DAFFE/INV/IME (2000), February 4.

OECD. 2003. *Checklist for Foreign Direct Investment Incentive Policies.* Paris: OECD.

Rajan, Ramkishen. 2004. "Measures to Attract FDI." *Economic and Political Weekly*, January 3.

제3장

한국의 외국인직접투자 유치정책

역사적 개관과 발상의 전환

류 상 영

1. 한국경제의 성장과 외국인직접투자: 정책의 역사적 개관[1)]

한국의 외국인직접투자는 1960년대 박정희정부의 제1차 경제개발 5개년 계획에서부터 시작되었지만, 외국인직접투자의 규모가 본격적으로 확대되기 시작한 것은 1997년 외환위기 이후이다. 1962년부터 2006년 말까지 외국인투자 유치 총 누계액(신고기준)은 약 1,266억 달러이고, 외환위기 이후인 1998년 이래 유치액은 신고기준으로 1,020억 달러를 기록, 1962년 이후 총 유치액의 80%를 상회한다. 아시아 경제위기는 한국의 경제정책과 제도를 근본적으로 개혁하는 계기였다. 경제위기 당시 정부는 금융 및 외환시장 안정을 위하여 외자를 적극 유치하였고 투자규제

1) 이 글은 산업자원부와 KOTRA가 편집한 "외국인직접투자 유치백서 2007: 외환위기 이후 10년간의 외국인직접투자(2007. 12)" 중 필자가 집필한 제 3부 제 1장 "외국인투자 유치정책의 변천"(pp. 83~96)의 내용을 기초로 하여 수정보완하고 자료를 업데이트한 것임을 밝힌다. 해외투자 금액 관련 일차자료는 위의 백서에 나온 통계를 기본으로 하면서 2007년 이후의 자료를 업데이트하여 반영하였다.

를 완화하여 외국인투자 환경을 개선하였다. 헐값매각으로 지칭되는 대대적인 부실자산 매각과 인수 합병(M&A) 등을 통하여 짧은 시일에 외국자본의 한국시장 진출이 확대되었고 이는 위기 극복에 큰 도움이 되었다. 이 과정에서 외국인투자자들은 국제통화기금(IMF)의 권고에 입각하여 한국정부에 근본적인 제도개혁을 요구하였고 한국정부는 이를 적극 수용하였다. 한국정부의 경제개혁 조치는 단순히 법률 일부를 개정하는 수준을 넘어서, 산업화 이후 줄곧 유지해온 외국인투자에 대한 정책목표 자체를 수정하는 획기적인 변화였다.

1962년 경제개발 5개년 계획과 함께 외자도입제도가 정비되기 시작하여 1980년대 중반까지 외화획득을 우선적 목표로 정부가 전략적으로 외자도입을 허가하였다. 이 당시 주로 외국인직접투자보다 차관을 선호하는 정책이 지속되었고 같은 맥락에서 외국인의 국내기업 소유지분도 50% 이하로 제한되었고 경영참여도 사실상 허용되지 않았다. 1980년대 중반 이래 경제위기까지는 외국인직접투자의 허가 산업을 네거티브 시스템(*negative system*)으로 바꾸었지만 완전한 외국인투자 자유화는 아니었고, 대체로 전략산업의 발전을 유도하는 것이 정책목표였다. 업종별로 상이한 투자비율을 설정하여 국민경제와 수출에 도움이 되는 전략산업에는 보다 많은 인센티브를 주는 정책기조가 지속되었다.

경제위기 직후부터 한국정부는 외환보유고 확충과 기업구조조정을 목표로 적극적으로 외자를 유치하였다. 국내 부실기업과 자산의 매각을 유도하고, 투자인센티브를 확대하였으며 적대적 M&A 시장을 완전히 개방하였다. 이 시기에 한국의 부실기업을 헐값에 인수하려는 외국인직접투자가 급격히 증가하였다. 2003년 노무현 정부는 전략적인 외국인투자 유치로 그 목표를 좁혀 나갔다. 경제위기로부터 완전히 탈출한 이후 외국자본의 단점을 최소화하고 장점을 최대화하기 위한 전략수정이 이루어졌다. 국내 산업구조를 선진화하기 위해 필요한 외자유치에 집중하였다.

즉 기존산업을 첨단화하거나 신규 첨단산업의 개발을 유도하고, 비즈니스 중심국가 실현을 위한 서비스 산업을 촉진하여 지역특화산업 육성에 효과적인 외국인직접투자에 더 많은 인센티브를 제공하였다.

참여정부는 외국인투자의 중요성을 깊이 인식하고 국민경제에서 차지하는 비중(2001년 현재 9.5%)을 2012년까지 GDP대비 14%로 끌어올린다는 국정과제를 제시한 바 있다. 아울러 국민소득 2만 달러 시대에 진입하기 위하여 외국인투자의 역할은 계속 강조되었다. 한편 이명박 정부도 외국인직접투자가 한국이 1인당 GDP 2만 달러를 달성하는 데 중요한 역할을 할 것으로 인식한다. 외국인직접투자는 경제성장 궤도에 재진입하고 고도성장 기반을 강화하여 안정적인 경제성장에 기여한다. 단기적으로 글로벌 경제위기에 효과적으로 대처하고 성장궤도에 재진입하며 중장기적으로 한국경제의 산업구조를 선진화하고 녹색성장으로 불리는 안정적 지속성장의 내실을 다지는 데 핵심적인 정책수단이다.

2. 세계화와 외국인직접투자: 1997년에서 2008년까지

1) 1997년 경제위기 이후 외국인투자의 확대와 경제개혁

1997년 한국의 경제위기는 한국경제에 세계화의 압력이 본격화되는 결정적인 계기였다. 경제위기에 빠져있던 한국정부는 최악의 '국가부도' 사태를 막기 위하여 유동성 확보와 금융시장 안정화에 여념이 없어 국제통화기금의 요구조건이 한국 사회에 초래할 여러 쟁점과 그 대응 방안에 대한 충분한 논의를 갖지 못한 채 신자유주의적 개혁의 길을 걸었다. 당시 한국은 국제통화기금의 관리체제하에 사실상 경제정책의 결정과 집행에 자율성이 존재하지 않았다. 한국정부는 국제통화기금의 권고사항을 국민에게 설명하고, 신자유주의적 개혁이념을 확산하는 데 열중하였으며, 김대중 대통령 당선자도 조지 소로스 등 해외투자자들에게 한국에 투자해 줄 것을 호소하는 데 전력을 쏟았다. 한편 기업들도 외국자본에 부실자산을 매각하거나 외국인투자를 유치하는 데 사활을 걸고 구조조정을 추진하였다. 국제통화기금의 권고사항으로 대표되는 외압은 '개발국가'(*developmental state*) 모델로 불리던 한국의 경제체제를 단시일 내에 해체하고 국제규범에 맞는 새로운 경제모델을 구축하고자 하였다. 세계화의 압력과 신자유주의는 한국사회를 지배하였고 당시 이를 거부하는 대안은 존재하기 어려웠다. 대량해고의 소용돌이에도 불구하고 노동단체들 역시 별다른 반론을 제기하지 않았으며 매우 가혹한 구조조정과 개혁조치가 정치적으로 수용되었다.

하지만 제도개혁은 외압만으로 이루어지지 않는다. 경제위기를 통하여 유발된 외압 못지않게 민주화를 통한 국내정치적 내압도 중요한 제도개혁의 원동력이 되었다. 1987년 민주화 이행 이후 점진적으로 추진되어 오던 민주주의 공고화의 물결은 정치적 참여의 확대 및 권위주의의 청산 등 정치적 민주화 이외에 재벌의 경영투명성과 노사관계의 합리화 등 경제에서의 민주화와 기업개혁을 요구하였다. 특히 민주화의 산물로 확대된 시민사회는 새로운 개혁압력의 원천으로 대두되었다. 예를 들어 참여연대 등은 삼성을 비롯한 주요 대기업의 경영관행을 감시하고 기업지배구조를 개혁하는 핵심 주체 중의 하나로 부상하였다. 정부나 기업은 이같은 내부적 압력을 무시할 수 없었으며, 특히 정부는 간헐적으로 시민단체들을 재벌개혁을 위한 전략적 압력 파트너로 삼았다.

이러한 상황 속에서 금융위기 이후 민간기업 및 재벌에 대한 제도개혁은 신속하게 이루어졌다. 국제통화기금은 한국정부와 11회에 걸친 제도개선 협의를 통하여 글로벌 스탠더드를 이식하고자 압박하였고, 김대중 정부는 시민단체와 연합하여 국제통화기금의 개혁이념을 제도화하였다.

대기업들은 국내외의 거센 개혁압력을 맞이하여 다양한 반응을 보였지만, 대부분 세 가지 과잉(부채, 시설, 인력)에 시달려 정상적인 경영활동이 불가능한 기업들이 많았기 때문에 제도개혁의 압력을 구조조정의 기회로 받아들일 수밖에 없었다.

〈표 3-1〉은 경제위기 이후 국제통화기금에 의하여 제시된 기업개혁의 내용들이 제도적 수준에서 얼마나 많은 성과를 가져왔는지를 보여준다. 국제통화기금이 한국정부와의 개혁연합 형성을 통하여 대기업을 압박하였으므로, 대기업에 대한 외압의 근원적 내용은 이른바 'IMF 조건'에 응축되어 있었다. 정부가 대기업에 요구한 개혁내용은 대체로 국제통화기금과 한국정부 사이에 체결된 의향서에 구체적으로 명시되었다. 한국정부가 국내정치와 내압, 그리고 산업정책적 전통을 반영하여 추가한 일부 정책을 제외하고는 모두 외압의 메시지가 반영된 것들이라고 할 수 있다. 한국정부는 공정거래법, 증권거래법, 상법 등 주요 경제제도들을 개정하거나 강화함으로써 외압의 요구에 적극적으로 응답하였다. 국제규범의 수렴에 대한 외부의 요구에 대하여 한국정부는 공식 제도의 변동이라는 형태로 대응하였다. 국회에서의 입법과정 등 국내정치적 요인에 의하여 각 사안별로 실제적인 정책개시 날짜는 다소 편차가 있지만, 경제위기 이후 3년여 안에 한국의 주요 제도들은 국제규범에 상당히 수렴하였다. 바로 이 점에서 한국은 국제기구들에 의하여 동남아시아의 다른 국가들에 비하여 개혁의 우등생으로 평가받게 되었다.

예를 들면, 1999년 12월 현재 30대 기업의 계열사 숫자가 1997년 4월 기준 819개에서 589개로 대폭 줄었으며, 30대 집단의 부채비율도 1997년 503%에서 1998년 12월 370%로 개선되었다. 그리고 2000년 4월 기준으로 개혁이 본격화된 이후 3년도 안 되어 대우, 기아, 한라그룹 등 9개 그룹이 30대 집단에서 탈락하였다(공정거래위원회 홈페이지). 이는 기업들이 변화한 제도에 적응하기 위하여 개혁을 가속화하거나 새로운 제도의 기준

〈표 3-1〉 기업개혁('5+3+2 원칙')과 주요 제도개선

	개혁 목표 및 원칙	주요 세부 정책	주요 제도변화 및 개혁성과
5원칙 (1998.1.13)	경영투명성 제고	-완전공시 -독립적인 외부감사인 선정위원회 설치 의무화 -결합재무제표 작성 등	•주식회사외감법 개정 -결합재무제표 도입(2000년) -외부감사인에 대한 집단소송 허용
	채무보증해소	상호지급보증 축소	•공정거래법 개정(1998.12) -30대 집단의 기존 상호지급보증 완전해소(2000)
	재무구조 개선	-기업의 부채비율 축소 -개별기업 구제용 정부보조금 및 세제지원 금지 -금융기관의 BIS비율 제고	•공정거래법 개정 -재무구조개선 약정 체결 -성업공사를 통한 부실자산 처리 절차 개시
	주력업종 집중	-계열사간 통폐합 -M&A 시장 활성화 -의무공개제도 폐지 -외국인의 주식취득시 재경부장관 허가대상 축소	•증권거래법, 증권감독원 규정, 외국인투자법 -의무공개매수 제도, 외국인 주식투자한도 폐지 -빅딜 추진
	대주주책임성 강화	-사외이사 선임 의무화 -기관투자가 의결권 제한 폐지 -대주주의 이사 등재 -비서실 폐지 -의결권 행사 요건 완화로 소액주주 권한 강화 (대표소송권 및 장부열람권 등)	•상법, 유가증권상장 규정, 증권거래법, 증권투자신탁법 등 -상장법인의 사외이사 선임 의무화(50% 이상) -이사의 충실의무 신설 -사실상의 이사 책임규정 신설 -집단소송제 법안 통과(2003.12) -신탁재산의 의결권 부여

〈표 3-1〉 계 속

	개혁 목표 및 원칙	주요 세부 정책	주요 제도변화 및 개혁성과
3원칙 (1999.8.15)	상호출자 금지 및 부당내부거래 제한	-상호출자 제한 강화 -부당내부거래의 이사회 의결과 공시 의무화	• 공정거래법 개정(1999.12) -출자총액제한제도 재도입(순자산의 25%로 강화)
	산업자본과 금융자본의 분리	-재벌의 금융기관 지분 소유 제한(4%)	-4% 이상 지분은 의결권 제한
	대주주의 부당상속 및 증여 금지	-변칙상속과 증여 금지	-예금보험공사에 재산조사 자료효청권 부여 -상속증여세 탈루시 금융거래자료 일괄조사권을 국세청에 부여
2단계 보완원칙	수익성 위주의 경영원칙 정착	-계열사 축소 -주력사업 선정	-전체 계열사 수 축소(30대재벌 819개에서 1999년 589개로) -다수 사업 철수 및 매각
	퇴출제도 개혁	-신속한 파산절차 도입 -워크아웃 프로그램 개시	-사전조정제도 도입 -도산 관련 3법 통폐합 -30대그룹은 채권은행과 협약
	대주주 및 경영자 책임강화	-경영성과에 대한 책임 강화	-경영자 및 대주주의 경영책임을 묻는 법적 절차 강화
	중소-벤처와 대기업의 상생	-상생적 산업구조 정착	-현금결재 권고 -대기업의 독식 규제

출처: 재정경제부 홈페이지; 금융감독위원회 홈페이지.

에 맞추지 못함으로써 부도의 형태로 나타나는 개혁의 성과라 할 수 있다. 한편, 사외이사 숫자의 증가추세에서도 한국의 기업지배구조 개선의 단면을 읽을 수 있다. 1998년 6월 현재 736개 상장회사의 사외이사 총수가 669명(전체 임원의 11.6%)에 불과하였으나, 불과 1년 만인 1999년 6월 현재 701개 상장회사의 사외이사가 총 1,204명(전체 임원의 23.2%)으로 증가하였으며 2001년에는 사외이사의 비중이 전체 임원의 35%로 상승하였다(한국상장사협의회 홈페이지). 이는 1999년 재정경제부가 '기업지배구조 모범 규정'을 작성하여 자산 2조 원 이상의 모든 금융기관과 제조업체는 최소한 총 임원의 절반을 사외이사로 구성하도록 규정한 제도개혁의 성과이다.

제도개혁은 금융부문에서도 일대 지각변동을 초래하였다. 한국정부가 금융위기 초기에는 직접 개입형태를 통하여 기업개혁을 추진하다가, 점차 은행을 통한 기업개혁 방식으로 방향을 수정하였기 때문에 금융부문의 제도개혁은 기업개혁의 선결조건이었다. 〈표 3-2〉에서 볼 수 있듯이, 전체 금융기관의 수가 경제위기 직전 2,010개에서 2002년 말까지 1,510개로 축소되었다. 이 과정에서 1997년 말 15개에 달했던 시중은행은 2003년 7개로 감소하였다. 또한 시중은행의 외국인 지분율은 2003년 52.1%에 달하였을 뿐 아니라, 이 가운데 3개(제일, 외환, 한미) 은행은 외국계 금융기관이 직접 인수하였다. 이 과정에서 한국정부는 은행을 통한 기업개혁을 적극적으로 추진할 수 있었다. 즉 주요 채권은행들이 자율협약의 형태를 통해 기업들이 보다 적극적이고 자발적으로 제도개혁의 일정을 제시하도록 유도하였던 것이다. 이와 같은 개혁 방식은 정부 개입에 대한 사회적 저항과 그에 따른 정치적 부담을 감소시킴으로써 개혁 추진에 있어서 상당한 효과를 거두었다.

공식적 제도의 변화는 한국의 기업과 금융기관들이 기업재무구조, 차입금 의존도, 영업이익률 등 경영방식, 전략, 그리고 성과 면에서 외국

〈표 3-2〉 경제위기 이후 국내 금융기관 구조조정 현황

(단위: 개, %)

금융권별	1997년 말 총 기관 수(A)	구조조정현황		2002년 말 기관 수 신설 등	현재 금융기관 수
		기관 수(B)	정리비율(B/A)		
은행	33	15	45.5	1	19
종금	30	28	93.3	1	3
증권	36	9	25.0	17	44
보험	50	16	32.0	12	46
투신	30	7	23.3	8	31
저축은행	231	127	55.0	12	116
신협	1,666	442	26.5	9	1,233
리스	25	11	44.0	4	18
합계	2,101	655	31.2	64	1,510

출처: 공적자금관리위원회(2001).

선진기업과의 격차를 빠르게 감소시켰고 국제수준에 수렴시켰다. 대표적인 예로, 그간 우리 기업은 성장위주의 경영으로 자산규모와 매출액의 확대에 치중하였으나, 금융위기 이후 수익성 중심의 경영으로 빠르게 전환하였다. 전체 상장 제조업체의 재무구조를 보면 1998년 부채비율이 303%였으나 2001년 182%로 빠르게 하락하였다. 차입금 의존도 역시 1997년 54%에서 2001년 39%로 감소하였고, 제조업체의 매출액 대비 영업이익률도 미국과 일본기업과의 차이가 상당 정도 좁혀졌다(표 3-3, 표 3-4, 표 3-5 참조).

금융 부문의 제도개혁 역시 구체적인 경영성과 면에서 긍정적인 변화를 가져왔다. 국내 일반은행의 총자산이익률(ROA)은 빠른 속도로 증가하여 주요 선진국 수준으로 근접하였다. 한국의 은행들의 자산이익률은 2001년 0.8%로 미국(1.2%)보다 낮으나 영국(0.8%)과 비슷한 수준이다. 또한 장기적 경기침체를 겪고 있는 독일(0.2%)과 일본(-0.7%)보다는 높은 수준을 기록하였다. 총자산 대비 영업이익률 역시 2002년 1.7%를 기록, 미국(2.6%)보다 낮지만 영국(2001년 말 1.3%)에 비해

높아 상당히 양호한 수준이다.

한편, 한국기업과 금융기관들이 신속한 구조조정을 추진한 결과 외국인투자자들의 한국의 투자환경에 대한 인식도 호의적으로 바뀌기 시작하였다. 일례로 미국 한 경영컨설팅사(A. T. Kearney)가 작성한 해외직접투자 신인도 지수(FDI Confidence Index)에 따르면, 2003년 외국인투자자들이 평가한 한국의 투자선호도는 18위이다. 이는 2002년의 21위에서 3단계 상승한 것으로 외국인투자자들이 한국의 금융분야 및 기업부문의 개혁과 무역관련 규제완화를 높이 평가한 데서 기인한다(한국무역협회 홈페이지). 경제위기 이후 외국기업들이 활발히 한국에 진출한 점이 이를 반영한다. 한국 증시에서 외국인 투자가들이 차지하는 비중은 국제기

〈표 3-3〉 한 · 미 · 일 기업재무구조

		80~85	86~90	91~95	96	97	98	99	00	01
부채비율	한국	396.3	305.3	301.9	317.1	396.3	303.0	214.7	210.6	182.2
	미국	107.9	138.8	163.3	153.6	153.9	158.9	164.4	157.5	159.4
	일본	338.2	244.8	213.2	193.3	186.5	173.2	174.0	159.7	162.5

출처: 한국은행(2003).

〈표 3-4〉 한 · 미 · 일 기업의 차입금 의존도

		80~85	86~90	91~95	96	97	98	99	00	01
차입금의존도	한국	46.1	41.9	45.6	47.7	54.2	50.8	42.8	41.2	39.8
	미국	22.5	28.2	27.8	25.6	25.5	27.4	27.7	27.7	27.4
	일본	35.4	34.4	35.5	33.1	33.1	33.7	33.1	29.7	31.3

출처: 한국은행(2003).

〈표 3-5〉 한 · 미 · 일 기업의 매출액 대비 영업 이익률 비교

	80~85	86~90	91~95	96	97	98	99	00	01
한국	7.5	6.9	7.3	6.5	8.3	6.1	6.6	7.4	5.5
미국	6.2	6.5	6.2	7.4	7.6	7.5	7.7	7.7	4.4
일본	4.4	4.4	3.2	3.6	3.5	2.5	2.9	3.8	2.7

출처: 한국은행(2003).

준에 비추어 보았을 때 상당히 높아 OECD 회원국들 가운데 최고수준을 기록한 적도 있다.[2] 아울러 개별 기업에 대한 외국인 지분율도 급상승하여 2004년 8월 현재 한미은행, 국민은행, 외환은행, 포스코, 삼성전자 등 주요 대기업의 외국인 지분율이 50%를 훨씬 상회한다.[3]

2) 외국인직접투자의 경제적 효과와 한국에서의 찬반논쟁

외국인직접투자(FDI)는 세계화와 경제성장을 촉진한다. 외국인직접투자의 증가에 따라 세계경제가 확대되고 각국의 경제가 성장하며 국가 간 경제의 상호의존이 심화된다. 외국인직접투자는 정보화 및 선진 금융기술과 결합되면서 세계화를 주도하는 핵심 동력이 되었다. 국경 없는 경제(*borderless economy*)의 출현과 세계적인 다국적 기업들의 진출입은 바로 다양한 형태의 직접투자에 의하여 이루어진다. 그리하여 세계 대부분의 국가는 성공적인 직접투자 유치와 활용을 세계화 시대 무한경쟁에서 승부를 결정하는 주요요인으로 인식한다.

외국인직접투자의 중요성은 아시아 경제위기 이후 더욱 강조되고 있다. 1997년 아시아 경제위기 원인 중의 하나가 단기 금융자본의 예측하기 힘든 투기적 활동이었다는 점이 거론되면서, 국제금융시장을 안정시키고 세계경제의 지속적인 성장을 위한 다양한 방안들이 제기되었다. 그 중의 대표적인 것이 그린필드(*Green field*) 형태와 장기투자 중심의 외국인직접투자를 활성화하여 금융시장을 안정화시키고 제조업 시장을 지속

---

2) 2004년 2월 말 현재 한국의 전체 증시에서 차지하는 외국인 비중은 42.6%로 헝가리(72.6%), 핀란드(55.7%), 멕시코(46.4%)에 이어 세계 4위이며 OECD 국가 가운데 가장 높은 비중을 보이고 있다. 참고로 영국은 32.1%, 미국은 17.7%이다(〈중앙일보〉, 2004.09.09).

3) *The Business Week*, 2003.11.29

적으로 발전시키는 것이다. 세계는 안정적 경제성장에 필수적인 직접투자를 활성화하고 감시하기 위한 국제적 규범을 만들기 위하여 많은 논의를 한다. 1999년 세계무역기구(WTO) 시애틀 회의(Seattle Meeting), 2001년 세계무역기구 도하회의(Doha Meeting) 등이 투자를 위한 다국적 틀을 마련하기 위한 회의였다. OECD에서 주도한 바 있는 다자간 투자협정(*Multilateral Agreement on Investment*)도 투자의 자유화 및 세계화를 촉진하기 위한 시도였다. 현재까지의 세계 각국의 협력은 국제적인 투자의 규범을 정착시키고 직접투자를 촉진하도록 기여하였다. 9·11 테러 등 국제 정치경제환경이 직접투자의 규모나 구성에 영향을 미쳤지만, 세계화의 추세와 더불어 직접투자가 보다 활성화될 것으로 전망된다. 이코노미스트(*The Economist*)의 세계투자전망(World Investment Prospects, 2002)에 의하면, 세계시장의 직접투자는 1999~2000년에 붐을 이루었고 2001년과 2002년에 급격한 감소를 보였는데, 2006년 이후에 제2의 붐을 맞게 될 것으로 추정되었다. 이 분석에 의하면 일각에서 주장되고 있는 '구조적', '주기적' 비관론과는 다르게, 지속적인 기술개발, 개도국에서의 활발한 경제개혁, 국제적인 촉진 노력 합의 등에 의하여 직접투자가 지속적으로 증가될 것이다.

하지만, 급격한 외국인투자 비중 증가는 한국 내에서 외자유치 정책에 대한 재검토를 요구하는 사회적 여론을 일으켰다. 최근 일부 투기적 외국자본의 부정적 행위들이 부각되면서 외자유치의 찬반논쟁이 유발되었다. 한국 내의 일부 민족주의적 여론과 특정 사회단체 등의 비시장적 판단 등이 외국인투자에 대한 비판여론을 증폭시켰으나, 외국인기업에서 발생하는 부정이나 국부유출 우려 등이 사회적 반감을 일으킨 점도 감안해야 한다. 예컨대 일부 외국자본이 정보공개와 같은 국제적 룰을 준수하지 않은 채 한국기업 및 시장에 강력한 압력을 가하고 결국은 단기 투기적 투자활동에 집중하여 반외자정서가 확대되었다.

외국인투자 경계론이 사회 전반적으로 크게 주목받게 된 계기는 2003년 하반기 외환은행과 현대투자증권을 외국자본이 매입한 사건과 SK(주)에 대한 해외투기펀드의 적대적 M&A 시도이다. 일부는 은행, 증권 등 금융권의 대주주로 되어 있는 사모투자펀드(*Private Equity Fund*)가 과도한 배당을 요구하거나 비싼 가격에 재매각하는 데 치중함으로써 구조조정 성과는 미미하고 오히려 기업 가치를 저하시킨다고 우려하였다. 주식시장에서 상당수 한국계 기관투자자들이 구조조정에 급급한 나머지 기관투자자로서의 견제역할을 제대로 하지 못하자, 외국자본이 영향력을 행사하여 상대적으로 개인투자자들이 피해를 본 사례가 증가한 것도 논란이 되었다.

한편, 한국의 부동산 및 금융기관에 대한 외국자본의 본격적인 진출도 외국자본에 대한 사회적 우려를 증가시켰다. 외국인투자자의 비중이 증시시장에서 급격하게 증가한 상황에서 정부가 소유하는 은행과 투신 등 금융기관의 지분을 매각해야 하는 2003년 12월이 다가왔다. 당시 정부 지분의 매입자가 외국자본이 될 가능성이 높아지면서 반외자 정서가 확산되었다. 국내 제도상 대기업은 금융자본 진출에 대한 강한 규제가 적용되는 데 반하여 외국자본은 상대적으로 자유로운 현실이 오히려 외국자본의 대대적 진출을 경계하도록 만들었다. 이 같은 경계론은 국내 민간자본 결집 움직임으로 표출되었고 국내자본과의 역차별 개선과 외국인자본에 대한 효과적인 대응을 위한 제도개선 압력이 일기 시작하였다. 한편 매각이나 민영화 대상 국내기업의 노조들은 이 같은 움직임과 결합되어 민영화 및 해외매각을 반대하는 운동을 대대적으로 전개하였다.

외국인자본에 대한 비판적 시각의 주요 내용은 대체로 여섯 가지로 정리될 수 있다. (1) 국부유출론, (2) 자본차익만을 챙기고 떠나는 단기차익 매각론, (3) 시장지배론 및 그에 따른 경제주권 약화, (4) 정책 비협조로 나타나는 공익적 기능 회피론, (5) 기업 경영권을 위협하는 적대적

M&A론, ⑹ 첨단기술 유출론 등이 그것이다. 국부유출론은 외국투자자들이 고배당, 단기차익 매각 등을 통하여 국부유출을 크게 증가시키고 있다는 점에 근거한다. 2000년 1조 2,000억 원이었던 외국인에 대한 배당금액이 2003년 2조 9,500억 원으로 증가하는 등 외국인에 대한 배당이 급속히 증가하고 있고, 주총에서 외국인들이 대주주로서 압력을 가하여 과도하게 높은 배당을 요구하고 있는 현실이 거론된다.

단기차익 매각론은 국내 기업·금융기관을 헐값에 인수한 후 장기적인 기업가치 제고에 주력하는 대신 단기차익 극대화를 위한 노력을 전개한 후 비싼 값에 매각하는 사례에 대한 비판에 근거한다. 일부 외국인 사모투자펀드의 경우 은행인수 후 지분매각 등 단기간의 차익실현에 집중함으로써 애초에 기대하였던 기업의 구조조정 등의 효과는 미미하고 오히려 기업가치나 투명성을 저하하는 결과를 가져오기도 한다. 심지어는 소액주주들의 간섭을 차단하고 기업매각을 쉽게 하기 위하여 외국인 대주주들이 증권거래소와 코스닥시장에서 상장을 폐지하거나 상장 폐지를 시도하려는 사례가 드물지 않게 발견된 바 있다.

시장지배론은 은행업, 증권업 등을 비롯한 금융권과 자동차부품산업에서 대표적으로 거론되는데, 외국자본이 시장을 지배함에 따라 초과이윤을 취득하는 한편 역동적인 산업발전에는 소극적 자세를 보인다는 비판이다. 주로 참여연대나 대안연대 등 신자유주의와 대기업 중심의 경제개혁에 비판적인 입장을 취하는 시민단체들이 주장한다. 이 견해는 은행 등 전략산업에서 외국인 지분과 영향력이 급속히 커지면서 이를 적절히 견제하고 감시해야 한다는 여론을 반영한다.

공익적 기능 회피론은 은행을 비롯하여 산업 및 경제 전반에 큰 영향을 미치는 기간산업에 정부정책에 대한 협조 등 공익적 기능을 요구할 경우가 많은데, 외국인투자자들이 자기이익을 위하여 공익을 소홀히 한다고 비판한다. 외국계 기업의 비중이 증가한 이래 이들이 금융당국과 금융정책을 두고 대립하거나 갈등하는 사례가 종종 나타난다. 국내 3대 외국계 은행의 총 대출금 중 기업대출 비중은 2003년 9월말 현재 49.6%로 경제위기 당시인 98년 말 82.9%보다 33.3% 감소한 반면 가계대출은 10.4%에서 45.6%로 35.2% 증가하였다. 이는 외국계 은행들이 경제의 동력이 될 산업부분의 대출은 소홀히 한 채 손쉬운 가계대출에 집중함으로써 한국경제 성장에 부정적인 영향을 줄 수도 있다는 것을 보여준다.

적대적 M&A론은 소버린의 SK(주) 주식매집 및 경영권 도전에서 극

〈표 3-6〉 외국인직접투자에 대한 한국 내에서의 비판적 견해들

쟁 점	내 용
국부유출론	• 외국투자자들이 고배당, 단기차익 매각 등을 통하여 국부유출을 크게 증가시키고 있다는 점에 근거(외국인배당: '02년 2조1,000억 원 → '03년 2조 9,500억 원)
단기차익 매각론	• 국내 기업, 금융기관을 헐값에 인수한 후 장기적인 기업가치 제고에 주력하는 대신 단기차익 극대화를 위한 노력을 전개한 후 비싼 값에 매각(사모투자펀드에 비판집중)
시장지배론	• 은행업, 증권업 등을 비롯한 금융권과 자동차부품산업을 대표적으로 거론 • 외국자본이 시장을 지배함에 따라 초과이윤을 취득하는 한편 역동적인 산업발전에는 소극적 자세를 견지(장하준, 대안연대 등의 자본국적론 차원의 비판)
공익적 기능 회피론	• 은행을 비롯하여 산업 및 경제 전반에 큰 영향을 미치는 기간산업의 경우 정부정책에 대한 협조 등 공익적 기능이 요구될 경우가 있는데, 이러한 경우 자기 자신의 이익실현을 최우선으로 고려함으로써 공익적 기능을 회피 • 현재 은행의 경우 외국계 은행의 기업대출 축소가 상대적으로 더 큰 것으로 나타나는 등 외국인 은행은 한국내의 공익적 기능에 대한 인식이 다를 수 있음
적대적 M&A론	• 소버린의 SK(주) 주식매집 및 경영권 도전에서 극명하게 드러나듯이 외국인의 적대적 M&A에 대한 우려 크게 증가 • 상장주식시장의 외국인점유율 40%, 주요 우량기업에 대한 외국인의 집중투자, 기업가치의 저평가, 경제 전반적인 잠재부실 상존, 국내기업의 취약한 지배구조 등이 우려를 증폭시키는 주요 요인
첨단기술 유출론	• 중국 BOE의 하이디스 인수, 상해기차그룹의 쌍용자동차 인수 등에서 보듯이 중국기업의 국내 첨단기술 기업 인수로 인해 첨단기술이 유출되고 그 결과 부메랑 효과가 초래될 것으로 우려

출처: 이 부분은 산업연구원 (KIET), "외국인투자에 대한 올바른 이해-최근 대두된 역기능 우려에 대한 평가를 중심으로"(2004년 2월)의 내용으로부터 발췌하였고 많이 의존함.

명하게 드러나듯이 외국인의 적대적 M&A에 대한 반감에서 비롯되었다. 한국의 대표기업이나 기간산업을 외국기업이 인수함으로써 국가의 전략적 이해에 큰 손실을 줄 수 있다고 인식한다. 현재와 같은 추세로 외국자본이 진출하면 외국인 지분이 10%를 상회하는 국내 주요 그룹들에 대한 적대적 M&A 위협이 상존하고 경영권 방어를 위한 비용이 급증할 우려가 있는 것이 사실이다.

첨단기술 유출론은 국부유출을 우려하는 외국인투자를 반기지 않은 비판적 시각이다. 중국 BOE의 하이닉스 인수, 상해기차그룹의 쌍용자동차 인수 등은 중국기업의 국내 첨단기술 기업 인수로 인해 첨단기술이 유출되고 그 결과 부메랑 효과가 초래될 것으로 예상한다.

이처럼 외국인직접투자의 부정적 인식에도 불구하고 외국인투자가 성장, 투자, 무역 등 국내경제에 미치는 영향은 투자형태별, 산업별, 투자대상 국가별로 차이가 있다. 외국인직접투자는 자국의 외환보유고를 증가시켜 국제수지 안정은 물론 고용창출, 신기술 이전에 의한 수출경쟁력 향상 및 산업구조의 고도화에도 기여한다. 또한 생산력을 향상하여 경제성장률을 증가시키고 낙후지역을 개발하는 기폭제가 되기도 한다. 외국인직접투자를 유치하면 선진경영기술 노하우의 전수, 산업 및 기업구조조정, 선진 기업문화 및 자본주의 문화의 확산 등을 통하여 광범위한 부문에서 경제효율성을 높일 수 있다. 자본시장의 확충이나 주가 상승 등 단기적인 투자와 효과에 집중되는 간접투자와 비교할 때, 외국인직접투자는 장기적이고 안정적인 투자라는 점이 장점이다.

한편, 외국인직접투자는 해당 국가의 민주주의를 발전시키는 효과도 있다. 외국인투자자들은 민주주의 체제가 시장친화적인 정책을 펴고 국제적인 신용도가 더 높으며 독재체제보다 정치적으로 안전하다는 인식을 갖고 민주주의 국가에 더 많은 투자를 한다. 외국인투자자들은 민주주의 국가에서 언론의 자유로 인한 정보의 투명성을 기대할 수 있고 국내 기업과 동일한 혜택을 누릴 수 있는 평등성을 기대할 수 있다. 민주주의 국가가 조성하는 투자환경이 독재국가보다 외국인투자자에게 매력적이고 투자의 위험성을 줄인다는 점에서 민주주의 체제가 외국인투자를 촉진시킨다. 역으로 이러한 외국인직접투자는 국내적으로 민주주의의 촉진 및 정착화에 기여한다. 정부는 외자유치를 위해 외국인투자자가 선호하는 투명하고 유연한 환경을 조성하고 변화무쌍한 국제 경제환경에 대응하기 위해 유연한 정책들을 추구한다. 국내 유권자들 또한 세계화 시대에 걸맞은 외자 유입에 유리한 환경을 조성하는 지도자를 선출하려 할 것이며 이는 국내정치에 민주주의를 고착화시키는 긍정적인 결과를 초래한다. 즉, 민주주의 체제와 외국인직접투자의 상관관계는 상호 순환적이다.

외국인투자의 총체적인 효과는 국가별로 다양하게 나타난다. 1960~70년대 중남미 국가에서는 수입대체산업의 육성이나 국제수지 적자 보전을 목적으로 한 외국인투자가 크게 늘어났는데, 이 투자가 경제성장이나 수출을 촉진하는 것보다는 외국인기업의 시장지배력을 강화하거나 국부유출을 초래하는 부정적인 효과가 더 컸던 것으로 분석된다. 반면 1980년대 이후 한국을 포함한 동아시아 국가는 국내 자본축적이나 경제성장 및 수출신장에 긍정적인 효과가 있었다. 경제위기 이후 한국경제가 지속적으로 성장하고 새로운 발전모델을 건설하는 데 도움이 되는 방향으로 외국인직접투자의 장점을 극대화하는 효과적인 외자유치 전략이 필요다. 이를 위한 국가차원의 전략적 대응 방안이 필요하다.

3. 한국 내 외국인직접투자의 변화 추이와 성격

1997년 경제위기 이후 10여 년에 걸친 한국에 대한 외국인직접투자는 크게 증가하였으나 2004년 이후로 급속히 감소하였다. 2008년 글로벌 경

〈그림 3-1〉 1997년 경제위기 이후 세계 전체와 한국의 외국인직접투자 유입 추이

(1996=100)

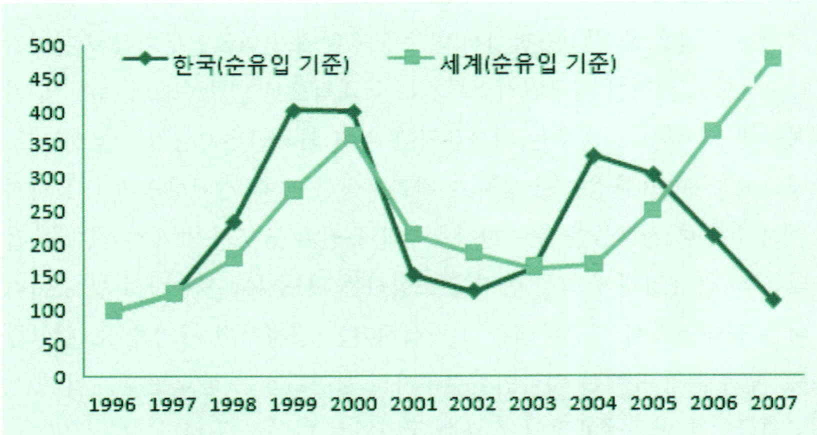

출처: 산업자원부· KOTRA. 2007. "외국인직접투자 유치 백서 2007". p.230의 〈그림 4-1-2〉에 2007년 데이터를 업데이트하여 다시 작성함

제위기를 전후로 투자액은 더욱 급격하게 축소되어 최근에는 순유입이 없이 총 규모에서 순유출을 보이기 시작하였다.

〈그림 3-1〉에서 보는 바와 같이, 1990년대 중반까지 도착기준으로 10억 달러에 불과하였던 외국인직접투자는 외환위기 직후 100억 달러 수준으로 급증하였다. UNCTAD의 〈World Investment Report〉에 의하면 2000년을 전후하여 한국의 외국인직접투자 유입순위는 세계 10위권으로 상승하였다. 하지만 2002년을 전후로 하여 계속적인 증가세를 보이고 있는 세계기준의 외국인직접투자에 비하여, 한국은 2004년 반짝 증가한 이후 하락세를 보이고 있다.

한편, 경제위기 이후 신고기준과 도착기준의 차액은 별로 개선되지 않은 채 일정한 차이가 존재한다. 2007년 이후 들어 신고기준과 도착기준의 차이가 좁혀지고 있는 것은 바람직하나, 이것은 오히려 신고기준에 의한 외국인직접투자액이 현저히 하락하여 보이는 현상으로서 그 추이를

〈그림 3-2〉 경제위기 이후 외국인직접투자의 유입추이: 신고기준과 도착기준 비교

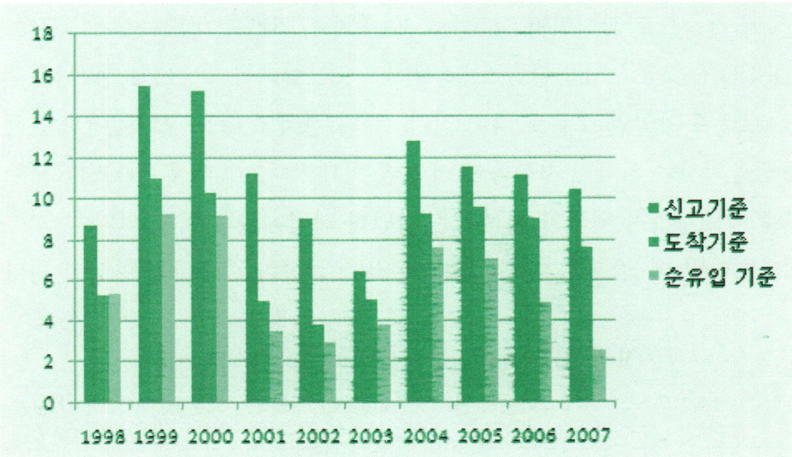

* 단위: 10억 달러, 신고, 도착기준은 산자부 자료, 순유입기준은 UNCTAD 참조

지켜보아야 할 일이다. 외국인직접투자의 규모나 추이의 변화를 지켜보는 데 있어서 신고한 금액이 얼마나 빠른 기간에, 짧고 신속한 절차를 거쳐서 그리고 얼마나 축소되지 않고 실제로 도착하는지는 해당 국가의 외국인직접투자 정책의 질을 가늠하는 좋은 기준이다. 〈그림 3-2〉는 이 점에서 커다란 변화는 없다.

외국인자본은 한국시장에 비약적으로 진출하였다. 한국 주식시장 전체에서 차지하는 시가총액 기준의 외국인 비중을 보면, 1995년 12%에서 2004년 42%로 급속히 증가하였다. 외국인의 주식 소유비중은 OECD 국가 중에서도 매우 높은 편이다. 반면 시장친화적 경제개혁의 결과, 정부 및 정부 관리 기업이 갖고 있는 주식이 한국 주식시장 전체에서 차지하는 비중은 1995년 11.8%에서 2004년 4.4%로 급격히 하락하였다. 이는 정부가 민영화 및 규제완화 정책을 시행하여 민영화된 기업에 외국인투자가가 많이 진출한 결과라 할 수 있다.

한편, 외국인투자자의 한국경제에 대한 비중 증가는 한국의 시가총액

상위 기업들에서 차지하는 외국인 지분율에서도 확연히 드러난다. 2005년 7월 기준으로 삼성전자 54.60%, 현대차 47.81%, 국민은행 84.57%, POSCO 66.95%, LG필립스 54.91%, SK 텔레콤 48.33%, 하나은행 76.07%가 외국인 소유로 되어 있다. 특히 한국의 대표 공기업이나 은행 등 금융회사는 외국인 지분율이 더 높은 상태이다. 그 이후 2009년 6월 현재에 이르기까지 외국인 지분율은 완만한 하락세를 보이고 있다.

그렇다면 왜 2004년 이후 외국인투자가 급속히 감소하는 현상이 나타

〈표 3-7〉 시가총액 상위 20사: 2005년 7월 기준

순위	회사명	시가총액(원)	비중(%)	*외국인 지분율 (2005)	*외국인 지분율 (2009.06.08)
1	삼성전자	92,037,828,227,000	17.76	54.60	45.22
2	한국전력	22,874,724,056,100	4.41	30.23	26.76
3	현대차	18,387,955,453,750	3.55	47.81	31.68
4	국민은행	18,332,661,822,000	3.54	84.57	57.52
5	POSCO	17,873,301,175,000	3.45	66.95	46.20
6	LG필립스LCD	17,014,136,535,000	3.28	54.91	29.07
7	SK텔레콤	16,126,235,356,000	3.11	48.33	45.83
8	KT	12,447,918,780,000	2.4	48.80	39.49
9	하이닉스	10,701,766,813,000	2.07	8.28	14.86
10	우리금융	10,196,094,051,000	1.97	12.43	8.30
11	LG전자	9,966,469,849,200	1.92	35.79	24.80
12	신한지주	9,946,787,192,650	1.92	64.39	52.45
13	S-Oil	9,043,278,990,900	1.75	50.00	45.97
14	신세계	6,855,791,750,000	1.32	45.28	44.54
15	KT&G	6,708,875,126,100	1.29	63.11	49.15
16	SK	6,581,193,794,000	1.27	53.57	30.52
17	외환은행	6,449,068,260,000	1.24	73.79	69.37
18	현대모비스	6,415,169,998,500	1.24	47.76	38.00
19	하나은행	6,130,053,269,950	1.18	76.07	61.69
20	기아차	5,451,518,143,500	1.05	36.08	9.87

* 외국인 지분율은 각 회사의 인터넷 홈페이지 정보를 참고.

출처: 한국증권선물거래소 홈페이지.

났을까? 까르푸나 월마트 등의 철수와 외환위기 직후 인수기업의 매각 등이 원인이 되어 점진적인 하락 현상이 나타나는 것으로 보이지만, 보다 근본적으로 기존의 인센티브 부여 위주의 외자유치 정책이 한계에 부딪치고 있음을 보여주는 현상인지도 모른다. 특히 2008년부터 급속히 하락하고 있는 한국 주식시장에서의 외국인투자의 비중은 한국 경제발전모

〈표 3-8〉 소유자별 주식소유구조 분포(시가총액) 1993~2008

(괄호 안: 구성비)

연도	정부 및 정부관리기업	기관투자자	일반법인	개인	외국인	합 계
2007	30,136,118 (2.05)	210,099,756 (19.8)	220,497,090 (20.96)	265,588,025 (24.86)	325,455,249 (30.94)	1,051,776,239 (100.00)
2006	30,546,569 (3.93)	161,530,100 (20.80)	140,828,861 (18.13)	170,727,011 (21.98)	273,092,400 (35.16)	776,724,940 (100.00)
2005	26,527,092 (4.40)	134,752,163 (18.56)	130,849,673 (18.02)	164,005,601 (22.59)	269,837,800 (37.17)	725,972,330 (100.00)
2004	18,153,062 (4.40)	72,764,606 (17.64)	74,246,488 (18.00)	74,266,283 (18.00)	173,157,700 (41.97)	412,588,139 (100.00)
2003	16,126,951 (4.54)	59,328,334 (16.70)	67,353,694 (18.95)	70,019,548 (19.70)	142,534,100 (40.11)	355,362,626 (100.00)
2002	14,645,293 (5.66)	40,991,056 (15.85)	52,123,385 (20.15)	57,760,283 (22.33)	93,160,739 (36.01)	258,680,756 (100.00)
2001	20,823,833 (8.14)	40,296,702 (15.75)	43,913,767 (17.16)	57,117,513 (22.32)	93,698,256 (36.62)	255,850,070 (100.00)
2000	26,714,448 (14.35)	29,475,126 (15.83)	36,493,650 (19.60)	37,314,647 (20.04)	56,209,970 (30.19)	186,207,840 (100.00)
1999	60,231,666 (16.43)	62,008,690 (16.91)	70,075,328 (19.11)	94,850,050 (25.87)	79,530,403 (21.69)	366,696,137 (100.00)
1998	26,727,804 (19.72)	18,508,024 (13.65)	26,810,895 (19.78)	39,132,761 (28.87)	24,375,528 (17.98)	135,555,012 (100.00)
1997	7,726,245 (11.00)	18,430,533 (26.23)	13,664,918 (19.45)	20,789,008 (29.59)	9,643,882 (13.73)	70,254,587 (100.00)
1996	12,680,773 (10.83)	35,900,804 (30.67)	17,260,689 (14.75)	35,996,424 (30.75)	15,221,512 (13.00)	117,060,204 (100.00)
1995	16,485,262 (11.80)	44,862,673 (32.11)	17,928,034 (12.83)	43,716,960 (31.29)	16,722,943 (11.97)	139,715,872 (100.00)

출처: 한국증권선물거래소 홈페이지.

〈그림 3-3〉 한국주식시장에서의 외국인 주식 소유 비중 변화추이

(세로축: %)

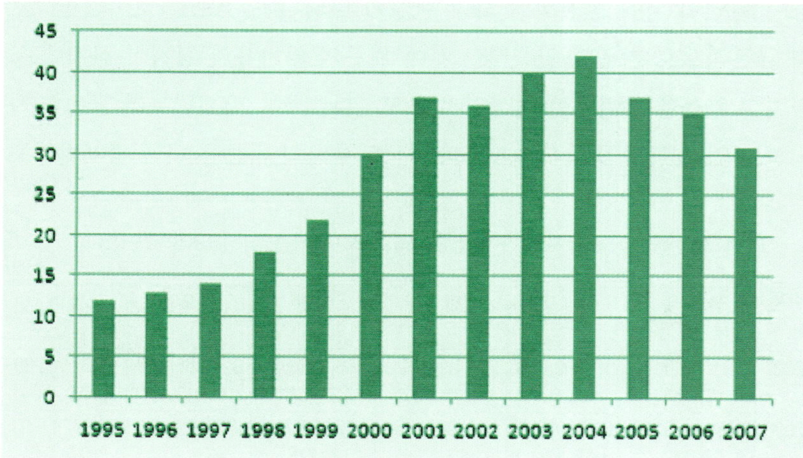

델이 안고 있는 구조적 한계를 보여준다. 1997년 외환위기 직후 적극적 유치전략에 의한 대규모 외국자본의 진출은 한국이 경제위기를 극복하고 경제체질을 개선하는 데 긍정적인 영향을 미쳤고 높은 외국인 지분율이 한국경제의 자산(*asset*)이 되었다. 그러나 2008년 글로벌 경제위기하에서 이 자산이 갑자기 부채(*liability*)로 변화하였다. 외국자본이 자국의 금융위기에 대응하기 위하여 한국에서 주식을 단시일 내에 매각함으로써 한국의 주가가 추락하고 아울러 원화가치의 하락으로까지 연결되면서 한국경제에는 이중의 고통을 주었다. 선진화된 한국 주식시장의 거래환경과 한국경제 전반의 높은 모빌리티가 오히려 한국시장의 휘발성과 민감성 및 취약성을 높이는 결과가 되었다.

한편, 이 같은 양적 성장과 감소와는 무관하게 외국인직접투자가 한국의 GDP에서 차지하는 비중은 결코 높은 수준이 아니다. GDP 대비 FDI 순유입의 비중은 1999년 7.28%로 비약적으로 증가하였지만, 2002년에는 1.91%로 급감하였으며 2005년에는 3.12%를 유지하고 있다. 특히,

GDP 대비 무역이 차지하는 비중이 2005년 현재 41.24%로 상당히 높은 점을 감안한다면, 상대적으로 FDI가 차지하는 비중은 매우 낮다. 무역을 기준으로 보면 세계경제와의 통합 및 상호의존이 강화된 반면, 투자를 기준으로 보면 아직 세계화의 정도는 뒤처진다. 이 같은 차이는 아직도 한국에는 투자 중심의 세계화 유형이 덜 확립되었다는 점을 의미하는 것으로, 세계화 시대에 능동적으로 대처하기 위하여 보다 적극적인 자세와 전략이 절실하다.

〈그림 3-4〉 한국의 GDP 대비 무역 규모와 GDP 대비 FDI 순유입

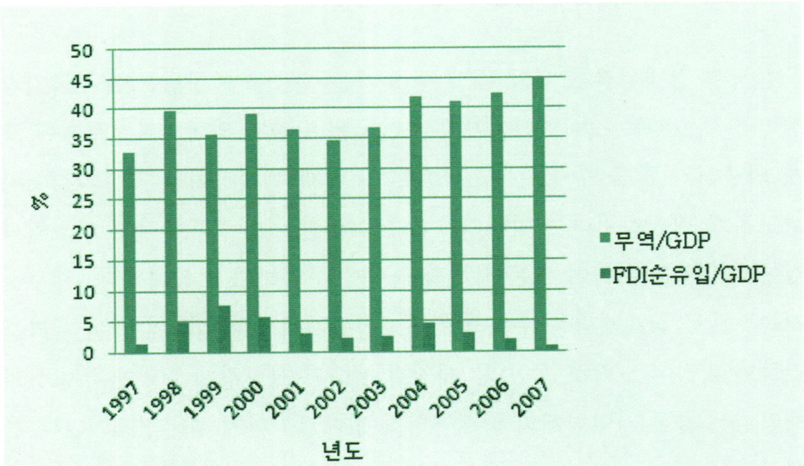

출처: 무역/GDP-OECD 홈페이지; FDI 순유입/GDP-UNTCAD 홈페이지.

〈표 3-9〉 한국의 GDP 대비 무역 규모와 GDP 대비 FDI 순유입

(단위: %)

	1997	1998	1999	2000	2001	2002	2003	2004	2005	2006	2007
GDP대비 무역	32.7	39.7	35.7	39.2	36.65	34.56	36.75	41.86	41.09	42.55	45.18
GDP대비 FDI 순유입	1.4	4.8	7.5	5.7	2.9	2.1	2.4	4.5	3.0	1.0	0.9

출처: 무역/GDP-OECD 홈페이지; FDI 순유입/GDP-UNTCAD 홈페이지.

4. 유치전략을 넘어서: aggressiveness vs. attractiveness

그렇다면, 높은 외국인 지분율이 갑작스레 경제적 자산에서 부채로 급변하는 상황을 다시 반복하지 않기 위하여 어떻게 해야 할 것인가? 그간 10여 년의 정책적 노력들이 많은 성과를 거두었음에도 불구하고 한국 경제구조 및 성장전략에 근본적인 변화가 없다면 이 같은 현상은 대외여건의 변화에 따라 재발할 수 있어 한국경제에는 커다란 고민거리이다.

1) 수출 위주 정책의 전환과 매력국가의 건설

한국형 경제성장 모델의 특징 중 하나는 수출을 지향함으로써 국가경쟁력을 제고하는 것이었다. 따라서 한국은 수출과 외국인직접투자에 크게 의존하지 않을 수 없는 구조였으며, 국제적 시장여건에 한국경제가 과도하게 민감하거나 취약하다. 실제로 외환위기 직후부터는 외국인직접투자 유치를 위하여 모든 정책적 역량을 투입하고 고심해왔다. 정부는 지속적으로 경제개혁을 추진하며 외국인투자자가 기업하기 좋은 나라를 만들기 위하여 노력하고 있다. 세계화 시대와 개방경제에 맞게 투명성과 책임성은 물론 기업회계의 국제규범화에 이르기까지 한국경제의 체질을 개선하기 위한 제도개혁을 추진하였다. 이에 힘입어 외국자본은 한국에 대대적으로 진출하였다. 경제위기 와중에서 저평가된 부실기업과 자산을 헐값에 인수하여 되팔려는 단기적 계산에 의한 측면도 강하지만, 전반적으로는 한국의 경제개혁에 대한 긍정적인 평가와 한국의 높은 시장활력(*market mobility*)에 매료되어 장기적 안목으로 투자한 경우가 적지 않다. 국제통화기금이나 세계은행에서도 한국의 위기극복을 성공적인 사례로 평가한 바 있으며, 2008년 글로벌 경제위기하에서도 한국경제의 미래에 대하여 긍정적인 전망을 내놓았다.

하지만 수출에 대한 의존도를 줄이고 외국인직접투자의 단기적 변화에 과도하게 민감한 경제구조를 개선하기 위한 중장기적 전략과 단기적 정책의 전환이 요청된다. 한국의 경제현실에 비추어 단기간에 획기적인 변화를 가져오기에는 어려움이 많지만, 기존의 정책을 보다 적극적으로 강화하는 전략을 고수하는 것은 별로 효과적이지 않다. 한 국가의 경쟁력을 제고하는 데는 공격성(*aggressiveness*)을 제고하는 방향과 매력도(*attractiveness*)를 제고하는 방향이 있다(류상영, 2001). 공격성 중시 전략은 자국 기업이 국내외 시장에서 높은 경쟁력을 유지하고 수출을 확대하기 위하여 과감하게 지원하고 보호하는 중상주의적 진출 전략으로서, 대체로 요소투입을 증대하거나 정부의 정책적 지원을 확대하는 정책이 여기에 해당한다. 매력도 중시 전략은 자국을 기업하기 좋은 매력적인 시장으로 만듦으로써 국내기업은 물론 외국기업들이 쉽게 들어오도록 하는 개방적인 유인 전략으로서, 정부나 행정의 서비스 질이나 문화적 편안함 등 경제의 소프트 파워를 중시하는 정책이 여기에 해당한다. 물론 공격성 중시 전략과 매력도 중시 전략이 상호 배타적인 것은 아니고 두 부문에서 모두 개선될 때 경쟁력이 제고될 수 있겠지만, 국가나 정책결정자가 어떤 전략적 방향과 정책의지를 갖고 있는지에 따라 그 결과나 비용이 크게 달라진다. 예를 들어 IMD(Institute for Management and Development)의 2000년 판 "경쟁력보고서"(*World Competitiveness Yearbook*)는 국가매력도를 기업의 생산활동, 연구 및 개발활동, 행정서비스 등으로 나누어 평가하였는데, 대체로 독일과 일본은 전체 랭킹에 비하여 매력도가 뒤처지고, 싱가포르, 네덜란드, 캐나다 등은 상대적으로 매력도가 높다.[4)]

이 같은 견해는 한국의 경쟁력 제고방안과 외국인직접투자 유치전략에

4) 참고로, IMD가 발표한 국가경쟁력 지수에서의 한국의 전체 순위는 1998년(36위), 2002년(27위), 2007년(29위), 2009년(27위) 등의 추이를 보여주고 있다.

〈표 3-10〉 IMD “경쟁력보고서”(2001, 2003)에 기초한 한국 강점/약점 분야와 순위

strongest criteria			weakest criteria		
Criteria	Year (01/03)		Criteria	Year (01/03)	
Economic Performance			Economic Performance		
Real GDP Growth	-	4	Cost-of-living index	33	28
Trade to GDP ratio	-	5	Terms of trade index	44	26
Exports of goods	-	5	Direct investment flows inward	28	24
Government Efficiency			Government Efficiency		
Government subsidies	6	3	Discrimination	45	28
Total reserves	5	3	Price controls	49	28
Average corporate tax rate on profit	8	6	Political parties	-	26
Business Efficiency			Business Efficiency		
Stock market index	-	2	National culture is closed to foreign ideas	48	30
Overall productivity-real growth	-	6	Rights and responsibilities of shareholders are not well defined	48	28
Working hours	12	10	Ethical practices are not implemented in companies	39	26
Infrastructure			Infrastructure		
Patent productivity	3	2	Energy imports vs merchandise exports	-	28
Total expenditure on R&D	7	2	Environmental laws and compliance hinder the competitiveness of business	49	23
Higher education achievement	-	3	Education in finance does not meet the needs of enterprises	-	23

도 그대로 적용된다. 과연 양질의 외국인직접투자를 보다 많이 유치하기 위하여 어떻게 해야 할 것인가? 지금까지의 정책이 지속적으로 유효할 것인가? 특히, 2008년 이후 글로벌 경제위기하에서도 수출증대와 외국인직접투자 유치 이외에는 별로 대안을 찾지 못하고, 심지어는 원-달러 환율에까지 직간접적 개입을 해가며 이 두 가지 전통적인 전략에 더 집착하고 있는 현재의 한국으로서는 한번 고민해 보아야 할 문제이다. 세계적으로 많은 영향을 주고 있는 IMD의 경쟁력 보고서의 내용을 중심으로 분석해 보면 현재 한국이 집중하고 있는 공격성 위주의 분야는 이미 이 보고서에서도 세계적인 높은(*strong*) 수준에 도달하고 있어서 획기적인 개선을 보기 힘든 분야이다. 반면 외국인투자자들이나 외국정부의 눈에 비추어 매우 뒤진(*weak*) 것으로 평가되는 분야는 대체로 한국이 상대적으로 소홀히 해온 매력도에 해당하는 분야로서 조금만 노력하면 더 큰 성과를 얻을 수 있다. 이런 점에서 매력도 제고를 위하여 사고의 전환이 요청된다.

2) 양적 지원 위주의 인센티브 전략의 재고

한국정부는 외국인직접투자 유치 기반 조성을 위해 2003년에 Invest Korea를 출범시켜 외국인투자 유치의 전문성을 제고하였고 외국인투자자에 대한 서비스 기능을 강화하였다. 또한 지방자치단체들의 투자유치 부서 및 유치 전문 인력을 보강하였으며 경제자유구역기획단 및 경제자유구역청을 설치하여 외국인투자 유치 조직의 기능을 확충하고 있다. 외국인투자 인센티브를 확대하기 위해서 조세감면 기준을 완화하여 국제경쟁에 대응하도록 하였고 외국인투자지역 지정 기준 완화 및 지정 확대로 외국인투자자가 부지를 확보하는 애로를 해소하였다. R&D센터 및 고도기술수반사업 등에 대한 현금인센티브 제도를 신설하였고 외국인직접투자 유치 예산을 대폭 확대하였다.

또한, 국내외 투자설명회(IR)를 개최하는 등 외국인투자 유치 활동 및 대국민 홍보를 전개하고 있으며 외국인투자환경의 근본적인 개선을 위해 외국인투자기업 경영·생활환경 개선계획을 수립하여 지속적으로 추진하고 있다. 외국인투자자들의 경영·생활환경에 대한 평가는 점진적으로 제고되고 있다. 마지막으로 선진통상국가 실현을 위해 동시다발적인 FTA 및 BIT를 추진하여 시장접근기회 확대, 제도의 국제화 및 외국인투자자 보호 확대를 적극 추진하는 중이다. 2006년에는 고도의 자치권 실현, 규제의 과감한 철폐 등이 수반되는 국제자유도시 실현을 위한 제주특별자치도를 출범시켰다(산업자원부, 2006).

이 같은 모든 노력들은 최근 FDI 유입이 전반적으로 정체되고 있는 한국의 경제현실과 국제적 여건을 타개하고, FDI 유입의 양을 확대하고 질을 제고하려는 한국의 전략적 외자유치 방안에서 비롯되었다. 현재 정부는 산업별 구조고도화에 기여하는 세부 산업분야 및 해당 외국기업을 선정하여 유치 노력을 기울이고 있다. 제조업 분야는 주력산업의 구매수요, 우수인력, IT 인프라 등 강점을 활용하면서 해외 선진기업간 경쟁이 심화되는 분야를 우선 선정하였다. 서비스업 분야는 세부 업종별 국내 육성정책을 최우선으로 고려하고 수요 특성 및 산업여건 등을 고려하되, 지역 경제활성화에 대한 기여도가 높은 분야를 우선 선정하는 시책을 실시하고 있다. 한국정부는 한미 FTA 체결, 지역균형발전 정책 등 변화하는 여건을 중점 유치분야 및 기업 선정에 우선적으로 반영하는 전략을 유지하고 있다.

마지막으로 언어장벽 완화, 교육, 주거, 병원 등 외국인투자자들을 위한 생활환경 개선, 선진관행 정착을 통한 외투기업 경영환경 개선 등 외국인투자환경 개선 계획을 조기에 완료하기 위하여 노력하고 있다. 동시에 외국인투자와 관련된 행사 개최 및 우수유치사례집 발간 등을 통하여 외국인직접투자에 대한 친화적 분위기를 확산하는 국민적 노력[5]도 병행되고 있다.

〈표 3-11〉에서 확인할 수 있듯이 한국정부의 외국인직접투자 유치정책은 단계적으로 발전되어 왔다. 하지만, 시대의 변화와 상관없이 가장 중요한 제도 중의 하나는 외국인직접투자에 대한 정부의 다양한 인센티브 제공이었다. 부지 및 건물에 대한 임대료 감면, 현금지원, 각종 세제

〈표 3-11〉 외국인투자 유치정책의 단계구분

단 계	단 계	주요 내용
폐쇄적 관리형 정책기조	투자제한단계 (1962~1983)	· 외국인투자보다 차관 우선주의적 외자유치 정책 추진 · 국내산업에 대한 외국기업의 지배를 우려
	기반조성단계 (1984~1989)	· 허용업종 열거방식(*positive*)에서 금지 · 제한업종 열거방식(*negative*)으로 전환 · 제한업종에 대한 일률적인 50% 보유 제한을 폐지
	자유화단계 (1990~1997)	· 외국인투자신고제 도입(91), 원칙신고 · 예외인가제로 전환(92) · 외국인투자개방 5개년계획 수립(93) · 공장설립과 관련 복합민원 일괄합동심의제와 민원자동승인제 도입(95) · 우호적 M&A투자 허용(97)
전면개방 양적확대형 정책기조	양적확대 집중기 (1998~2000)	· 외국인투자 제한 업종 추가 개방(98.4, 98.5) · 외국인의 국내기업 M&A 전면허용(98.5) · 외국환 거래 자유화(98.6) · 외국인 토지취득 전면개방(98.7) · 외국인 투자촉진법 제정(98.7) · 규제개혁 및 4대부문 개혁추진
	전략적 유치 강조기 (2001 이후)	· 초기에는 글로벌 기업 유치에 중점을 둔 후 부품소재, 성장동력 산업, 지역본부, R&D 센터 등으로 변화

5) 민간대학에서 추진한 사업이지만, 연세대학교 국제학대학원의 국제투자연구프로그램에서 3회에 걸쳐서 발간한 "Foreign Investor Contribution Index"(2003~2005) 시리즈는 해외투자자가 한국경제에 미친 공헌도를 평가하고 존경받는 기업을 선정해 발표함으로써 해외투자자들에게 무형의 인센티브를 제공하고 투자유치에 중요한 역할을 수행하였다고 평가된 바 있다.

〈표 3-12〉 외국인투자자에 대한 재정인센티브 내용과 현금지원 신청 요건

<table>
<tr><th rowspan="2">조세감면 대상</th><th rowspan="2">감면요건</th><th colspan="2">조세감면 방법</th></tr>
<tr><th>대상세목</th><th>감면기간</th></tr>
<tr><td>고도기술수반사업 및 산업지원서비스업</td><td>• 국민경제에 대한 경제적 또는 기술적 파급효과가 크고 산업구조의 고도화와 산업경쟁력강화에 긴요한 기술
• 국내최초 도입일 이후 3년이 경과하지 않은 기술로 이미 도입된 기술보다 경제적 효과 또는 기술적 성능이 뛰어난 것</td><td rowspan="6">국세
-법인세
-소득세

지방세
-취득세
-등록세
-소득세</td><td rowspan="2">7년간 감면:
5년 100%,
2년 50%</td></tr>
<tr><td>개별형 투자지역 기업</td><td>제조업: 3,000만 달러
관광업: 2,000만 달러
물류업: 1,000만 달러
R&D: 500만 달러</td></tr>
<tr><td>단지형 투자지역 입주기업
경제자유구역 입주기업
자유무역지역 입주기업
기업도시 개발사업자</td><td>제조업: 1,000만 달러
관광업: 1,000만 달러
물류업: 500만 달러
기업도시: 1,000만 달러</td><td rowspan="4">5년간 감면:
3년 100%,
2년 50%</td></tr>
<tr><td>경제자유구역 개발사업자
기업도시 개발사업자</td><td>외국인직접투자 3,000만 달러 이상 외투 50% 이상으로, 총사업비 5억 달러 이상</td></tr>
<tr><td>제주투자진흥기구개발사업자</td><td>외국인직접투자 1,000만 달러 이상 외투 50% 이상으로, 총사업비 1억 달러 이상</td></tr>
<tr><td colspan="4">[참고] 현금지원 신청요건
• 외국인투자비율이 30% 이상인 Greenfield형 투자(공장시설 신 · 증설) 또는 다음 조건에 부합하는 투자에 대해 지원
• 투자액이 1,000만 달러 이상인 산업지원서비스업, 고도기술수반사업, 부품 · 소재업(장기차관 투자 포함)
• 산업지원서비스업 및 고도기술수반산업 분야의 R&D(연구전담인력의 상시 고용규모가 10인 이상이어야 함): 비영리연구법인 포함(*개정: 2007.4.2 국회 본회의 의결, 6개월 후 시행, **개정 전: R&D 500만 달러 이상 투자, 연구전담인력 20인 이상, 비영리연구법인 불포함)
• 관련규정: 외국인투자촉진법 제14조의 2</td></tr>
</table>

출처: 산업자원부 · KOTRA(2007).

혜택 제공 등이 그것이다.

2009년 5월 27일, 지식경제부는 청와대에서 열린 국가경쟁력강화위원회에서 외국인 투자기업에 대한 현금지원을 지금의 두 배로 늘릴 것이라는 내용의 '외국인투자 유치제도 강화방안'을 보고하였다. 우선 녹색성장과 신/재생 에너지, 방송통신, 신소재 등 최근 정부가 발표한 17개 신성장동력 산업에서 외국기업 100개를 선정해 집중적인 투자유치 활동에 나서기로 했다는 내용이다.[6] 이러한 정책은 한국의 현실로 보아 그동안 불가피하였던 측면이 없지 않다. 하지만 이 같은 양적 지원 위주의 유치정책이 얼마나 효과적일지 재고해 보아야 한다.[7] 그동안 한국에 진출한 해외의 대규모 연구개발 투자 사례들도 사실은 현금지원이나 세제혜택보다는 한국에 충분한 기술예비인력이 존재하고 전후방 효과를 가지는 관련 산업의 클러스트가 발달되어 있었기 때문이다. 이런 기업들에게는 재정 인센티브가 없더라도 한국이 매우 매력적인 투자처가 되었을 것이다. 따라서 관성적으로 재정인센티브를 늘리는 것보다는 다른 무형의 인센티브를 제공하기 위한 노력과 사고의 전환이 요구된다.

---

6) "외국인투자기업 현금지원 두배로", 〈한국경제〉, 2009년 5월 27일. 정부는 이 자리에서 그동안 지식경제부 장관이 맡아왔던 외국인투자위원회 위원장을 국무총리로 격상하였다.

7) 중국의 경우도, 2007년에 외국인투자 관련 법률을 개정하여 그동안의 해외기업에 대한 법인세 감면을 중단하고 국내외 기업에 대한 법인세를 25%로 통일하는 등 양적 재정적 인센티브 제도를 종료하였다.

참고문헌

공적자금관리위원회. 2001. "공적자금백서".

산업연구원(KIET). 2004. 1. "외국인투자에 대한 올바른 이해: 최근 대두된 역기능 우려에 대한 평가를 중심으로".

산업자원부 · KOTRA. 2007. "외국인 직접투자 유치 백서 2007".

한국은행. 2003. "한미일 기업의 재무구조 및 수익성 비교분석".

The Business Week, 2003. 11. 29.

The Economist. "World Investment Prospects 2002".

공정거래위원회 홈페이지(http://www.ftc.go.kr).

금융감독위원회 홈페이지(www.fsc.go.kr)

재정경제부 홈페이지(www.mofe.go.kr)

한국증권선물거래소 홈페이지(http://sm.krx.co.kr/webkor/tong/tong_index.jsp)

한국무역협회 홈페이지(http://www.kita.net)

제4장

해외 고급인력 유치전략의 방향

두뇌순환의 관점에서*

이 인 재

1. 문제제기

현대 경제는 지식기반 경제(*knowledge-based economy*)이다. 지식기반 경제는 새로운 지식의 생산, 확산 및 활용을 통해 발전하고 성장한다. 따라서 지식기반 경제에서는 지식생산의 주체인 고급인력(*highly skilled labor*)이 핵심적 역할을 담당한다. 이제 지식생산의 프론티어에 있는 첨단산업 분야의 경쟁력은 고급인력의 역량에 의해 좌우된다. 더구나 이러한 고급인력의 중요성은 첨단산업 분야를 넘어, 경제의 모든 영역으로 확산되고 있다.

점증하는 지식의 중요성은 고급인력에 대한 수요가 전 세계적으로 증가하고 있음을 의미한다. 모든 기업과 국가들이 기술진보와 경제성장을 위해 지식을 창출하고, 이해하며, 활용할 수 있는 고급인력을 더 많이 필

* 이 논문은 연세대학교 국제학연구소의 학술비 지원으로 수행되었다. 초고에 대해 유익한 조언을 해 주신 안충영, 모종린, 조동훈 교수님과 귀중한 자료를 제공하여 주신 이규용 박사님께 감사드린다.

요로 한다. 고급인력을 획득하기 위한 기업 또는 국가 간 글로벌 경쟁 (*global competition for talent*) 도 점점 심화되고 있으며, 이는 필연적으로 고급인력의 국제적 이동성 (*mobility*) 의 증가를 수반한다.

과학기술 인력을 포함한 고급인력의 이동은 국제적 인력이동(*international migration*) 의 작지만 매우 중요한 부분을 구성하고 있다. OECD (2007c) 의 자료에 의하면, 1990~2000년 기간 동안 고등교육[1] 을 받은 고급인력 5백만 명이 후진국에서 선진국으로 이동하였으며, 2백만 명이 선진국에서 선진국으로 이동하였다고 한다. 이는 UN이 추계한 전체 이민자 1억 9천만 명에 비하면 큰 숫자가 아니다. 그러나 고급인력의 이동이 특정 분야에 집중되어 발생하는 경우가 많고, 유출국 또는 유입국 고급인력 구성에 상당한 변화를 가져오기 때문에 고급인력의 이동은 특정 국가의 경제적 성과를 좌우할 수 있다. 특히 과학기술 인력을 위시한 고급두뇌 인력의 이동은 국가의 기술혁신 체계 (*innovation system*) 의 특징을 규정하고 기술혁신 성과에 지대한 영향을 미치게 된다.

---

1) 이 글에서 고등교육 (*tertiary-level education*) 이란 국제표준교육분류 (International Standard Classification of Education : ISCED) 의 5A, 5B, 6에 해당하는 교육수준 (일반적인 대학교육을 생각하면 된다) 을 말한다. OECD의 기준에 따른 고급인력 (*highly skilled labor*) 은 위의 고등교육 이상의 교육을 받은 사람을 말한다. 과학기술 인력 (human resources in science and technology ; HRST) 이란 개념도 이 원고에서 사용된다. 과학기술 인력이란 다음의 두 가지 중 하나의 조건을 만족시켜야 한다. 즉, (i) 과학기술 분야에서 고등교육을 이수하였을 것 또는 (ii) 위의 첫 번째 요건을 충족시키지는 않지만 통상적으로 첫 번째의 자격을 요구하는 과학기술 분야에 고용되어 있을 것이 요구된다 (OECD 및 Eurostat의 정의). 따라서 과학기술 인력의 정의는 매우 넓으며 "적어도 대학졸업을 요구하는 직종에 고용되어 있거나 고용될 가능성이 있는 사람"을 포함한다. 결국 교육수준에 따라 정의하면 고숙련 인력과 과학기술 인력은 유사한 개념이 된다. 이 글에서는 '고급인력'이라는 용어를 협의의 고급인력과 과학기술 인력을 포괄하는 개념으로 사용한다. 특별히 구별할 필요가 있는 경우에만 '과학기술 인력'이란 용어를 사용할 것이다.

물론 국제적 인력이동이 새로운 현상은 아니다. 사람들은 항상 더 좋은 경제적 기회를 얻기 위해, 정치적 탄압으로부터 탈출하기 위해 또는 개인적 · 가족적 이유 등으로 다른 나라로 이동하여 왔다. 역사적으로 기술의 확산은 이러한 국제적 인력이동에 기인한 바가 크다. 그러나 최근 들어 경제활동이 세계화되고, 무역장벽의 완화와 새로운 시장경제 국가의 출현으로 시장 활동과 이윤 기회가 급속히 확대됨에 따라 국제적 인력이동은 더욱 활발하게 이루어지고 있다. 외국인직접투자(FDI), 국제무역의 지속적 증가, R&D의 국제화(*internationalization of R&D*)와 함께 고급인력, 특히 과학기술 인력(HRST)의 국제이동은 세계화의 중요한 한 단면이라고 할 수 있다.

이러한 전반적인 경제환경 변화와 함께 고급인력의 이동성을 증가시키는 요인들이 점차 강화되고 있다. 첫째, 고급인력이 외국에서 일하거나 연구할 기회가 점점 더 확대되고 있다. 고급인력에 대한 수요가 증가함에 따라 각국 정부는 외국의 고급인력을 유치하기 위한 정책들을 발 빠르게 내놓고 있다. 기업들은 R&D와 지적 재산권 창출 등 고급인력과 새로운 조직형태를 결합한 혁신기반 활동(*innovation-based activities*)에 역량을 집중시키고 있다. 이제 고급인력을 포함한 지적 자산은 가치창출을 위한 기업의 전략적 · 핵심적 생산요소로 간주된다. 둘째, 기업 활동이 세계화되고 많은 국가들의 과학기술 수준이 전반적으로 향상됨에 따라 다국적 기업들도 점차 R&D 활동을 국제화하고 있다. 선진국은 물론 개발도상국도 국제적인 R&D 센터를 유치하는 경우가 비일비재하다. 최근의 대표적인 예로 중국과 인도를 들 수 있다. 셋째, 과학기술 인력에 대한 수요가 전 세계적으로 확대됨에 따라 고급인력 유출국과 유입국의 구분은 점차 모호해지고 있다. 또한 이동의 시간적 척도 역시 변화하고 있다. 과거의 전통적인 이동 개념이 "영구 이주"(*permanent migration*)라면 이제는 "일시적"(*temporary*), "순환적"(*circular*) 심지어는 "출퇴근"(*com-*

muting) 이동이라는 개념으로 바뀌고 있는 실정이다. 더욱이 기업 내부에서의 고급인력 이동(*intra-corporation mobility*)은 이제 국가 내 이동이 아니라 국가 간 이동의 성격을 갖는다.

고급인력의 이동성의 증가는 중요한 정책적 함의를 갖는다. 고급인력은 체화된 지식을 가지고 기술혁신을 주도한다. 따라서 국가 차원에서는 경제성장, 기업차원에서는 기업의 성공을 결정하는 핵심적 요인이다. 유능한 고급인력의 유치는 지식 생산과 축적을 촉진하고 기술혁신을 자극하며 궁극적으로는 국민의 생활수준을 증대시킨다. 반면 고급인력의 유출과 감소는 특히 개발도상국에서는 숙련 노동력의 부족과 두뇌유출(*brain drain*)의 우려를 자아내게 한다.

고급인력의 효과적 활용은 선진국의 문턱에서 주춤하고 있는 한국경제의 사활을 좌우하는 문제이다. 인적 자본과 실물자본의 양적 축적이 한계에 이르렀고, 경제성장의 잠재력이 하락하고 있는 현 시점에서 고급인력을 활용한 기술혁신이야말로 한국경제의 유일한 활로라고 할 수 있기 때문이다. 따라서 내국인과 외국인을 망라한 국가 차원의 고급인력 활용 전략을 수립하고, 이에 입각한 체계적인 정책을 시급히 추진해야 한다. 그러나 아쉽게도 고급인력 활용이라는 정책 이슈에 관해서는 아직까지도 본격적인 논의가 이루어지지 않고 있다.

고급인력의 국제이동 및 효과적 활용과 관련하여서는 몇 가지 흥미로운 이론적·정책적 질문이 있다. 고급인력의 국제이동은 바람직한가? 고급두뇌 인력을 유치하는 최선의 방법은 무엇인가? 국내의 고급인력 유출이 국내경제에 미치는 영향은 무엇인가? 등이 그것이다. 우리는 이러한 문제에 대한 체계적인 고민은 고사하고, 문제파악을 위한 개념적 분석틀조차 명확하게 정립하지 못하고 있다.

이 장은 고급인력의 이동과 관련된 중요한 이슈들을 분석하고 이에 기초하여 고급인력 유치의 기본관점과 전략을 제시하는 것을 목적으로 한다. 핵심적인 주장은 고급인력의 효과적인 활용을 위해서는 시대적 환경 변화에 맞는 발상의 전환이 필요하다는 것이다. 과거 개발도상국이었던 한국의 경우 고급인력의 이동을 국내에서 선진국으로의 두뇌유출(*brain drain*)이라는 수동적 관점에서 접근하였다. 그러나 최근의 고급인력의 국제이동 패턴을 보면, 이러한 일방적이고 수동적인 관점이 더 이상 타당하지 않음을 보여준다. 고급인력의 이동은 과거에 생각하였던 영구적 이주라기보다는 단기간 이동의 성격이 강하다. 특히 이러한 현상은 선진국 간 고급인력의 이동에서 두드러지게 나타난다. 따라서 선진국 대열에 진입하고 있는 우리나라도 고급인력의 이동을 두뇌유출(*brain drain*)이라는 전통적 관점보다는 "두뇌순환"(*brain circulation*) 또는 "두뇌 네트워크"(*brain networks*)의 구축이라는 새로운 관점에서 접근해야 한다.[2)]

논의는 다음과 같은 순서로 진행한다. 제 2절에서는 최근의 고급인력의 국제이동패턴을 분석한다. 제 3절에서는 고급인력 국제이동의 경제적 효과를 분석한다. 기존의 이론적·실증적 연구결과를 토대로 전통적인 두뇌유출 논의와는 구별되는 새로운 관점을 제시한다. 제 4절에서는 OECD 국가를 중심으로 한 선진국의 고급인력 유치정책을 분석한다. 외국의 고급인력 유치정책과 한국의 유치정책을 비교함으로써 추가적 노력이 필요한 영역이 무엇인지를 논의해 본다. 마지막으로 제 5절은 한국의 고급인력 유치·활용전략에 대한 제언이다.[3)]

---

2) 이 연구에서는 해외에 있는 고급인력의 유치와 활용에 초점을 맞춘다. 국적은 중요한 요인이 아니다. 따라서 한국 국적의 해외 고급인력이나 외국 국적의 고급인력을 특별히 구분하여 취급하지 않는다. 두뇌순환(*brain circulation*)의 관점에서 접근할 경우 양자를 구별하여 취급할 이유가 없기 때문이다.

3) 인력이동의 또 다른 측면은 저숙련 외국 노동력의 유입 문제이다. 현재 한국 노동시장의 저숙련 외국인 노동자 수는 꾸준한 증가 추세를 보이고 있다. 이러한 유입은 국내 저숙련 노동시장에도 영향을 미치기 시작하고 있다. 특히 외국인 저숙련 노동이 국내 저숙련 노동을 대체하는지의 여부 등은 국내 저숙련 노동시

2. 고급인력의 국제이동 패턴

1) 국제이동의 동기

일반적으로 인력의 국제이동은 경제적 유인에 의해 결정된다. 인력은 주로 소득수준이 낮은 국가로부터 소득수준이 높은 국가로 이동한다. 소득수준이 높은 국가로의 이주는 이민자의 소득수준을 크게 향상시키는 것으로 나타난다. 국제이동은 국가 간 지리적 거리가 짧을수록 증가하는 경향이 있다(Freeman, 2006). 그 밖에 본국과 이주국 간의 역사적 연대와 문화적 동질성도 국제이동에 영향을 미친다. 가족 재결합도 국제이동의 중요한 이유의 하나이다.

Auriol(2007)는 일반 인력과 고급인력의 국제이동의 동기에 유의미한 차이가 존재함을 지적한다. 일반 인력의 국제이동은 경제적 인센티브에 큰 영향을 받는다. 따라서 유출국과 유입국 사이의 상대적 소득수준의 격차가 이동의 중요한 결정요인이다. 그러나 고급인력 국제이동은 경제적 인센티브 이외의 복잡한 동기가 개입된다. 연구기회와 연구조건, 연구 인프라 등의 추가적인 요인이 중요하게 작용할 수 있다. 과학기술 연구가 활발하게 이루어지기 위해서는 관련분야 고급인력의 수가 일정수준 이상 존재하여야 하고, 필요한 연구관련 시설이나 장비가 잘 갖추어져야 한다. 따라서 연구환경이 좋은 국가로의 고급인력 국제이동은 고급인력의 인적 자본의 특성을 반영하는 것이라고 할 수 있다.

〈표 4-1〉은 미국에 거주하고 있는 호주, 캐나다, 독일, 스위스, 포르투갈, 아르헨티나 등의 박사학위 소지자들이 미국으로 이주한 주된 이유

장과 관련하여 복잡한 이론적 · 실증적 이슈를 제기한다. 매우 흥미로운 주제이나 이 글에서는 이 문제를 다루지 않는다. 이에 관해서는 이규용 외(2007)를 참조하기 바란다.

를 조사한 결과이다. 표에 의하면 미국이 외국 박사학위 소지자들을 유치하는 결정적 요인은 해당분야의 과학적 또는 전문적 인프라(*scientific or professional infrastructure in the field*) 로서 전체 이주 사유의 36.4%를 차지하고 있다. 그 다음이 취업 또는 경제적 기회(*job or economic opportunities*) 로 31.7%로 나타난다. 미국에서의 교육기회(*educational opportunities in the US*) 와 가족관련 이유(*family-related reasons*) 는 각각 23.1%와 8.9%로 상대적으로 비중이 낮다. 이러한 조사결과는 경제적 인센티브에 크게 좌우되는 저숙련 인력의 국제이동 패턴과는 매우 상이한 것이다.

고급인력의 직업특성에 따라 국제이동의 동기도 달라질 수 있다. 엔지니어나 기술인력은 임금이나 노동시장 조건에 이끌리는 측면이 상대적으

〈표 4-1〉 외국 박사학위 소지자들이 미국으로 온 이유(2003)

지난 5년 이내에 입국	귀화를 통한 미국 국적 취득자	외국 국적소지자		합 계
		영주권자	비영주권자	
미국에서의 교육기회	28.1	14.4	26.0	23.1
가족관련 이유	20.3		6.0	8.9
고용 또는 경제적 기회	25.0	45.6	28.5	31.7
해당분야의 과학적 또는 전문적 인프라	26.6	40.0	39.5	36.4
합 계	100.0	100.0	100.0	100.0
지난 5~10년 사이에 입국	귀화를 통한 미국 국적 취득자	외국 국적소지자		합 계
		영주권자	비영주권자	
미국에서의 교육기회	19.9	27.4	38.1	31.0
가족관련 이유	32.5	10.7	4.2	10.7
고용 또는 경제적 기회	21.7	29.2	21.3	25.0
해당분야의 과학적 또는 전문적 인프라	21.1	30.1	35.6	31.3
기타 이유	4.8	2.6	0.7	2.1
합 계	100.0	100.0	100.0	100.0

출처: Auriol(2007).

로 강한 반면, 연구자나 과학자들은 과업의 성격, 연구기관의 명성(*prestige*)이나 연구환경에 의해 크게 영향을 받는다(Mahroum, 2001). 고급인력의 유치가 경제적 보상만으로 이루어질 수 없는 것이다. 따라서 국가와 기업 및 연구기관의 전반적인 연구수준의 향상이 요구되며, 선진국 수준에 상응하는 연구 환경의 구축이 필요하다.

2) 고급인력의 국제이동 실태

고급인력의 국제이동패턴을 OECD 국가를 중심으로 살펴보자. 자본이동에 관한 자료에 비해 인력의 국제이동에 관한 자료는 잘 구축되어 있지 않다. 더구나 고급인력에 대한 자료는 턱없이 부족한 실정이다. 인력의 국제이동에 관해 가장 신뢰할 수 있는 기존자료는 이민에 관한 OECD 데이터베이스(OECD Database for Immigrants and Expatriates)이다. 이 자료는 OECD 국가의 외국 출신자 비율과 이들의 교육수준에 관한 정보를 제공하고 있기 때문에 OECD 국가간 또는 다른 국가에서 OECD 국가로의 국제이동 학력별 비율을 분석할 수 있다. 다만 이 자료가 보통 5년 내지 10년 단위로 실시되는 각국의 2000년 또는 2001년 인구조사에 기초하여 만들어진 것이기 때문에 시의성이 떨어진다는 단점은 있다. 최신 자료는 다음 주기의 각국의 인구조사가 완료되기를 기다리는 수밖에 없다.

〈표 4-2〉는 OECD 국가별로 해외로 이주한 고급인력의 규모를 제시하고 있다. 표는 각 국가의 고급인력의 유출 규모를 어느 정도 가늠해 볼 수 있게 해준다. 표에 의하면 영국과 독일은 각각 1,276,929명과 883,624명으로 절대 규모에서 고급인력 해외이주자의 수가 가장 많은 것으로 나타난다. 그 뒤를 474,565명의 멕시코와 426,291명의 캐나다가 따르고 있다. 미국은 412,618명으로 인구규모에 비해 고급인력 해외이주자의 수가 매우 적은 편이다. 우리나라의 고급인력 해외이주자의 수는

134,909명으로 나타나는데, OECD 국가들 가운데서는 중간 정도의 수준이다. OECD 전체로는 2001년 현재 OECD 국가 출신의 약 670만 명의 고급인력이 해외로 이주한 것으로 나타난다.

그렇다면 이들 고급인력 이주자들은 어느 나라로 간 것일까? 〈그림 4-1〉은 고숙련 인력이 이주한 국가의 비율을 보여주고 있다. 예상했던 것처럼 2001년 기준으로 전체 고급인력 이주자의 37.1%는 미국으로 이주한 것으로 나타난다. 호주(12.7%)와 캐나다(12.0%)도 많은 고급인력을 유치한 국가이며, 그 다음으로는 영국(8.3%), 프랑스(5.1%), 독일(3.9%)이 뒤를 잇고 있다. 그러나 해외 고급인력 유치가 반드시 국가의 경제규모와 일치하는 것은 아니다. 예를 들어, 일본은 2001년 기준으로 OECD GDP의 약 12%를 점유하고 있지만 단지 OECD 국가 고급인

〈표 4-2〉 OECD 국가에서의 고숙련 인력의 해외 이주(2001)

(단위: 명)

국 가	고급인력 해외이주자	국 가	고급인력 해외이주자
호주	122,580	룩셈부르크	7,514
오스트리아	101,013	멕시코	474,565
벨기에	112,550	네덜란드	209,898
캐나다	426,291	뉴질랜드	168,374
체코	54,273	노르웨이	39,433
덴마크	59,874	폴란드	327,110
핀란드	67,171	포르투갈	82,796
프랑스	361,615	슬로바키아	52,251
독일	883,624	스페인	59,874
그리스	118,833	스웨덴	78,643
헝가리	90,232	스위스	107,458
아일랜드	186,312	터키	130,753
이태리	294,767	영국	1,276,929
일본	284,587	미국	412,618
한국	**134,909**	합계	6,726,847

출처: OECD Database for Immigrants and Expatriates.

〈그림 4-1〉 OECD 국가 고급인력이 이주한 국가(2001)

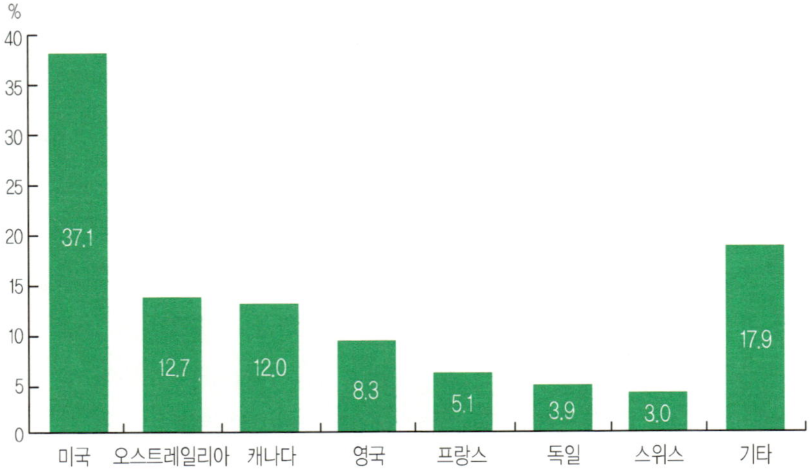

출처 : OECD Database for Immigrants and Expatriates.

력 해외이주자의 0.7%만을 유치하였다. 반면 호주의 OECD GDP 점유율은 약 2% 정도이나 〈그림 4-1〉에서 보는 것처럼 OECD 출신 고숙련 해외이주자의 12.7%를 유치한 것으로 나타난다. 이러한 사실은 앞에서도 지적한 것처럼 경제적 유인 이외에 고급인력 이동에 영향을 미치는 다양한 요인이 존재함을 시사하는 것이다.

한국은 외국 고급인력 유치에 있어서는 OECD 국가 중 최저수준이다. 〈그림 4-2〉를 보자. 〈그림 4-2〉는 OECD 각 국가의 고급인력 중 해외로부터 이주한 고급인력이 차지하는 비중을 나타낸 것이다. OECD 국가 전체적으로는 국내 고급인력의 약 15% 정도가 외국출신이다. 룩셈부르크, 스위스, 호주, 뉴질랜드, 아일랜드, 캐나다와 같은 국가들은 고급인력의 상당 부분을 외국출신 인력으로 채우고 있다. 예를 들어, 룩셈부르크 고급인력의 85%는 다른 OECD 국가 출신의 고급인력이다. 스위스나 호주도 고급인력의 20% 이상을 다른 OECD 국가 출신의 고급인력으로 구성하고 있다. 경제규모에 견주어 볼 때 한국과 일본은 고급인력 유치

〈그림 4-2〉 고급인력에서 외국 인력이 차지하는 비중

(단위: %)

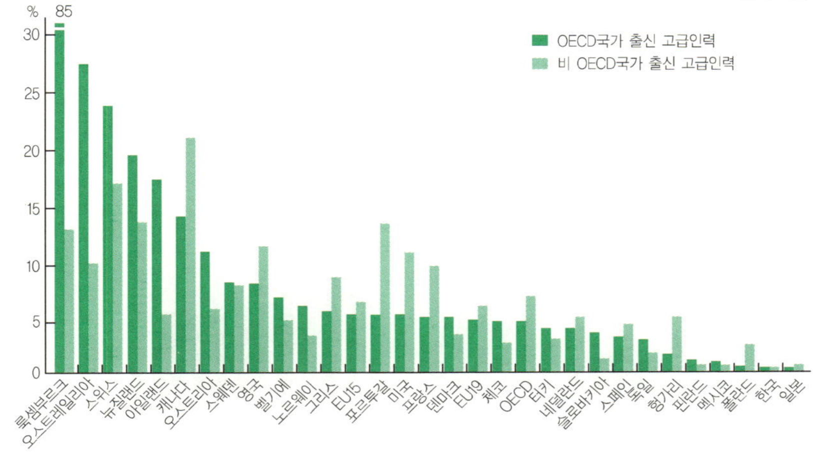

출처: OECD Database for Immigrants and Expatriates. OECD(2008b).

에 있어서는 상당히 예외적인 국가이다. 두 국가의 고급인력에서 외국인이 차지하는 비중은 2.0% 미만이다.

한 가지 유의할 점은 어떤 국가의 외국인 고급인력의 유입이 매우 낮다는 사실이 반드시 그 국가의 R&D나 기술혁신 활동이 부진하다는 것을 의미하지는 않는다는 점이다. 〈그림 4-3〉은 각 국가에서의 R&D 지출이 GDP에서 차지하는 비중을 보여주고 있다. GDP 대비 R&D 지출이 3% 이상인 국가는 스웨덴, 핀란드, 일본과 한국이다. 따라서 일본과 한국은 R&D 강도(*R&D intensity*)가 매우 높은 국가라고 할 수 있다. 또한 OECD 국가의 R&D 지출을 합한 금액에서 한국과 일본의 R&D 지출이 차지하는 비중은 각각 17.0%, 4.4%로 상대적으로 높은 비율을 보이고 있다.

〈그림 4-2〉와 〈그림 4-3〉은 고급인력의 유치와 국가차원의 R&D 강도와는 뚜렷한 관계가 없음을 보여준다. 이는 다음과 같은 몇 가지 이유 때문일 것이다. 첫째, R&D 강도는 R&D 인력의 수급상황 이외에도 여

〈그림 4-3〉 GDP대비 R&D 지출 비율(2006)

(단위: %)

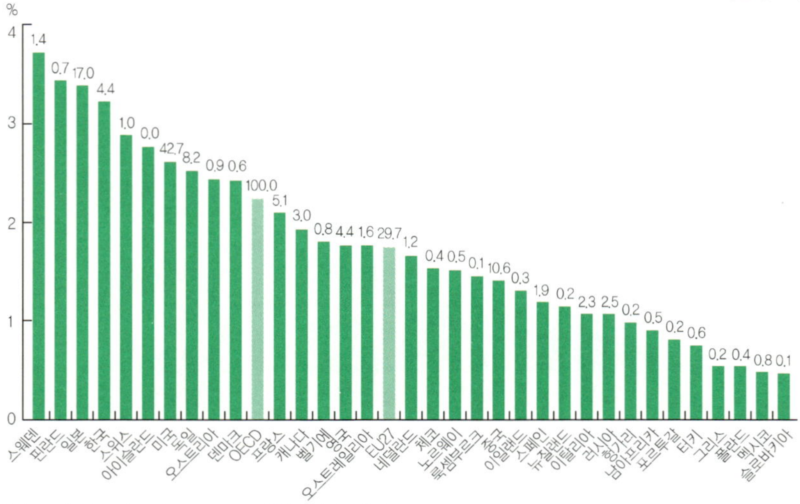

출처: OECD MITI Database. OECD(2008a).

러 가지 요인에 의해 영향을 받는다. 국가의 산업구조, 경제전망, 지적재산권 보장의 정도 등은 R&D에 영향을 미치는 중요한 요인으로 밝혀져 있다. 따라서 이들 영역에서의 국가간 차이가 R&D 강도를 결정할 것이다. 둘째, 국내에 경쟁력 있는 고급인력이 풍부한 경우에는 R&D 활동을 굳이 해외 인력에 의존할 필요가 없을 것이다. 셋째, R&D 인력의 문제를 외국 고급인력의 이주가 아닌 다른 방식으로 해결할 수 있다. 특히 해외로 이주한 국내 고급인력의 역이주(*return migration*)나 외국 고급인력의 단기체류 등을 통해 해외 R&D 인력의 지식을 효과적으로 활용할 수도 있다. 따라서 R&D 인력을 어떤 식으로 구성하는가는 국가마다 차이가 있을 수 있다.

대부분의 OECD 국가는 고급인력의 이동에 있어서는 순유입국이다. 즉 다른 OECD 국가나 기타 국가로부터 OECD 국가로의 고급인력의 유입이 OECD 국가에서 다른 OECD 국가나 기타 국가로의 고급인력의 유

〈그림 4-4〉 OECD 국가에서의 고급 인력 이동

(단위: 천 명)

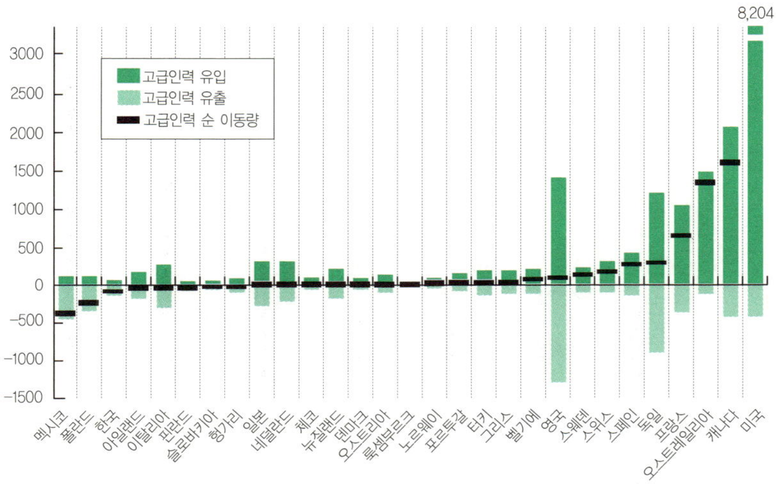

출처: OECD Database for Immigrants and Expatriates. OECD(2008b).

출보다 크다. 〈그림 4-4〉를 보면 멕시코, 한국, 아일랜드, 이태리, 핀란드와 일부 동유럽 국가들은 고급인력의 순유출을 경험한 반면, 대다수의 다른 OECD 국가들은 순유입을 보이고 있다. 따라서 한국은 고급인력의 국제이동에 있어서는 유입보다 유출이 많은 순유출 국가로 분류된다.

3) 학생의 국제이동

고급인력 국제이동의 상당 비율은 학생 신분을 경유하여 발생한다. 선진국으로 유학을 간 학생들, 특히 개발도상국 출신 유학생들은 추가 연구나 취업을 목적으로 선진국에 계속 머무는 경우가 많다. 학위를 취득한 고급인력의 체류는 체류 국가의 지식생산 활동에 큰 보탬이 된다. 외국 학생의 유치는 또한 자국의 관습이나 환경에 익숙한 고급인력의 풀을 확보하는 수단이 되며, 지식생산의 국제적 네트워크를 구축하는 수단이

〈그림 4-5〉 외국의 고등교육 기관에 등록하고 있는 OECD 국가의 학생 수(1975~2005)

(단위: 백만 명)

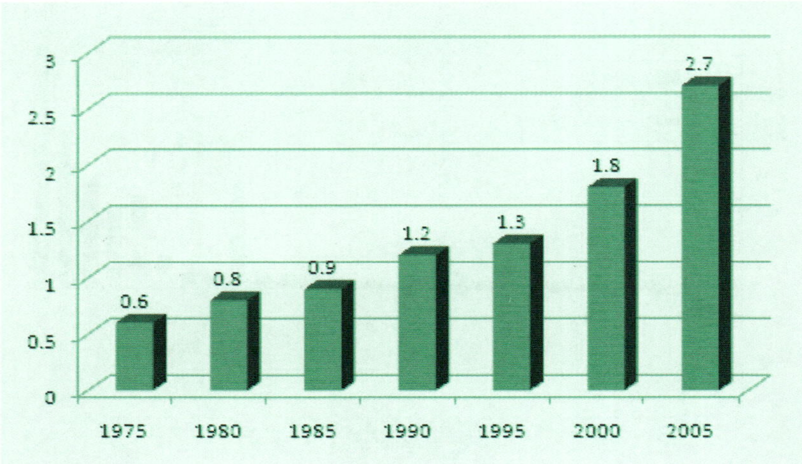

출처: OECD(2007b).

기도 하다. 국가에 따라서는 외국 학생의 유치가 고등교육이나 대학원 프로그램의 유지에 필수적인 경우도 있다. 현재 많은 국가들이 외국 학생의 유치를 위하여 다양한 프로그램을 운영하고 있다. 영어강의의 개설, 외국 학생에 대한 장학금, 교환학생 프로그램, 공동 프로그램 또는 비자 발급절차의 편의 제공 등이 대표적인 것들이다.

OECD 국가에서 외국의 고등교육기관에 등록하고 있는 학생 수는 지난 30년간 급격히 증가하였다(OECD, 2007b). 〈그림 4-5〉는 1975~2005년 통계를 보여주고 있다. 외국의 고등교육 기관에 등록하고 있는 학생 수는 1975년 60만 명에서 2005년 270만 명으로 4배나 증가하였으며, 특히 1995~2005년 10년 사이에는 140만 명이나 증가한 것으로 나타난다. 전체 270만 명의 외국 학생들은 주로 미국(22%), 영국(12%), 독일(10%), 프랑스(9%), 호주(6%)와 일본(5%) 등의 고등교육 기관에서 공부하고 있다.

〈그림 4-6〉 국내 외국인 유학생 현황

(단위: 명)

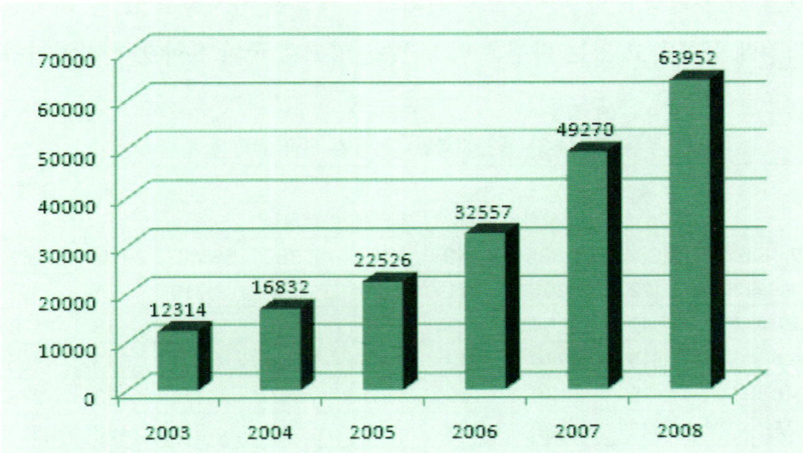

주 : 2008.4.1일 현재.
출처 : 교육과학기술부(2009a).

한국의 외국인 유학생 수도 최근 들어 급증하고 있다. 교육과학기술부(2009a)의 통계에 따르면 2003년 12,314명에 불과하였던 국내 외국인 학생 수가 2008년에는 63,952명으로 5배 이상 증가하였다. 이들 외국인 유학생을 전공별로 보면 인문사회계가 27,399명으로 가장 많고, 어학연수생이 19,521명으로 그 다음이다. 이공·자연계는 10,677명으로 전체 외국인 유학생의 16.7%이다. 유학생 중 92.8%에 해당하는 압도적 다수의 학생들은 아시아 지역 출신이다. 한국에서 공부한 압도적 다수의 학생들은 졸업 후 한국에 머물기보다는 본국으로 돌아가거나 제 3국으로 이동한다(OECD, 2008a). 이는 일본에서도 동일하게 관찰되는 현상이다(D'Costa, 2007).

한편 한국의 국외 유학생 수는 2001년 이후 지속적으로 증가하는 추세를 보이고 있다. 2001년 국외 유학생 수는 약 15만 명 정도였으나 2008년에는 21만7천 명의 수준으로 증가하였다.[4] 이를 학위과정 별로 보면 2008

년 현재 대학과정이 약 9만 명으로 전체의 41.5%이고, 어학연수를 목적으로 한 유학생도 약 9만 명으로 전체의 41.4%를 차지하고 있다. 대학원 과정에 등록하고 있는 학생은 약 3만7천 명으로 국외 유학생에서 차지하

〈표 4-3〉 출신지역별 · 전공별 외국 유학생 수

지 역	어학 연수	과정별					기 타	합 계
		인문사회	이공	자연계	예체능	계		
아시아	18,264	25,833	7,149	3,123	2,362	38,467	2,644	59,375
아프리카	72	206	71	30	3	310	15	397
오세아니아	47	64	9	9	11	93	38	178
북미	515	776	49	96	86	1,007	643	2,165
남미	78	130	29	11	7	177	23	278
유럽	545	390	83	18	40	531	483	1,559
합 계	19,521 (30.5%)	27,399 (42.8%)	7,390 (11.6%)	3,287 (5.1%)	2,509 (3.9%)	40,585 (63.5%)	3,846 (6.0%)	63,952 (100%)

주: 2008.4.1일 현재.
출처: 교육과학기술부(2009a).

〈그림 4-7〉 국외 한국인 유학생 수

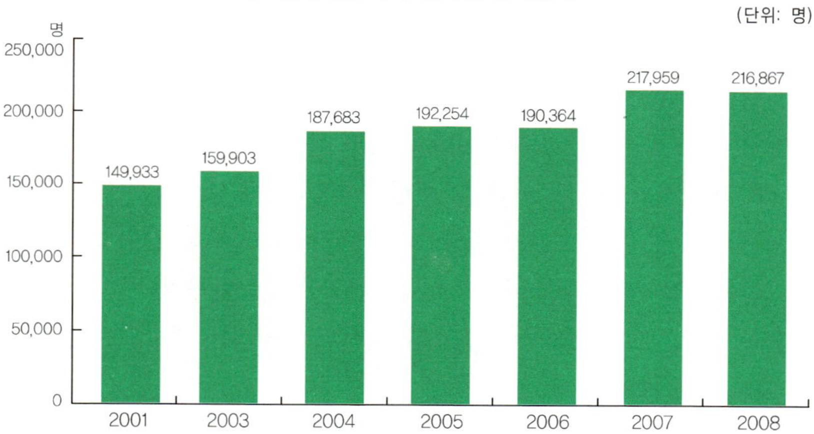

주 : 2008.4.1일 현재.
출처 : 교육과학기술부(2009b).

4) 이러한 숫자는 해외의 초 · 중 · 고교로 유학한 학생을 제외한 숫자이다.

〈표 4-4〉 지역별 · 학위과정별 국외 한국인 유학생 수(2008)

지 역	학위과정			어학연수	합 계
	대학원	대학	소계		
아주	7,843	41,867	49,710	59,475	109,185
북미	24,471	37,412	61,883	11,369	73,252
중남미	14	48	62	189	251
구주	4,607	10,563	15,170	18,722	33,892
중동	32	22	54	103	157
아프리카	2	119	121	9	130
합 계	36,969 (17.0%)	90,031 (41.5%)	127,000 (58.6%)	89,867 (41.4%)	216,867 (100%)

주 : 2008.4.1일 현재
출처 : 교육과학기술부(2009b).

는 비중은 17.0%이다. 해외 유학생의 분포는 학위과정별로 지역별 편차를 보이고 있다. 대학원 학위과정의 유학생은 전체 대학원 유학생 중 3분의 2가 북미 지역에 집중되어 있다. 〈표 4-4〉에 의하면 대학과정은 아시아와 북미 지역이 각각 4만2천 명과 3만7천 명 수준으로 전체 대학과정 유학생의 88%를 차지하고 있다. 어학연수는 아시아 지역의 집중도가 66%로 가장 높다.

〈표 4-3〉과 〈표 4-4〉에서 알 수 있는 점은 한국은 학생 이동에 있어서도 유출이 유입보다 많은 순유출 국가라는 점이다. 2008년을 기준으로 할 때 해외 한국 유학생은 216,867명으로 국내 외국 유학생 수인 63,952명을 초과하고 있다. 물론 교육과학기술부의 통계가 연간 통계가 아니라 어느 한 시점에서의 총량을 측정한 통계이기 때문에 정확한 유입과 유출 현황을 파악할 수는 없으나, 과거의 추세를 보면 매년 해외로 나가는 한국 유학생 수가 새롭게 한국으로 들어오는 외국 유학생 수보다 많은 것은 분명한 사실인 것 같다. 이러한 학생의 초과유출은 한국 교육상황과 관련하여 주목을 받고 있는 현상이기도 하다. 고급인력의 유출과 함께 학생유출의 문제를 어떻게 볼 것인가에 대해서는 다음 절에서 설명하기로 한다.

〈표 4-5〉 미국에 계속 체류하고자 하는 이학 · 공학박사 학위 소지자: 2003~2005

국 가	1992~1995	2000~2003	박사학위 소지자 중 미국박사학위 소지자 비율(2002)
인도	53.2	66.6	12.3
중국	46.8	63.6	29.5
영국	54.9	57.8	1.2
이란	29.5	55.3	26.2
EU	40.4	55.0	2.6
캐나다	43.5	53.7	12.4
아르헨티나	34.8	51.7	27.7
그리스	35.6	51.5	25.7
독일	39.9	51.0	1.8
이스라엘	31.8	50.0	8.3
뉴질랜드	37.0	49.4	-
오스트레일리아	39.4	47.7	1.5
나이지리아	27.1	46.6	-
스페인	38.7	46.6	2.2
한국	20.2	46.3	26.5
프랑스	26.7	46.3	1.3
이탈리아	29.6	45.9	5.3
페루	39.8	44.4	-
이집트	17.2	44.2	-
남아프리카	30.5	43.2	-
콜롬비아	23.2	42.5	-
일본	24.6	41.6	2.7
대만	24.0	40.6	37.7
터키	26.4	40.6	28.4
인도네시아	12.5	32.9	-
칠레	28.4	32.8	74.0
멕시코	20.0	30.0	16.8
브라질	16.0	27.7	7.5

출처: OECD (2007a).

〈그림 4-8〉 미국 대학에서 이학 · 공학박사 학위를 받은 한국 학생의 졸업 후 계획

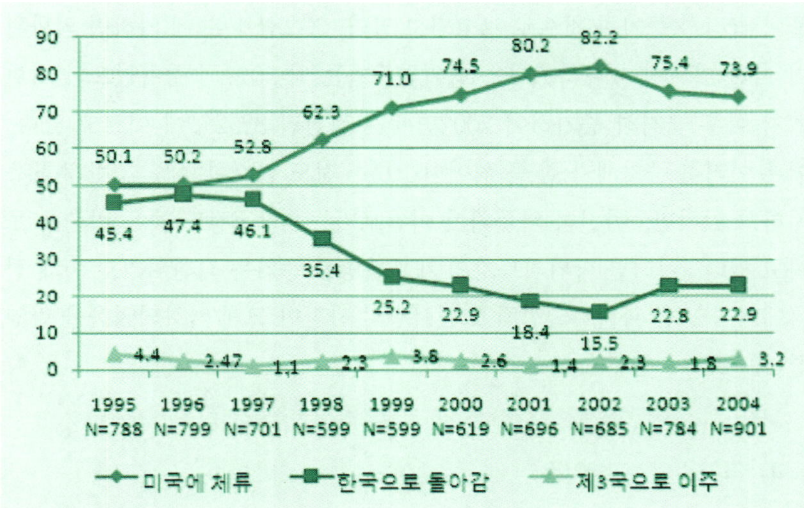

출처: 과학기술처 내부자료.

과학기술분야의 고급인력이 학위를 마치고 본국으로 돌아가는 비율은 어느 정도인가? 〈표 4-5〉는 2000~2003년 미국에서 과학 또는 공학박사 학위를 취득한 외국학생 중 미국에 계속 머물고자 하는 학위취득자의 비중을 1992~1995년과 비교하여 보여주고 있다. 각 국가의 체류비율은 학생의 국적에 따라 매우 다양한 양상을 보인다. 인도나 중국의 이학 · 공학박사 학위 취득자는 약 3분의 2가량, 그리고 유럽국가의 이학 · 공학박사 학위 취득자는 약 50% 이상이 졸업 후 미국에 박사후(*post-doc*) 과정에 등록하거나 취업하는 것으로 나타난다. 그림에서 나타나는 뚜렷한 특징 중의 하나는 조사기간 10년 사이에 미국에 체류하고자 하는 박사학위 소지자의 비중이 증가하였다는 사실이다. 이러한 경향은 인도와 중국과 같은 개발도상국가 출신의 박사학위 취득자뿐만 아니라 EU나 일본과 같은 선진국 출신의 박사학위 취득자에게서도 공통적으로 발견된다.

한국의 경우는 외환위기를 전후로 해서 미국의 대학원에서 자연과학이

나 공학박사 학위취득자 중 미국에 계속 머물고자 하는 학위취득자의 비율이 급격히 증가한 것으로 보고되고 있다. 〈그림 4-8〉에 의하면 외환위기 이전 미국에 체류하겠다는 학위취득자는 약 50% 수준이었으나 외환위기 이후 급격히 증가하여 2002년에는 정점인 82.2%에 이르고 있다. 이후 이러한 증가세가 한 풀 꺾여서 10%p 정도 감소한 70% 초반대를 유지하고 있지만, 여전히 외환위기 이전보다는 20%p정도 높은 비율을 보이고 있다. 이러한 학위취득자의 체류희망률 증가는 외환위기로 인해 한국에서의 고급 과학기술인력 노동시장의 사정이 크게 악화되었음을 반영한다.

4) 역이주와 순환이주

고급인력 이주자 중 상당수는 특정 시점에 본국으로 돌아가거나 또는 제 3국으로 이동하기도 한다. 사실 본국으로의 역이동이나 제 3국으로의 이동에 관한 정보는 고급인력의 이주국 인적 자본 축적에의 기여도를 분석하고, 적절한 인력정책을 수립하는 데 매우 귀중한 자료가 된다. 또한 고급인력의 일시적 또는 순환적 국제이동이 본국에 미치는 영향도 분석할 수 있다. 실증적 증거들은 본국으로의 역이주나 제 3국으로의 이주가 고급인력 국제이동의 한 패턴으로 자리 잡고 있음을 알려준다. 고급인력의 일시적 또는 순환적 이동은 선진국, 특히 유럽에서의 고급인력 이동의 특징적 현상의 하나로 자리 잡고 있다.

이민에 관한 OECD 데이터베이스(OECD Database for Immigrants and Expatriates)에 의하면 OECD 국가의 고급인력 이주자 중 65%가 10년 이상 이주한 국가에 머물고 있고, 15%는 5~10년 거주자이며, 20%는 5년 미만 거주자라고 한다. 그러나 10년 이상 거주한 고급인력의 비중은 초등교육을 받은 이주자의 67%와 중등교육을 받은 이주자의 70%에

〈표 4-6〉 외국인의 교육수준과 10년 이상 체류 비율

국 가	교육수준		
	초등교육	중등교육	고등교육
호주	84.1	76.6	67.8
캐나다	74.7	71.3	65.1
뉴질랜드	79.0	61.2	57.4
OECD(가중평균)	67.4	69.5	64.7

출처 : OECD(2008b).

비하면 낮은 수준이다. 즉, 고등교육을 받은 고급인력일수록 이주한 국가에 머무는 기간이 상대적으로 짧다. 이러한 현상은 호주, 캐나다, 뉴질랜드와 같이 고급인력을 선호하는 선별적 이민정책을 피고 있는 나라에서도 나타나고 있다.

개별국가 수준에서 보면 역이주와 순환이주(*return and circular migration*)의 증거는 더욱 뚜렷이 나타난다. 호주 이민국(Department of Immigration and Citizenship; DIAC)의 2007년 자료를 보면 호주로 영구이주한 이민자 중 60% 이상이 언젠가는 본국으로 돌아가겠다는 의사를 가지고 있다고 한다. 실제로 호주로의 영구 이주자 중 70%가량이 5년 이상 체류하지만 16%는 2년 이상 5년 미만, 14%는 2년 미만 체류한다. 한편 호주에서 외국으로 이주한 고급인력의 대다수가 다시 호주로 돌아오는 것으로 보고된다. 영구적으로 또는 장기적으로 호주를 떠난 고급인력의 75%가 본국으로 다시 돌아온다. 특히 영국으로 이동한 고급인력이 다시 돌아오는 비율은 85%에 달한다.

개인별 패널자료를 이용한 노르웨이의 연구결과는 매우 흥미로운 결과를 제시한다. Bratsberg et al. (2007)은 1967~2003년 사이에 외국에서 태어나 노르웨이로 이주하거나 노르웨이로부터 이주한 사람들의 이민기록을 분석한 결과를 제시하고 있다. 동 기간 동안 약 50만 명의 이주자가 노르웨이에 입국하였고 이들 중 2분의 1가량은 2004년 현재 아직도 노르

웨이에 머물고 있다. OECD 선진국 출신의 이주자들은 상대적으로 짧은 기간 노르웨이에 머무는 것으로 나타난다. 입국한 후 10년 이상 노르웨이에 거주하는 OECD 국가 출신 이민자의 비율은 20%에 불과하다. 한편 동부유럽 출신 이민자가 노르웨이를 떠나는 비중은 50%이다. 이 비율은 비서구권 국가출신의 이민자의 경우에는 30%로 낮아진다.

캐나다의 이민자료를 분석한 결과도 유사한 증거를 제시한다. Aydemir & Robinson(2006)은 캐나다 남성 이민자의 역이주와 순환이주를 분석하기 위해 출입국 관리기록과 센서스 데이터 및 조세자료를 이용하였다. 이들의 연구결과에 의하면 캐나다로의 남성 인력, 특히 고급 남성 인력의 영구적 이주(*permanent migration*)는 실제로는 일시적 이주(*temporary migration*)에 불과한 경우가 많다. 캐나다 입국 후 20년이 지난 시점에서 다시 캐나다로부터 제 3국으로 이주하는 남성 이민자의 비율은 35%에 달한다. 또한 이렇게 이민 후 캐나다로부터 제 3국으로 다시 이주해 나간 사람들 중 60%는 입국 후 5년 이내에 이주한 것으로 나타난다. 이민자들은 비교적 빠른 시일 내에 이주 여부를 결정한다.

이민자의 개인적 특성은 캐나다에서 다른 나라로 이주하기까지의 기간에 강한 영향을 미친다. 숙련 노동자 비자(*skilled worker visa*)나 사업자 비자(*business class visa*)로 입국한 이민자가 제 3국으로 이주할 확률은 가족비자(*assisted relative visa*)나 망명비자(*refugee visa*) 입국한 이민자보다 높다. 전자의 경우 입국 후 10년 이내에 제 3국으로 이주할 확률이 40%인 반면, 후자의 경우는 20% 내지 30%에 불과하다. 이러한 사실은 글로벌 노동시장의 개념과 부합한다. 숙련 노동자와 경영자 그룹은 여러 국가의 노동시장 조건의 상대적 변화에 보다 민감하게 반응한다.

영국의 자료도 역이주와 순환이주의 경향을 보여준다. 영국 통계청의 2007년 자료에 의하면 1996년부터 2005년까지 10년 동안 영국으로 이민 온 사람들이 계획하는 체류기간이 감소하고 있다. 2005년 입국한 체류기간을 명기한 이민자 중 약 45%는 영국에 1~2년 머물 계획을 가지고 있으며, 약 30%는 4년 이상 체류할 계획을 가지고 있다. 1996년 35%의 이민자만이 1~2년 체류할 계획을 가지고 있었고, 약 40%가 4년 이상 체류할 계획을 가지고 있었던 것과 비교하면 명백하게 감소한 수치이다.

5) 고급인력 노동시장과 R&D의 국제화

고급인력의 국제이동에 대한 다른 파급효과에 관한 정량적인 증거는 아직 많지 않다. 과학적 성과나 기술적 성과에는 많은 변수들이 영향을 미치며 이들을 분리하는 것은 생각보다 쉽지 않다. 그럼에도 불구하고 고급인력의 이동이 지식창출과 밀접한 관련이 있다는 것은 분명한 사실이다.

이미 지적한 바와 같이 세계화의 진전으로 고급인력의 이동은 더욱 활발해져가고 있다. 그 결과 고급인력에 대한 노동시장의 국제화(*labor market internationalization*)가 진행되고 있다. 기업이나 학계 모두 적합한 지식이나 능력을 가진 외국 고급인력을 찾고 있다. 프랑스, 독일, 네덜란드와 영국의 850개 기업을 대상으로 한 설문조사 결과에 의하면 외국 출신의 고급인력이 기업의 중추적 역할을 담당하고 있는 것으로 나타난다. 약 40%의 기업이 고위직에 외국 출신 근로자를 고용하고 있으며, 고위직 근로자의 약 11%가 외국 출신 근로자이다(Winkelmann, 2002). 외국 출신의 교수나 연구자의 비율은 이미 몇몇 국가에서는 대학 인력의 상당부분을 차지하고 있다. 〈그림 4-9〉에서 보는 것처럼 교수나 연구자의 국제이동과 학술적 성과 사이에는 유의한 정(+)의 상관관계가 존재한다. 교수나 연구자의 국제이동은 보다 광범위한 관계 형성과 공동 작업을 가능하게 하고 연구의 지역적 제약을 극복하게 해준다.

교수나 연구자를 포함한 고급인력의 이동의 증가는 공동연구의 증가에

〈그림 4-9〉 외국에서의 연구경험이 있는 인용 빈도가 높은 연구자의 비중

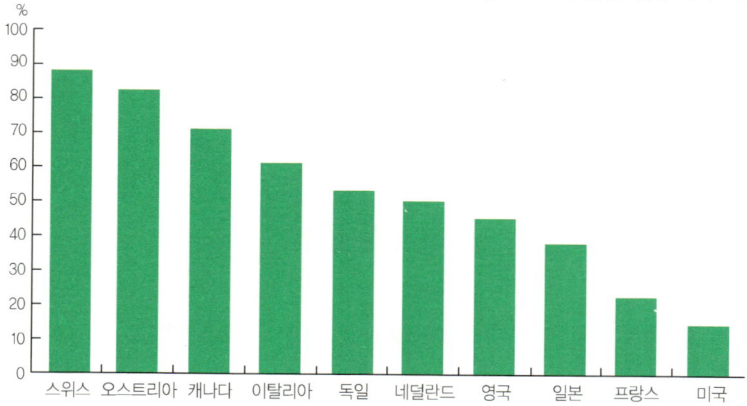

주: 현재 재직하고 있는 대학이나 연구소 기준임. ISI Highly Cited database(1985~2004)로부터 494명의 연구자 표본을 기초로 작성.
출처: OECD(2008a)에서 재인용.

서도 발견된다. 예를 들어, 1995년과 2004년 사이 핀란드에서는 핀란드 연구자와 EU국가 연구자와의 공동 작업이 85%나 증가하였다고 한다. 공동연구의 패턴은 특정 연구분야에서의 각 국가의 상대적 역량, 지리적 근접성, 언어 및 연구기관 사이의 관계의 긴밀성 등 여러 요인에 의해 좌우된다. 미국의 증거를 보면 어떤 국가의 미국 박사학위 취득자 수가 많을수록 그 국가와 미국과의 공동연구 건수가 많은 것으로 나타난다(OECD, 2008a).

고급인력의 이동과 기술혁신 성과는 밀접한 관계가 있다. 외국 출신 고급인력은 기업의 기술혁신 활동에 점점 더 중요한 비중을 차지한다. 이러한 현상은 특허출원 데이터에서 잘 관찰된다. 세계지적소유권협회(World Intellectual Property Organization; WIPO)의 미국 사무소에 출원된 외국인 단독 또는 외국인과의 공동 특허출원의 비중은 1998년 7.6%에서 2006년 25%로 증가하였다. 이러한 현상은 비단 미국의 경우에만 한정된 현상은 아니다. 국제적 공동 발명과 관련된 특허가 전체 특허에서

차지하는 비중은 1991~1993년 4%에서 2001~2003년 7%로 증가하였다. 특히 외국인이 관련된 공동 작업은 소규모 국가나 저개발국에서 두드러진다. 〈표 4-7〉은 세계 여러 국가들의 전체 특허건수에서 외국인과의 공동발명에 의한 특허건수의 비율을 보여준다. 대부분의 국가에서 외국인과의 공동발명 비율이 1991~1993년 수준을 넘어서고 있다. 고급인력의 이동이 기술혁신의 국제화로 이어지고 있음을 보여주는 증거이다.

R&D와 혁신이라는 보다 넓은 관점에서 보면, 지난 10년간 개발도상국을 포함한 많은 국가에서 R&D와 혁신활동의 수행능력이 크게 향상되

〈표 4-7〉 외국인과의 공동특허 비율

	2001~03	1991~93		2001~03	1991~93
일본	3.1	2.4	브라질	28.3	26.6
한국	4.9	7.6	중국	28.7	40.3
이탈리아	9.8	5.7	터키	29.8	80.0
미국	12.2	6.7	그리스	30.5	23.9
독일	12.3	6.9	캐나다	30.8	25.3
대만	12.7	15.8	인도	31.0	51.0
핀란드	14.5	8.7	스위스	32.1	20.1
이스라엘	15.4	19.7	아일랜드	34.2	27.9
스웨덴	16.6	9.8	벨기에	35.2	26.3
프랑스	16.6	8.0	헝가리	36.7	21.1
남아프리카	16.7	14.1	폴란드	39.1	53.3
네덜란드	16.7	12.3	체코	40.3	28.1
슬로베니아	18.8	29.2	싱가포르	40.6	43.9
호주	19.9	15.4	러시아연방	45.7	29.0
덴마크	20.7	15.8	멕시코	47.7	50.9
스페인	21.4	14.7	룩셈부르크	52.1	41.8
노르웨이	23.0	13.7	OECD	7.3	4.2
영국	23.2	13.3	EU25	7.9	4.7
뉴질랜드	23.6	19.9	전체 평균	7.1	4.2
오스트리아	26.7	16.6			

출처: OECD(2007a).

었다. 이로 인해 R&D와 혁신활동이 광범위한 지역으로 확산되어 이루어지고 있으며 그 강도도 증가하고 있다. 개발도상국들의 R&D 지출 증가와 기술개발의 국제화는 앞으로 고급인력의 이동성이 더욱 높아지리라는 예측에 무게를 실어준다. 따라서 고급인력을 유치하기 위한 국제적 경쟁도 더욱 치열해질 것이다. 한국의 고급인력의 유치나 고급인력 이동(*mobility*) 정책은 이러한 사실과 전망에 기초하여 수립되어야 한다.

3. 고급인력 국제이동의 이론적 검토

1) 유입국에 미치는 효과

고급인력의 이동은 고급인력이 유입되는 국가와 고급인력이 유출되는 국가 모두에 영향을 미친다. 이 문제는 인력이동과 관련한 노동경제학과 경제성장 이론의 오랜 주제이다. 앞 절에서 지적한 바와 같이 최근 들어 고급인력 국제이동에 관한 정형화된 사실들(*stylized facts*)이 밝혀지면서 고급인력 국제이동의 패턴을 설명하기 위한 새로운 이론들이 제기되고 있다. 이 장에서는 고급인력 국제이동의 효과를 고급인력이 유입되는 국가에 미치는 효과와 고급인력이 유출되는 국가에 미치는 효과로 나누어 설명하고자 한다.

고급인력의 유입은 유입국의 R&D와 기술혁신, 고등교육 시스템 및 노동시장 상황 등에 광범위하고 다양한 효과를 미친다. 〈표 4-8〉은 이러한 효과를 긍정적인 효과와 부정적인 효과로 나누어 정리해 본 것이다.

우선 고급인력의 유입은 R&D와 기술혁신을 활성화시킨다. 새로운 지식과 능력을 갖춘 고급인력의 유입으로 R&D와 기술혁신을 수행할 연구 인력의 양과 질이 증가하기 때문이다. 또한 고급인력은 신성장 산업

〈표 4-8〉 고급인력 유입의 효과

	긍정적 효과	부정적 효과
기술혁신	• 고숙련 노동의 유입으로 R&D와 기타 경제활동이 활성화됨 • 신성장 분야의 기업가 활동(*Entrepreneurship*)촉진 • 유출국과의 지식교류 및 협력 강화 • 기술 수출의 가능성	• 해외 경쟁기업이나 국가로의 기술 유출
고등교육 체계	• 고등교육기관(대학원 이상)의 학생 수 증가, 교육 프로그램의 유지 • 교수와 연구자의 고령화 방지	• 내국인의 인적 자본 축적의 경제적 유인 감소 및 국내 학생의 구축효과
노동시장	• 노동공급이 부족한 고성장 분야의 임금상승 완화 • 유입된 고숙련 인력에 의한 새로운 기업설립과 고용창출	

출처: OECD(2008a).

에서의 기업가 활동(*entrepreneurship*)을 촉진하는 기능을 가진다. 해외의 고급인력은 자신들의 노하우를 바탕으로 첨단산업 분야의 기업 창업에 주도적인 역할을 수행한다. 그 밖에 고급인력 유출국과의 정보교류, 공동의 지식창출 및 기술 수출의 가능성 제고도 과학기술과 관련된 직접적인 긍정적 기능이다. 반면 고급인력의 유입은 해외 경쟁기업이나 국가로의 기술유출의 가능성을 증가시키는데 이는 부정적 효과로 분류할 수 있을 것이다.

한편 고급인력의 국제이동은 고등교육 체계에도 영향을 미칠 수 있다. 선진국의 과학기술 분야 대학원 과정은 외국 출신 학생들에게 크게 의존하고 있다. 따라서 고급인력의 국제이동은 고등교육 프로그램의 유지를 가능하게 한다. 또한 고급인력의 국제이동은 대학교수나 연구자의 고령화로 인한 연구활동의 위축을 방지하는 기능도 한다. 반면, 외국 출신 학생의 증가는 경우에 따라서는 국내학생의 인적 자본 축적의 유인을 감소시켜 결과적으로 국내학생들을 고등교육 프로그램으로부터 구축(驅逐)

하는 효과를 야기할 수도 있다.

마지막으로 고급인력의 이동은 유입국의 고급인력 노동시장에 변화를 초래한다. 우선 고급인력의 공급이 증가하므로 고급인력이 부족한 산업에서의 임금상승이 완화된다. 또한 유입된 고급인력에 의한 새로운 기업활동은 고급인력에 대한 노동수요를 증가시켜 고급인력 고용을 증가시킬 수 있다.

2) 유출국에 미치는 효과

고급인력의 유출은 유출국의 지식생산과 지식축적에 영향을 미친다. 지금까지 고급인력의 국제이동과 관련하여 집중적 논의가 진행된 것이 바로 이 주제이다. 기존 연구가 염두에 두고 있는 전형적인 상황은 선진국과 후진국 사이의 고급인력의 국제이동이다. 후진국의 고급인력이 선진국으로 이주하여 선진국의 고급인력은 더욱 풍부해지고 후진국의 고급인력은 고갈된다. 이러한 두뇌유출(*brain drain*) 현상이 발생하게 되면, 후진국의 지식창출은 위축되는 반면 선진국의 지식창출은 더욱 활발해진다. 결국 고급인력 국제이동으로 인한 지식창출의 격차는 경제성장의 격차로 이어져 선진국과 후진국의 생활수준의 차이는 확대된다. 따라서 전통적인 두뇌유출의 관점에 의하면 고급인력의 국제이동은 고급인력의 유출국이 손해를 보고 고급인력의 유입국이 이익을 얻는 제로섬 게임(*zero sum game*)으로 인식된다.

그러나 고급인력의 유출이 유출국에 미치는 영향은 그렇게 단순하지 않다. 두뇌유출에 관한 최근의 이론적·실증적 연구(*new brain drain literature*)들은 고급인력의 국제이동이 반드시 제로섬 게임(*zero sum game*)이 아님을 강조한다. 고급인력의 국제이동은 지식이 생산되고 확산되는 여러 메커니즘을 통해 고급인력의 유입국은 물론 유출국에도 유익한 결과를 가져온다. 변화하는 지식창출 환경에 대처하는 올바른 고급인력 활용정책을 수립하기 위해서는 이러한 관점과 주장을 정확히 이해하는 것이 필요하다. 이하에서는 두뇌유출과 관련한 새로운 논의들을 소개하기로 한다.

(1) 두뇌유출

두뇌유출(*brain drain*)이란 넓은 의미로는 교육수준이 높은 사람들, 좁은 의미로는 과학자, 엔지니어, 그리고 기타 고도의 훈련을 받은 전문가들이 한 국가에서 다른 국가로 이동하는 현상을 말한다. 앞에서 언급한 것과 같이 두뇌유출은 개발도상국에서 선진국으로의 고급인력의 국제이동이라는 관점에서 논의되어 왔으며 대개는 유출국에 부정적인 효과를 미치는 것으로 간주되어 왔다.[5)]

고급인력의 해외유출이 유출국의 생활수준을 저하시키고 경제성장을 저해할 수 있는 몇 가지 이유가 존재한다. 첫째, 교육의 사회적 수익은 사적 수익보다 크다. 이는 교육수준이 높은 고급인력이 다른 사람들에게 미치는 긍정적 외부효과(*positive externalities*) 때문이다. 고급인력은 일출효과(*spillover effect*)를 통해 다른 사람들의 생산성을 향상시킬 수 있다. 따라서 고급인력의 감소가 경제 전체의 생산성에 미치는 부정적 효과는 증폭되어 나타난다. 둘째, 기업의 생산성 역시 고급인력의 규모와 관련이 있다. 특히 기업의 고급인력 투입에 규모의 경제(*economies of scale*)가 작용하는 경우 기업의 혁신활동과 생산성은 고급인력의 규모가 클수록 활발해진다. 셋째, 고급인력의 유출은 재정적 비용을 야기한다. 왜냐하면 개발도상국에서 교육은 정부의 재정이 집중적으로 투입되는 분야이기 때문이다. 재정지출을 통해 형성된 고급인력의 국제이동은 교육

5) '두뇌유출'에 관한 전통적 관점에서의 연구는 Bhagwati & Wilson(1989)에 잘 정리되어 있다.

에 대한 재정투입의 효율성을 감소시킨다. 넷째, 고급인력의 유출은 고급인력의 공급 부족을 야기하여 고급인력의 기술이 활용되는 재화와 서비스의 국내 가격을 상승시킨다.

두뇌유출은 생산성을 저해하고, 교육에 대한 공적 자원투입의 낭비를 초래하며, 재화와 서비스의 생산을 감소시킬 뿐만 아니라, 저개발국의 제도 발전(*institutional development*)을 가로막음으로써 경제성장을 저해할 수도 있다. 한 경제의 성공적인 제도 발전은 인적 자본이 축적된 다수의 개인의 존재를 전제조건으로 한다. 따라서 두뇌유출의 가장 심각한 부정적 효과는 유출국의 제도발전에 미치는 악영향이다(Kapur, 2001). 구조개혁의 주체가 될 수 있는 고급인력의 이주는 구조개혁을 가로 막는 여러 제약을 극복할 추동력의 감소를 의미한다.

이러한 정태적인 두뇌유출의 논의는 장기적인 동학 이론적 구조로 바꾸어 해석할 수도 있다. 장기적 관점에서 두뇌유출은 다중 균형(*multiple equilibria*)을 야기할 수 있다. 즉, 어떤 국가나 지역에서는 축적된 고급 인적 자본이 끊임없이 유출되고 이것이 투자의 수익률을 낮추어 유출이 자기 강화(*self-reenforcing*)되는 저성장-저발전 균형이 존재한다. 한편 다른 국가나 지역에서는 축적된 고급 인적 자본이 지속적으로 유입되어 경제의 전반적인 생산성이 증가하고 이것이 선순환 되는 고성장-고발전의 균형상태가 존재한다.

그러나 고급인력의 유출 비용은 유출 이익과 비교하여 판단하여야 한다. 고급인력의 국제이동은 고급인력 개인의 관점과 고급인력의 활용이라는 세계적 관점에서 보았을 때는 유익한 측면이 존재한다. 고급인력이 국내에서 생산적인 일자리를 찾을 수 없다면, 고급인력 국제이동의 부정적 효과는 제한적이다. 정치적 불안정이나 기타 이유로 인해 투자환경이 매우 나쁘거나, 경제가 고급인력을 고용할 만큼의 규모에 이르지 못하거나 또는 고급인력의 전문성과 고급인력을 요구하는 국내산업 간에 미스

매치가 존재하는 경우가 바로 여기에 해당된다. 또한 지식생산은 지식이 집적되어 있는 장소에서 활발하게 이루어진다. 지식생산에 있어서는 지식생산자 사이의 상호작용이 중요하기 때문이다. 고급인력의 지식생산 중심지로의 이동은 지식의 생산량을 증가시킨다. 따라서 고급인력 국제이동의 효과를 분석하기 위해서는 비교가 되는 가상적 상태(*counter-factual*)에 대한 올바른 설정이 필요하다.

더구나 최근 연구들은 두뇌유출이 유출국의 인적 자본 축적에도 긍정적인 영향을 미칠 수 있다는 점을 지적하고 있다.6) 이른바 "유익한 두뇌유출"(*beneficial brain drain*) 이론의 중심적인 주장은 두뇌유출이 개인의 인적 자본 투자의 경제적 유인을 제공한다는 것이다. 이민이 불가능한 폐쇄적 경제와 이민이 가능한 개방경제를 생각해 보자. 어느 경제에서 인적 자본의 투자 수준이 높을 것인가? 후자의 경우에 개인의 인적 자본 투자가 더욱 활발할 것이다. 이민이 불가능한 경제에서는 인적 자본에 대한 투자가 사회적 적정 수준보다 낮아질 수 있다. 지식 생산과 확산에 긍정적인 외부효과가 존재한다면 인적 자본 투자의 사회적 이익이 사적 이익보다 크기 때문이다. 유익한 두뇌유출 이론은 인적 자본의 해외이주 가능성이 인적 자본에 대한 과소투자의 문제를 완화시켜줄 수 있다고 본다.

첫째, 두뇌유출은 국내 고급인력의 상대적 희소성(*relative scarcity*)을 발생시켜 인적 자본 투자의 국내 수익률을 증가시킨다. 그 결과 국내에 남아 있는 개인들의 인적 자본 투자가 증가한다. 둘째, 해외이주가 사람들이 선택할 수 있는 선택지의 하나로 인정되면 인적 자본 축적의 수익이 증가하여 국내 인적 자본 투자의 유인이 증가할 수 있다. 후진국과 선진국 사이에는 상당한 임금격차가 존재한다. 따라서 해외이주의 가능성은 인적 자본 투자의 기대수익률을 높인다. 셋째, 모든 투자에는 위험이 따

---

6) 새로운 방향의 두뇌유출 연구에 관해서는 Stark(2004, 2005)를 참조하기 바란다.

른다. 인적 자본에 대한 투자도 마찬가지이다. 해외 이주는 노동시장 상황의 변화에 따라 발생할 수 있는 인적 자본 투자위험에 대한 안전장치의 기능을 할 수 있다. 넷째, 두뇌유출의 긍정적 효과는 비단 개인에게 국한되는 것은 아니다. 두뇌유출로 인한 인적 자본 투자의 증가는 사회 전체적인 이득을 발생시킨다. 국내의 인적 자본 축적이 증가함에 따라 지식의 외부효과(*spillover effect*)로 인해 사회 전반적인 인적 자본의 수준이 향상되고 생산성이 제고될 수 있다. 이러한 여러 메커니즘의 작동을 통해 고급인력의 해외이주가 직접적인 인적 자본 감소를 능가하는 수준의 인적 자본 축적을 가져오는 경우에는 두뇌유출은 전체적으로 유익한 결과를 산출하게 된다.

과연 고급인력 국제이동의 인적 자본 투자유인 증대효과, 즉 두뇌효과(*brain effect*)가 인적 자본 상실효과 즉, 유출효과(*drain effect*)를 압도하여 "유익한 두뇌유출"(*beneficial brain drain*)이 실제로 발생하고 있는 것일까? Beine et al. (2008)은 교육수준별 이민 자료를 이용하여 이 문제를 실증적으로 분석하고 있다. 1990년과 2000년 세계 개발도상국 127개국의 횡단면 자료를 이용한 그들의 실증분석 결과에 의하면, 고등교육을 받은 고급인력의 해외유출률을 두 배로 증가시키면 국내의 인적 자본 축적률이 5% 증가한다. 이러한 결과는 추정방법이나 모델 설정을 달리하여도 안정적으로 나타난다. Beine et al. (2008)은 개별국가별로 두뇌유출의 순 효과를 시뮬레이션 한 결과도 제시하고 있다. 인적 자본의 수준이 낮고 이민율도 낮은 국가에서는 정(+)의 순 효과가 나타나는 경우가 대부분이다. 반면 고등교육을 받은 사람의 이민율이 20%를 상회하고 고등교육을 받은 사람의 비율이 5% 이상인 국가에서는 부(-)의 효과가 나타난다. 따라서 국가의 인적 자본 축적 수준과 고급인력의 국제이동률에 따라 두뇌유출로 인해 이익을 보는 국가와 손해를 보는 국가가 존재한다. 그러나 모든 국가를 종합하여 보면 개발도상국들은 두뇌유출을 통해 순이익을 얻는 것으로 Beine et al. (2008) 은 보고하고 있다. 이러한 연구결과는 선진국이 후진국의 가장 귀중한 인적 자본을 지속적으로 약탈해 간다는 두뇌유출에 대한 전통적인 관념이 실증적 증거가 결여된 주장이라는 사실을 보여주는 것이다.

(2) 두뇌순환

두뇌유출과 관련하여 추가적으로 고려되어야 할 개념은 두뇌순환(*brain circulation*) 이다. 두뇌순환은 외국으로 이주한 고급인력이 일정 기간이 지난 후 다시 본국으로 들어오는 역이주(*return migration*) 현상을 포함한다. 역이주자들은 유출된 두뇌가 아니라 본국의 귀중한 인적 자본이 된다. 장기적으로 보면 한 시기의 인적 자본 유출은 다른 시기의 인적 자본 획득(*gain*) 이 될 수 있다.

인도의 IT산업의 발전은 IT 전문가들의 이주 및 역이주와 밀접한 관련이 있다. 한국의 ICT 산업의 발전은 두뇌순환의 대표적인 사례로 거론된다(OECD 2008a). 한국은 고급인력에 대해 높은 보수와 흥미로운 일자리를 제공함으로써 해외로 이주했던 과학자, 엔지니어 및 연구자들을 대규모적으로 다시 국내로 끌어들이는 데 성공하였다고 평가된다.[7)]

본국으로의 역이주는 두뇌순환과 관련하여 중요한 함의를 가진다. 역이주자들은 선진국에서 첨단지식이나 기술을 새로이 습득하거나 자신의 기술을 업그레이드 한 사람들이다. 그리고 본국으로 돌아와 첨단지식을 확산시키며 선진국과의 교류를 통해 지속적으로 새로운 지식을 전파한다. 따라서 본국은 선진국의 과학기술 첨단 분야의 지식을 빠른 시일 내

7) 이는 *Wall Street Journal*의 1989년 기사에 잘 표현되어 있다. "'재미 한국인은 우리에게 중요한 자원이 되고 있다'라고 한국의 과학기술부 차관은 말한다. 한국에서 급속히 발전하고 있는 반도체 산업에서의 대기업 — 삼성, 금성, 현대전자 — 의 최고 경영진은 Intel, Honeywell과 Digital Equipment 등에서 최근까지 일하던 사람들이다"(OECD 2008a에서 재인용).

에 쉽게 파악할 수 있다.

두뇌순환의 또 다른 측면은 외국에서 역이주한 고급인력과 선진국과의 네트워크를 통한 지식이전(*knowledge transfer*)이다. Saxenian & Hsu (2001)는 실리콘밸리와 대만의 신쭈시(新竹市) 사이의 강한 유대를 지적한다. 두 도시 사이의 유대는 미국에서 교육받고 돌아온 대만 엔지니어에 의해 확립되었다. 이들은 자본, 기술과 정보를 가지고 대만으로 돌아왔다. 뿐만 아니라 실리콘밸리 내의 중국 네트워크와의 관계를 지속적으로 유지하였으며, 실리콘밸리와 대만의 신쭈시 사이의 사회적 및 경제적 가교 역할을 수행하였다. 이러한 지적 네트워크의 형성은 잘 알려지지 않았지만 대만의 IT 산업발전의 촉매제가 되었다. 나아가 대만기업이 미국의 최신기술을 따라잡고 첨단 세계시장에서 경쟁할 수 있는 경쟁력의 원천이 되었다고 지적한다.

두뇌순환은 단기적 이주를 통해 발생할 수도 있다. 앞에서 지적한 것처럼, EU국가의 고급인력의 이동 패턴은 보다 일시적이고 순환적인 방향으로 변하고 있다(Ackers, 2005). 단기체류는 거주 이전의 자유가 확대됨에 따라 그리고 이동비용과 새로운 정보전달 수단이 개발됨에 따라 더욱 활발해지고 있다. 심지어는 가족은 한 국가에 거주하고 고급인력이 다른 국가로 출퇴근하며 일하는 경우도 빈번해지고 있다. 앞에서 설명한 실리콘밸리와 대만의 신쭈시 사이의 연결도 고급인력의 일시적·순환적 이동의 좋은 예이다. 양 지역을 왔다 갔다 하면서 두 지역의 경제적 관계를 조정하는 고급인력이 상당수에 달한다. 엔지니어, 경영자, 엔젤투자자와 벤처자본가 등을 포함한 이들은 실리콘밸리와 대만의 신쭈시 사이를 한 달에 한두 번씩 오고가면서 기업이윤을 추구한다. 이러한 빈번한 이동은 양 지역 사이의 기술과 지식의 쌍방향 통로를 개척하는 데 큰 기여를 하였다고 평가된다(Saxenian & Hsu, 2001).

두뇌순환은 학술회의나 공동 연구작업에 의해서도 이루어질 수 있다.

이 경우 과학자나 엔지니어들은 일 년에 한 달 또는 두 달씩 해외에 체류하면서 작업을 하게 된다. 이것을 고급인력의 이주로 볼 수는 없을 것이다. 그러나 이러한 형태의 국제이동의 증가가 영구적 이주, 일시적 이주 그리고 "일을 위한 여행"(*travel for work*)의 구별을 점점 불분명하게 만든다는 것은 분명하다.

주의해야 할 점은 역이주가 반드시 지식 이전을 수반하지는 않는다는 것이다. 두뇌순환을 통해 바람직한 결과가 발생하려면 역이주한 과학자 등의 고급인력이 지역 노동시장에 원활하게 재진입할 수 있어야 한다. 또한 역이주한 고급인력의 기술과 지식이 활용되고 잘 발휘될 수 있는 시장환경 및 연구환경이 조성되어 있어야 한다. 기술과 지식은 그것이 사용되는 환경과 밀접하게 관련되어 있다. 만일 되돌아온 고급인력을 활용할 조건이 결여되어 있다면 고급인력의 역이주는 오히려 의도하지 않은 부작용만 발생시킬 수도 있다. 따라서 고급인력의 역이주를 장려하는 단순한 정책만으로는 두뇌순환의 긍정적 효과가 극대화될 수 없다.

(3) 이주자 커뮤니티와 지식생산

해외로 이주한 과학자와 경영자 커뮤니티(*ethnic scientific and entrepreneurial communities*)는 모국과의 지식 네트워크를 형성하는 중요한 파트너이다. 따라서 해외 지식생산과 활용이라는 관점에서의 이주자 커뮤니티(*diaspora*) 정책이 필요하다. 이주자 커뮤니티 정책은 자국 고급인력의 역이주를 포기하고 대신 활용에 중점을 두겠다는 소극적 관점이 아닌 보다 적극적인 차원에서 이해할 필요가 있다. 이주자 커뮤니티는 본국과 관련하여 여러 긍정적 기능을 수행한다. 첫째, 본국의 과학기술 인력에 대해 조언자와 역할모델로서의 역할을 수행할 수 있다. 둘째, 이주자 커뮤니티는 해외투자자와의 빈번한 접촉을 통해 본국의 경제적 사정, 기술적 역량 및 문화에 대한 보다 정확한 정보를 제공함으로써 본국에 대한 해외투자를 활성화한다. 야후, 휴렛 팩커드(Hewlett Packard) 그리고 제너럴 일렉트릭(General Electric) 등이 인도에 R&D센터를 개설한 것은 이들 미국회사에서 근무하는 인도 과학자나 엔지니어에 대한 미국회사들의 긍정적 평가에 기인한 바가 크다(Kapur, 2001). 셋째, 이주자 커뮤니티는 본국으로 지식과 정보가 흘러들어가는 통로로서 기능하여 지식의 창출과 확산에 기여한다. 비록 해외로 이주하였다 하더라도 이주한 개인의 본국과의 사회적 유대는 본국과의 지속적인 지식교류 가능성을 높여준다. 따라서 이주자 커뮤니티는 두뇌순환의 중요한 일부분을 구성한다.

이주자 커뮤니티의 인적 구성의 특징과 본국의 정치·경제적 상황, 본국과 이주국 사이의 소득 격차, 본국의 제도, 외부로부터의 영향력을 흡수하려는 본국의 수요와 의지 등 여러 가지 요인들이 기술과 지식의 전파에서 이주자의 커뮤니티가 담당하는 역할을 결정한다. Kuznetsov(2006)는 본국의 조건과 고숙련 이주자 커뮤니티의 규모와 수준에 근거하여 이주자 커뮤니티가 어떻게 본국과 관련을 맺게 되는지를 정형화하여 묘사하고 있다. 〈표 4-9〉는 고급인력 이주자 커뮤니티를 위에서 제시한 요인을 고려하여 여섯 가지 유형으로 나누고 이주자 커뮤니티와의 연계 및 활용과 관련된 정책방향을 제시하고 있다. 우호적인 성장조건과 많은 고급인재를 보유한 가장 이상적인 경우에는 두뇌순환과 고급인재의 역이주가 매우 역동적으로 이루어지며, 이주자 커뮤니티는 본국의 지식생산 네트워크 일부로서 전문지식과 자본의 직접적인 제공자로서의 역할을 담당한다. 여기에서 해외로 이주한 고급인력은 본국의 지식기반 사회로의 이행에 핵심적인 자원이 된다.

성공적인 이주자 네트워크의 예는 인도의 이주자 커뮤니티(*Indian diaspora*)에서 찾아볼 수 있다. 이들은 인도의 IT 산업과 아웃소싱 산업의 발전에 핵심적 역할을 수행하여 왔다. 해외거주 인도 커뮤니티는 인도의 IT 산업 등의 인력수요에 부응하기 위해 인도에 국제 비즈니스학교

(International School of Business)를 설립하였다. 해외대학에서 가르치는 많은 인도교수들이 안식년을 이 학교에서 보내며 인도학생들을 가르친다. 미국, 영국, 캐나다에 거주하는 다수의 인도인들이 인도의 제너럴 일렉트릭, IBM, 인텔 등의 회사에서 일하고 있다. 이들 중 일부는 자신의 사업을 시작하기 위해 인도로 되돌아간다. 미국의 인도 기업가와 실리콘밸리의 인도 두뇌들은 본국에서의 투자기회를 개척하기 위한 벤처캐피탈 회사의 대리인으로서 활동한다. 미국의 벤처기업들은 R&D 비용을 줄이기 위해 인도에 지사를 개설하고 있다. 2004년 현재 150개의 신생

〈표 4-9〉 이주자 커뮤니티(*diaspora*)의 특징

이주자 커뮤니티 (*diaspora*)의 성격	본국의 조건		
	불 리	보 통	유 리
상대적으로 규모가 크고, 성숙하고, 잘 조직된 커뮤니티(*sophisticated diaspora networks*)			
해외 이주 인재의 역할	해외정보 수집의 안테나 및 역할 모델	지식집약적 가치 체인으로 이동하는 출발점	지식기반 경제로의 이행의 핵심적 자원
정 책	이주자 커뮤니티를 개혁에 관한 대화에 참여시키고, 가시적인 시범적 프로젝트를 실시	지식순환 네트워크의 구축; 역이주의 장려	역이주의 장려: 정교한 지식순환 네트워크의 구축
국 가	아르메니아, 방글라데시, 스리랑카	엘살바도르, 인디아, 베트남	중국, 한국, 대만
상대적으로 관련이 작은 커뮤니티(*emerging diaspora networks*)			
해외 이주 인재의 역할	해외정보 수집의 안테나 및 역할 모델	점진적 관여	지식집약적 성장의 시발점
정 책	이주자 커뮤니티를 개혁에 관한 대화에 참여시키고, 가시적인 시범적 프로젝트를 실시	해외이주자 네트워크 구축; 해외 인재의 역이주를 장려정책의 착수	지식순환 네트워크의 확립: 역이주의 장려
국 가	컬럼비아, 나이지리아, 러시아, 우크라이나, 코모로스	브라질, 멕시코, 기타 라틴 아메리카, 파키스탄, 남아프리카, 이행경제 국가	크로아티아, 칠레, 헝가리, 슬로베니아, 말레이시아, 태국

출처: Kuznetsov(2006).

〈표 4-10〉 고숙련 노동력 유출의 효과

	긍정적 효과	부정적 효과
과학기술 효과	• 지식교류 및 협력 강화. 외국에서 교육받고 고도의 인적 자본을 축적한 내국인의 귀국으로 외국의 연구개발 기관과의 유대 증대 • 외국의 국내 고숙련 인력 이주자 네트워크의 벤처 투자 • 해외에서 성공한 기업가에 의한 귀중한 경영 경험의 도입 및 세계 네트워크(*global networks*)에의 접근	• 두뇌유출(*brain drain*) • 고숙련 인력과 학생의 부재로 인한 생산능력의 상실
인적 자본 효과	• 내국인의 인적 자본 축적 유인 증가 • 고숙련 인력의 해외이동 가능성은 교육투자의 수익을 높이고 위험을 감소시킴 • 외부효과를 통한 국내 생산성 증가	• 고등교육에 대한 공공투자 수익의 감소 및 공적자원의 낭비

출처: OECD(2008a).

벤처기업이 인도에 지사를 개설하고 있다고 한다(OECD, 2008a). 또한 인도 출신 경영인이 운영하는 미국회사들은 인도회사들로 하여금 무선통신, 반도체 등의 분야에 지적소유권을 창출하도록 필요한 자금을 제공하고 있다. 대만 역시 미국에서 교육받은 엔지니어와 기업가로부터 비슷한 형태의 많은 도움을 받고 있다. 이들은 두 경제의 연결고리이며 대만의 IT 산업의 발전에 큰 기여를 하였다고 평가된다.[8] 〈표 4-9〉에서 알 수 있듯이 한국 역시 해외 이주자 커뮤니티의 긍정적 기능이 잘 발휘되고 있는 국가로 평가받고 있다.

〈표 4-10〉은 이상에서 논의된 고급인력 국제이동의 다양한 효과를 정리한 것이다. 종전의 두뇌유출이라는 관점에서 보면 고급인력의 유출은 유출국의 인적 자본과 지식형성에 부정적인 영향을 미친다. 그러나 유익한 두뇌유출이나 두뇌순환의 관점에서 보면 두뇌유출이 반드시 유출국의

8) 자세한 내용은 OECD (2008a) pp. 57-58 참조.

인적 자본이나 지식형성에 부정적인 영향만 가져오는 것은 아니다. 고급인력의 유치나 이동과 관련하여서는 종래의 두뇌유출이라는 소극적인 관점에서 벗어나 두뇌순환이라는 적극적인 관점에서 접근해야 할 것이다.

4. 고급인력 유치정책의 국제비교

세계 각국은 고급인력의 유치를 위해 다양한 접근을 시도하고 있다. 물론 경제상황이 상이하고 고급인력 유치 및 이동정책에 대한 시각의 차이가 존재하기 때문에 국가별 특징이 존재한다. 그러나 선진국은 예외 없이 고급인력의 유치가 경제성장의 관건이라는 인식을 공유하고 있기 때문에 구체적인 정책수단의 유사점을 찾는 것이 어렵지 않다. 이하에서는 선진국에서 공통적으로 사용하고 있는 고급인력, 특히 과학기술인력 유치정책을 (i) 경제적 인센티브의 제공 (ii) 외국인력 유치를 위한 이민정책 (iii) 외국에서 취득한 자격의 인정 (iv) 사회적 · 문화적 지원 (v) 외국에서의 연구에 대한 지원으로 나누어 살펴보기로 한다.

우선 대부분의 선진국들은 고급인력 유치를 위해 경제적 인센티브를 제공하고 있다. 경제적 인센티브 제공은 대학 등의 펠로십(*fellowship*), 연구비 지원, 장학금과 생활비 제공, 세제혜택 또는 보조금과 기타 정책 등 다양한 형태로 나타난다. 〈표 4-11〉은 이러한 정책들을 국가별로 정리한 것이다. 국가마다 경제적 인센티브 제공의 정도에 큰 차이를 보인다. 예를 들어 체코와 같은 국가는 고급인력의 유치를 위해 아무런 경제적 인센티브도 제공하지 않고 있다. 핀란드와 스위스는 고급인력 유치노력을 한두 개의 정책에 집중하고 있다. 스위스에서 경제적 인센티브의 제공이 뚜렷하게 나타나지 않는 이유는 고급인력에 대한 높은 보수 또는 다른 조건들로 인해 스위스가 이미 많은 외국 고급인력을 유치하고 있기 때문일 것이다. 한국과 뉴질랜드의 경우에는 다양한 종류의 경제적 인센티브를 모두 제공하고 있는 국가이다. 영국은 인센티브 프로그램의 수가 많을 뿐만 아니라 범위도 광범위하여 고급인력 유치에 가장 적극적인 나라라고 할 수 있다.

〈표 4-12〉는 고급인력 유치를 활성화하기 위한 선진국의 이민정책을 정리하고 있다. 약 반수 정도의 국가는 일반적인 고급인력 이주정책의 일환으로 과학기술인력에 대한 유치정책을 실시하고 있다. 또한 과학기술인력의 유치를 위해 과학기술인력을 대상으로 한 특별비자, 비자 발급 요건의 완화 또는 발급기간의 단축 등의 프로그램을 운영하고 있다. EU는 위원회 명령으로 2005년부터 과학비자(*scientific visa*) 제도를 도입하였

〈표 4-11〉 고급두뇌인력 유치를 위한 경제적 인센티브의 제공

국가	대학 등의 펠로십	연구비 지원	장학금과 생활비 제공	세제혜택 또는 보조금	기타
호주	✔✔✔✔✔✔✔✔				✔
오스트리아	✔	✔✔✔			
벨기에	✔✔✔	✔✔✔	✔✔		
캐나다	✔	✔✔✔✔			✔
체코					
핀란드		✔		✔	
일본	✔✔✔✔	✔	✔✔✔		✔
한국	✔	✔✔✔	✔✔	✔	✔✔
네덜란드		✔✔✔✔			✔
뉴질랜드	✔✔	✔	✔	✔	✔✔✔
노르웨이		✔✔✔	✔✔✔		
남아프리카	✔	✔✔	✔		✔✔
스위스		✔			✔✔
영국	✔✔✔✔✔	✔✔✔	✔✔✔✔✔		✔✔✔✔✔✔
EC		✔✔			

주: ✔는 지원프로그램의 수를 말한다.
출처: OECD, Questionnaire on the International Mobility of Researchers, 2007d.

〈표 4-12〉 고급두뇌인력 유치를 위한 이민정책

국 가	과학기술인력에 대한 절차 간소화	과학기술 인력 대상 특별 비자	고숙련 인력 일반에 대한 이민 정책
호주		있음: Business Long-Stay visa, Educational visa, Visiting Academic visa	있음
오스트리아	있음	있음: Scientific visa(EC Directive 2005/71)	있음: 지역사회, 연방정부, 대학 등을 통해
캐나다	있음: Canada Research Chairs에 지원하는 사람은 Labor Market Opinion 요건을 면제[1]	있음: Off-Campus Work Permit	있음
체코	있음	있음: Scientific visa(EC Directive 2005/71)	있음
핀란드	이민국과 고등교육기관 사이의 협조를 통한 비공식적 배려		
일본	있음	있음: Multiple Entry visa	있음: 국제본부를 대학에 유치하기 위한 전략적 펀드
한국		있음: Science Card, IT Card, Gold Card	
네덜란드		있음: Scientific visa(EC Directive 2005/71)	있음: 신속한 절차, 가족에 대한 간편한 절차
뉴질랜드	있음: 인력이 부족한 직업에 한해		있음
노르웨이	동반가족에 대한 간편한 절차	있음: 연구자, 장학금 수혜자, 강사 등에 대한 work permit	있음: 숙련 노동자에 대한 취업 허가(*quota system*)
남아프리카		외국전문가에 대한 취업 허가(2002년 이민법)	있음
스위스			있음: EU-EFTA 이외 국가
영국	있음: 특정 학생에 대해서는 취업허가요건 적용 안함.	EEA 이외의 국민에 대한 Sponsored Researcher work permit	
EC		있음: Scientific visa(EC Directive 2005/71)	

주 1: www.chairs-chaires.gc.ca
출처: OECD. Questionnaire on the International Mobility of Researchers. 2007d.

으며, 오스트리아, 벨기에, 체코 및 네덜란드 등의 국가에서는 EU 명령이 이미 국내법으로 입법화되어 시행되고 있다. EU회원국은 과학비자제도를 2007년까지 국내법으로 입법화해야 한다.

한국도 과학기술인력에 대한 특별 비자 프로그램을 운영하고 있다. Science Card, IT Card, Gold Card 제도가 그것이다. 그러나 과학기술인력의 입국과 관련된 특별한 완화된 절차나 일반적인 고급인력 이주 정책은 존재하지 않는다. 따라서 과학기술인력을 포함한 외국 고급인력 유치를 장려하기 위한 새로운 제도의 설계가 요구된다.

과학기술인력의 유치를 위해 많은 국가들이 실시하고 있는 정책 중의 하나는 외국에서 취득한 자격의 인정이다. 대부분의 국가는 외국에서 취득한 자격에 관한 정보를 수집하고 평가하는 공적 기관을 가지고 있으며 이들 중 일부는 자격에 관한 일반적인 정보제공 기능도 수행하고 있다. EU에 의해 운영되는 ENIC-NARIC 네트워크는 다수의 회원국 기관에게 자격정보를 제공하고 있다. 스위스는 양자간 협정을 통해 학위나 자격을 공적으로 인증하고 있으며, 캐나다는 연방차원의 인증 프로그램을 운영하고 있다. 한국의 경우는 아직 이러한 인증제도가 도입되고 있지 않다.

〈표 4-13〉은 과학기술인력의 유치를 위한 각국의 사회적·문화적 지원정책을 제시하고 있다. 대다수 국가들은 이민자가 새로운 환경에 적응하는 것을 돕기 위한 지원 프로그램을 운영한다. 지원 프로그램과 서비스는 NGO, 지역사회, 교육기관, 정부 등에 의해 제공된다. 그러나 이러한 지원책이 고급인력이나 과학기술인력만을 대상으로 하는 정책은 아니다. 몇몇 국가들은 웹사이트를 통해 과학기술인력을 대상으로 각국에 관한 취업정보 제공, 취업알선, 연구기금에 관한 정보나 기타 정보를 제공하기도 한다. 과학기술인력 또는 고급두뇌 인력을 타깃으로 하는 지원정책을 실시하고 있는 국가로는 오스트리아, 벨기에, 네덜란드와 영국을 들 수 있다. 이들 국가에서는 Researcher Mobility Center를 운영하고 있

다. 이들 센터는 대학에 지역센터를 가지고 있으며 이주 연구자들을 위한 다양한 서비스를 제공하고 있다. 〈표 4-13〉에 나타난 것처럼 한국은 고급인력에 대한 사회적·문화적 지원 프로그램을 운영하고 있지 않다.

〈표 4-14〉는 외국에서의 연구를 장려하기 위한 각국의 정책을 보여준다. 지금까지의 정책들이 과학기술인력의 유입을 촉진하기 위한 정책이었다면 이 정책은 반대로 국내 과학기술인력의 해외연구를 장려하는 정책이다. 지원은 연구비 지원, 장학금, 여행 및 생활비 보조, 교환 프로그

〈표 4-13〉 고급두뇌인력 유치를 위한 사회적·문화적 지원

국가	서비스 제공자	Web 정보	일반적 지원
호주			있음
오스트리아	Mobility Center 2개 지역서비스센터 33개	www.researchinaustria.info	있음: 지역사회, 연방정부, 대학이 제공
벨기에	Mobility Center 20개	www.eracareers-begium.be	
캐나다			
체코	Mobility Center 8개	www.eracareers.cz	있음: NGO를 통해
핀란드		www.aka.fi	있음: 지역사회와 고등교육기관이 제공
일본			있음: 국제본부를 대학에 유치하기 위한 전략적 펀드를 통해
한국			
네덜란드	Mobility Center 3개	www.eracess.nl	
뉴질랜드			있음: 정부기관이 제공
노르웨이			
남아프리카			있음
스위스			있음: 통상적인 외국인 지원의 일환으로
영국	Mobility Center 12개	www.britishcouncil.org/new/science/	
EC	Eropean Network of Mobility Centers(32개국 200개 센터)	ec.europa.eu/euraxess	

출처: OECD. Questionnaire on the International Mobility of Researchers. 2007d.

램 등 다양한 프로그램을 통해 이루어지고 있다. 〈표 4-14〉에서 나타나는 특징은 과학기술인력의 유치정책에 비해 해외연구에 대한 지원정책은 지원 정도와 다양성이 떨어진다는 점이다. 물론 국가별로는 차이를 보인다. 다른 지원과 마찬가지로 영국은 가장 폭넓은 지원 프로그램을 운영하고 있다. 반면 오스트리아 같은 국가는 대학 등에서의 펠로십 프로그램만을 가지고 있다. 한국은 고급인력의 해외연구를 지원하기 위한 프로그램을 비교적 다양하게 제공하고 있다.

〈표 4-14〉 해외연구의 지원 정책

국 가	연구비 지원과 장학금	대학 등의 펠로십	여행 및 생활비 제공	교환 프로그램	기 타
호주	✔✔✔	✔✔✔✔✔✔✔			✔
오스트리아		✔✔✔✔✔✔			
벨기에	✔✔		✔✔✔✔	✔	
캐나다	✔✔✔	✔✔			✔
체코	✔✔	✔			✔
핀란드	✔✔(대부분의 프로그램은 해외에서의 연구를 위한 연구비와 여행비용 포함)		✔✔		
일본	✔	✔		✔	✔
한국	✔✔✔		✔✔	✔	
네덜란드	✔✔		✔		✔
뉴질랜드		✔✔	✔		✔
노르웨이	✔✔✔✔✔		✔		
남아프리카	✔	✔	✔✔✔✔		
스위스		✔	✔	✔	
영국	✔✔✔✔✔	✔	✔✔✔	✔	✔✔✔✔✔
EC					

주: ✔는 지원프로그램의 수를 말한다.
출처: OECD. Questionnaire on the International Mobility of Researchers. 2007d.

5. 고급인력 유치전략의 방향

세계화된 지식기반 사회에서 한국 경제가 지속적인 성장을 유지하기 위해서는 국내외 고급인력을 활용한 지식창출 메커니즘을 정교하게 다듬는 작업이 필요하다. 한국은 과거부터 이 문제의 중요성을 절실하게 인식한 국가 중의 하나였고 비교적 성공적으로 국내외 고급인력을 잘 활용해 온 국가라고 할 수 있다. 한국의 고도 경제발전은 국내외 고급 인적 자본의 효율적 활용에 의해 가능하였다고 해도 과언은 아니다.

세계적으로 고급인력의 국제이동이 활발해짐에 따라 고급인력을 유치하기 위한 국가 및 기업의 경쟁이 격화되고 있다. 고급인력 획득을 위한 치열한 세계적 경쟁에서 뒤처지지 않기 위해서는 지금보다 더 체계적인 노력이 경주되어야 한다. 현 시점에서 가장 시급한 것은 고급인력 국제이동에 관한 명확한 거시전략의 수립이다. 국내의 고급인력, 해외의 한국 고급인력 및 외국 고급인력의 유치, 활용과 이동에 대한 종합적인 전략이 수립되어야 한다. 그리고 그동안 단편적으로 진행되어 온 여러 정책들을 새로운 전략에 맞추어 재정비함으로써 정책 상호간의 일관성(*coherence*)을 추구해야 한다.

새로운 고급인력 활용전략은 종래의 두뇌유출(*brain drain*)이라는 수동적 관점이나 두뇌획득(*brain gain*)이라는 일방적인 관점이 아니라 두뇌순환(*brain circulation*)이라는 전향적인 관점에서 접근해야 한다. 사실 지금까지 한국의 고급인력 활용정책은 명시적이지는 않지만 암묵적으로 두뇌순환의 관점에서 이루어져 왔다고 볼 수 있다. 많은 학생들이 해외로 나가 외국의 고등교육기관에서 교육받고 고급인력으로 양성되었다. 정부는 해외 고급인력에 대한 적극적인 유치정책을 실시하였으며 이들 중 상당수는 국내로 돌아와 국내의 지식창출과 확산에 기여하였다. 해외의 한국 고급인력 커뮤니티는 본국과의 긴밀한 관계를 유지하면서 한국의 경제와 기술발전에 다양한 측면에서 큰 기여를 하였다. 한국의 고급인력 정책은 많은 인력이 외국에서 고급인력으로 양성되고 이들이 한국사회의 지식 창출과 확산에 기여하는 순환적 메커니즘으로 압축될 수 있다. 이러한 두뇌순환 전략(*brain circulation strategy*)은 앞으로도 지속적으로 유지해야 한다.

다만 상대적으로 부진한 영역은 외국 고급인력의 유치이다. 한국은 일본과 함께 외국의 고급인력의 보유율이 매우 낮으면서도 R&D가 활발하게 이루어지고 있는 국가이다. 이는 한국이 국내인력과 외국에서 돌아온 고급인력 및 재외 국내인력을 주로 활용하여 R&D활동을 수행하여 왔음을 의미한다. 그러나 기술의 순환주기가 빨라지고 R&D활동의 국제화 및 고급인력에 대한 경쟁이 치열해지고 있는 시점에서 기존의 한국인 위주의 R&D 모형은 한계를 지닐 수밖에 없다. 최근 들어서는 기업이나 대학 등을 중심으로 외국 고급인력의 유치가 본격적으로 시작되고 있는 실정이지만, 이를 촉진하기 위해서는 새로운 정책적 배려가 필요하다.

두뇌순환의 관점에서 보면 고급인력의 활발한 유출입을 통해 지식생산이 극대화되는 효율적인 메커니즘을 창출하는 것이 중요하다. 핵심은 국적을 불문하고 세계 각국의 고급인력을 적극적으로 활용할 수 있는 글로벌 네트워크를 구축하는 것이다.

첫째, 고급인력의 유출 측면에서는 기존의 정책기조를 유지하면 될 것이다. 사실 한국의 고급 인적 자본은 주로 사적 동기에 의해 축적되어 왔기 때문에 정부정책으로 규율하기에는 일정한 한계가 있다. 다만 첨단산업을 위시한 성장동력을 제공할 수 있는 특정 분야에 대해서는 외국유학이나 외국에서의 연구활동이나 공동연구 등을 장려하는 기존의 프로그램을 전략적으로 확대할 필요가 있다.

둘째, 해외에 있는 한국의 고급인력 커뮤니티(*Korean highly skilled diaspora*)와 국내 고급인력 및 기관 간의 긴밀한 네트워크 형성이 필요하다. 이러한 네트워크 구축의 주체는 물론 기업이나 대학 등 사적 당사자이다. 그러나 네트워크 구축을 위한 정보수집과 제공 측면에서의 정부의 역할은 지금보다 강화되어야 한다. 따라서 기존 박사학위 소지자를 중심으로 한 해외 고급인력 정보수집 대상을 과학기술인력 전반과 전문경영인 등으로 확대하고, 수집되는 정보의 질을 제고해야 한다. 이를 기반으로 고급인력을 필요로 하는 기업 등에게 필요한 정보를 적시에 제공하여줄 수 있는 국가적인 정보제공시스템이 구축되어야 할 것이다. 또한 재외 고급인력의 역이주를 활성화할 수 있는 보다 적극적인 정책도 필요하다. 이중국적의 허용요건의 대폭 완화 등도 전향적으로 검토해야 한다.

셋째, 외국 고급인력의 유치를 위해서는 다양한 관점에서의 접근이 필요하다. 노동시장이 국제화되고 지식의 생산 역시 국제화되는 추세를 보면 외국 고급인력의 유치가 점차 중요해질 것이다. 앞에서 살펴본 것처럼 국제비교의 관점에서 볼 때 우리나라의 두뇌획득(*brain gain*) 정책은 선진국과 비교하여 특별히 부족한 것은 없다. 다만 외국 고급인력에 대한 보다 간편한 출입국 절차의 마련, 외국 자격 인증제도의 도입 등은 개선의 여지가 있는 부분으로 지적된다. 가장 취약한 부분은 사회적 · 문화적 정책 영역이다. 사실 한국과 외국 사이에는 상당한 사회적, 문화적 차이가 있기 때문에 외국 고급인력의 영구적 유치에는 한계가 있다. 한국의 경제수준이 더욱 향상되고 제도와 관행이 세계적 관행에 근접할 때까지는 본격적인 외국 고급인력의 영구 유치는 어려울 것으로 판단된다. 따라서 현재 가능한 대안은 해외 고급인력들이 자유롭게 출입하면서 국내의 지식창출과 확산을 촉진하는 단기 유치모델이다. 이를 위해서는 외국 고급인력의 단기체류와 신속한 이동을 가능하게 하는 출입국 제도의 개편이 필요하다.

참고문헌

이규용 외. 2007. "외국인력 노동시장 분석 및 중장기 관리체계 개선방향 연구" 한국노동연구원.

교육과학기술부. 2009a. "2008 국내 외국인 유학생 통계".

______. 2009b. "2008 국외 한국인 유학생 통계".

Ackers, L. 2005. "Moving People and Knowledge: Scientific Mobility in the European Union," *International Migration* 43(5): 99~131.

Aydemir, A. and C. Robinson. 2006. "Return and Onward Migration among Working Age Men," Statistics Canada Analytical Studies Branch Research Papers Series, No. 273. Ottawa.

Auriol, Laudeline. 2007. "Labor Market Characteristics and international Mobility of Doctorate Holders: Results for Seven Countries." STI Working Paper. OECD.

Brastberg, B., O. Raaum and K. Sorlie. 2007. "Foreign-Born Migration to and from Norway." in C. Ozden and M. Schiff eds., International Migration, Economic Development and Policy, The World Bank.

Bhagwati, J. and J. Wilson. 1989. *Income Taxation and International Mobility*, Cambridge, MA: MIT Press.

Beine, M., F. Docquier and H. Rapoport. 2001. "Brain Drain and Economic Growth: Theory and Evidence," *Journal of Development Economics* 64(2): 275~289.

Beine, M., F. Docquier and H. Rapoport. 2008. "Brain Drain and Human Capital Formation in Developing Countries: Winners and Losers," *The Economic Journal* 118: 631~652.

Carrington, W. and E. Detragiache. 1999, "How Extensive Is the Brain Drain?" *Finance and Development* 36: 46~49.

D′Costa, A. 2007, "Adjusting to Globalization: Japan and the Mobility of Asian Technical Talent." Asia Research Institute Working Paper

Series No. 97.

DIAC (Department of Immigration and Citizenship). 2007. "Emigration 2005~06: Australia", Research and Statistics Section, March, Canberra.

Freeman, R. 2006. "People Flows in Globalization," *Journal of Economic Perspectives* 20(2): 145~170.

Kapur, D. 2001. "Diaspora and Technology Transfer," *Journal of Human Development* 2(2): 265~286.

Kim, S. 2006. "Brain Drain, Brain Gain, and Korean Global Brain Network: A Critical Literature Survey and Research Agenda," Unpublished manuscript. Kuznetsov, Y., 2006, ed. Diaspora Networks and International Migration of Skills: How Countries Can Draw on their Talent Abroad, The World Bank.

Mahroum. S.. 2001. "Europe and the Immigration of Highly Skilled Labour," *International Migration* 39(5): 27~43.

OECD. 2007a. "OECD Science, Technology and Industry Scoreboard 2007: Innovation and Performance in the Global Economy," OECD.

OECD. 2007b. "Education at a Glance 2007," OECD.

OECD. 2007c. "Trends in International Migration Flows and Stocks 1975~2005", OECD Internal Working Document, 31 May.

OECD. 2007d. "Questionnaire on the International Mobility of Researchers".

OECD. 2008a. "The Global Competition for Talent: Mobility of the Highly Skilled". OECD.

OECD. 2008b. "A Profile of Immigrant Populations in the 21st Century: Data from OECD Countries". OECD.

Saxenian, A. and J. Y. Hsu. 2001. "The Silicon Valley-Hsinchu Connection: Technical Communities and Industrial Upgrading," *Industrial and Corporate Change* 10(4): 893~920.

Stark, Oded. 2004. "Rethinking the Brain Drain," *World Development*

32(1): 15~22.

Stark, Oded. 2005. "The New Economics of the Brain Drain," *World Economics* 6(2): 137~140.

Winkelmann, R. 2002. "Why Do Firms Recruit Internationally? Results from the IZA International Employer Survey 2000." in OECD. 2002. International Mobility of the Highly Skilled. OECD.

제5장

외국교육기관과 외국인학교의 유치와 발전

김 의 성
모 종 린

1. 서론

1997년 금융위기를 거치면서 외국인투자는 투자활성화를 넘어 국내 개혁과 국가경쟁력을 강화를 위한 핵심 정책 수단으로 인식되었다. 직접투자와 금융자본으로 시작한 외국인투자 열기는 2000년대에 들어오면서 교육 분야로 확산되었다. 교육시장 개방과 해외교육기관 유치 논리는 일반적인 외국인투자 유치 주장과 별반 다르지 않다. 해외 학교의 유치는 국내 교육시장의 경쟁압력을 강화하고 교육서비스 수지 및 외국인 투자 환경의 개선에도 기여한다는 것이다.

그러나 '외국교육기관' 유치에 대해서는 시행 초기부터 회의적인 분위기가 지배적이었다.[1] 교육시장 개방에 우호적인 전문가들도 우리나라에

---

1) 외국교육기관은 2005년에 제정된 외국교육기관특별법에 따라 인가되는 학교를 의미한다. 기존의 외국인학교와는 다른 법적 위치를 가진다. 외국교육기관과 외국인학교의 차이는 〈표 5-4〉에서 설명한다. 외국교육기관, 외국인학교, 미군 학교 등이 현재 우리나라에서 외국인 교육을 목적으로 운영되는 외국인 교육기관들이다.

해외 명문학교의 유치가 가능한지, 그리고 가능하다면 정부가 개입해야 하는지에 대해 의문을 제기했다. 지금까지의 사업성과를 보면 초기의 비판적인 의견이 불공평했다고 할 수 없다. 아직까지 별다른 유치실적이 없고 유치과정도 과도한 정부개입, 국내기관에 대한 역차별의 논란을 불러일으키는 등 순탄치 않았다.

외국교육기관을 유치하는 사업 자체가 문제라고 할 수는 없다. 교육의 세계화는 대세이며 정부도 우수 외국교육기관의 유치를 위해 노력해야 한다는 데에는 이의가 없다. 단지, 외국교육기관 유치가 왜 부진한지에 대해서는 현 시점에서 확실하게 규명할 필요가 있다. 정확한 원인 분석을 통해서만 올바른 해결방안을 찾을 수 있기 때문이다.

교육서비스 분야 중 우리 사회에 미치는 영향이 크고 외국인투자자의 실질적인 수요가 있는 분야는 초중등학교이다. 이 보고서는 초중등교육 분야의 문제점을 해결하기 위해서는 외국인 교육기관의 수급에 대한 기본 가정에서 그 실마리를 찾을 것을 주장한다. 외국교육기관 유치를 추진하는 지방정부의 기본 가정은 현재 우리나라에 신규 외국인 교육기관을 수용할 수 있는 규모의 외국인이 거주한다는 것이다.

그러나 현실은 그리 간단치 않다. 현재 한국에 거주하는 외국인 중에 외국인 교육기관(외국교육기관, 외국인학교, 미군학교 등)에 진학할 수 있는 인력은 3천 명 수준이며 이들은 이미 기존 외국인학교에 재학중이다. 앞으로도 외국인 교육기관 진학이 가능한 외국인의 수는 크게 늘어날 것으로 보이지 않는다. 동아시아 외국인을 유치하는 계획도 염두에 두는 듯하나 한국의 교육경쟁력을 고려할 때 현실적으로 실현 가능성이 적다. 정부가 외국인 교육기관에 대한 외국인 수요의 부족을 인정하지 않고 외국교육기관과 외국인학교를 신설하기 때문에 해외 학교 유치가 어렵고 기존 외국인학교의 운영도 위험해진다는 것이 우리의 시각이다.

그렇다면 외국인 수요가 부족한 상황에서 외국인 교육기관의 수를 늘리는 방법은 단 한 가지이다. 외국인 교육기관에 대한 내국인 수요를 활용하는 것이다. 이미 외국교육기관 이슈는 단순히 경제자유구역 내부의 교육환경 또는 외국인투자자의 문제가 아니고 내국인을 대상으로 한 글로벌인재 교육문제로 인식되고 있다. 정부도 제주영어교육도시에 위치한 외국교육기관에 한에서 내국인 입학을 전면 허용한 바 있다.

현실적으로도 외국교육기관을 따로 분리해서 관리하는 것이 단순하지 않다. 외국인학교, 국제중고등학교 등 경쟁적 관계에 있는 교육기관이 존재하기 때문이다. 이러한 상호연계 관계로 인해 해외학교 유치는 이미 기존 외국인학교 운영에 큰 변화를 주었다. 앞으로 외국교육기관의 개교가 시작되면 국제중고, 외국어고등학교, 자립형사립학교 등의 국내 글로벌인재 육성기관도 학생유치, 대학진학 등의 분야에서 적지 않은 영향을 받을 것으로 예상된다.

따라서 정부는 지금부터라도 외국인 교육기관에 대한 국내의 잠재 수요를 과감히 개방하고 외국인 교육기관을 글로벌인재 육성을 위한 영어전용학교 시스템의 구축과 발전에 활용해야 한다. 외국교육기관 정책을 외국인투자정책이 아닌 글로벌인재육성 정책으로 추진하자는 것이다.

2. 외국교육기관 유치와 국내 외국인학교 정책 현황

교육시장 개방과 해외학교 유치에 대한 논쟁은 1990년 중반에 시작되었고 경제자유구역 사업이 시작된 2002년 이후 본격화되었다. 교육시장 개방이 쟁점화가 된 계기는 교육서비스 분야의 무역자유화 협상의 시작이었다. WTO, GATS 등 다자간협상과 FTA 등 양자간 협상이 교육서비스무역을 의제로 설정한 것이다.

그러나 국가간 시장개방협상이 우리나라의 해외학교 유치사업, 특히 초중등학교 유치와 직접적인 연관은 없다. 거의 모든 국가가 공공성이 강한 초중등교육 분야를 국가간 협상대상에서 제외했다(최영렬, 2007; 김준동, 2002). 또한 초중등교육의 교역은 이미 학생의 해외소비, 즉 유학과 연수를 통해 광범위하게 이루어지고 있음으로 시장개방의 필요성은 쟁점화되지 않았다.

정부가 해외대학과 초중등학교의 유치를 적극적으로 추진하기 시작한 시기는 경제자유구역법이 통과된 2002년 이후이다. 경제자유구역이 성공하기 위해서는 해외의 일류학교 유치를 통해 외국인투자자 정주 환경을 개선할 필요가 있었다(김준동, 2002; 박순찬, 2002a, 2002b). 교육서비스 분야 중 외국인투자자의 교육수요가 큰 분야는 초중등교육 분야이다. 고등교육서비스 분야는 다른 나라에서도 학생이 부모와 별거하면서 해외 또는 타지역 대학에 진학하는 행위가 보편화되어 있어 외국인투자자의 중요 관심대상이 아니다. 반면 초중등교육의 해외소비는 가족이산의 비용이 상대적으로 높아 외국인투자자들이 선호하는 교역형태가 아니다.

정부는 또한 외국교육기관 유치의 긍정적인 파급효과를 기대한다. 간접적인 경쟁을 통해 국내교육 전체의 경쟁력을 제고하고(김남순, 2002; 박순찬, 2002a) 우수 외국교육기관이 해외유학 수요를 흡수하여 만성적인 해외유학 수지 적자를 축소하는 등의 효과가 논의되어 왔다.

외국교육기관 유치를 위한 제도적 장치는 2005년 외국교육기관특별법을 통해 마련되었다. 정부가 경제자유구역과 제주도 특별자치도에 해외명문학교의 국내 분교를 허용한 것이다. '외국교육기관'의 일차 교육대상은 외국인이지만 재학생의 30% 한도 내에서 내국인의 입학도 허용했다. 외국교육기관에서 국어와 국사 등의 교과과정을 이수한 학생에게는 국내학력도 부여했다. 또 하나의 획기적 조치는 해외학교의 국내 분교설립을 유인하기 위한 재정적 지원을 제도화했다는 점이다.

〈표 5-1〉 초중등 외국교육기관 유치 현황

지역	학교명	추진현황	유치추진주체
인천송도	송도국제학교	2005.10월, 외국학교법인 ISS(*International School Service*)와 MOU 체결 2009.3월, 교사 준공 2009.8월, 교과부 인가 부결	NCIS사 송도국제도시 유한개발회사
제주 영어교육 도시	영국 North London Collegiate School(NLCS)*	2009.4월, 분교설립 MOU 체결	JDC사 제주국제자유도시 개발센터

* 제주도특별자치도법에 근거한 국제학교로서 외국교육기관특별법이 정의하는 외국교육기관과 다른 법적 지위를 가지나 편의상 외국교육기관으로 분류.

2005년 외국교육기관특별법이 제정된 이후의 외국교육기관 유치 성과를 만족스럽다고 평가하기는 어렵다. 경제자유구역이나 교육 특구를 개발하는 지방정부들이 적극적으로 외국교육기관 유치를 위해 노력해왔으나 아직 개교된 성과는 없다. 인천송도 경제자유구역의 송도국제학교와 제주도 영어교육도시의 영국 NLCS 분교가 대표적인 사례다(표 5-1).

해외 교육기관유치를 위한 정부의 사업은 외국교육기관에 국한되어 있지 않다. 정부는 경제자유구역과 제주특별자치도 이외 지역의 외국인 교육환경의 개선을 위해 기존 외국인학교에 대한 규제를 완화하고 해외 명문학교의 외국인학교 운영을 장려한다.

현재 외국인 자녀의 교육을 목적으로 운영되는 국내 외국인 학교는 2008년 9월 현재 46개교이다(표 5-2). 지역적으로 보면 총 46개 외국인 학교 중 38개 학교가 수도권(서울 · 인천 · 경기)에 위치하고 있다. 강의 언어의 분포는 영어권 21, 중국어 15, 기타 언어 7개 학교이다. 외국인학교에 재학 중인 학생 수는 총 10,993명이다.

일부 지방정부는 기존 외국인학교로 외국인 교육 수요를 충분히 만족시키지 못한다고 판단하여 새로운 외국인학교 신설을 적극적으로 추진해왔다(표 5-3). 지방정부가 외국인학교 신설을 지원한 최초의 사례가

2006년 개교한 용산국제학교이다. 외국인투자촉진법 제 14조 및 지방자치 단체의 외국인 투자활동에 대한 국가의 재정자금지원기준 제 15조의 규정에 근거하여 산업자원부와 타 공공기관이 건축비 370억 원, 서울시

〈표 5-2〉 전국 외국인학교 현황(2008년 9월 1일 기준)

시 도	언어별 교육과정	학교 수	학생 수
서 울	영미계	21	3,025
	화교계	3	1,154
	프랑스계	2	487
	독일계	1	144
	일본계	1	380
	터키계	1	38
	몽골계	1	75
	소계	30	6,303
인 천	화교계	1	552
경 기	영미계	5	2,904
	화교계	2	159
	소계	7	3,063
부 산	영미계	2	332
	화교계	2	270
	일본계	1	36
	소계	5	638
대 구	화교계	2	95
광 주	화교계	1	95
대 전	영미계	1	593
울 산	영미계	1	109
충 남	화교계	2	12
충 북	화교계	3	20
전 북	영미계	1	13
	화교계	1	16
	소계	2	29
경 남	영미계	2	276
강 원	화교계	2	60
총 46개교(영어권 21, 중국어 15, 기타 언어 7)			10,993

〈표 5-3〉 지방정부의 외국인학교 유치 현황

지역	학교명	추진현황	유치추진주체
서울 용산	용산국제학교	산자부와 서울시의 재정적 지원으로 2006.9월 개교	서울시
서울 여의도	미정	여의도 국제중심지 개발 사업의 일환으로 국제학교 유치 추진 중	서울시 영등포구청
서울 반포	덜위치칼리지 서울	2010.8월 개교 예정	서초구청
서울 상암	미정	상암 DMC에 OECD 국가의 외국인학교 유치(2010년 개교 목표)	마포구청
서울 개포	미정	개포동 현재의 일본인학교 부지에 영미계 외국인학교를 유치(2012년 개교 목표)	강남구청
대구	대구국제학교	미국 리아카데미 분교 2010.9월 개교 예정	대구경북 경제자유구역청

는 학교부지의 50년 무상임대(481억 원 상당)를 제공하였다. 서울시는 2009년 1월 금융중심지로 지정된 여의도에 외국인학교 설립을 추진하는 등 2012년까지 4개의 외국인학교를 추가적으로 신설할 계획을 발표했다. 대구시도 대구경북경제자유구역 내에 미국 리아카데미의 분교 형태의 외국인학교를 설립하여 개교를 준비 중이다.

지방정부의 이러한 외국인학교 신설 요구에 대응하여 외국인학교 정책을 총괄하는 교육과학기술부는 2008년에 외국인학교 증설을 지원하는 방향으로 외국인학교 시행령을 개정했다(첨부자료 참조). 주요 규제 완화 조치로는 우선 외국인학교 설립 자격의 완화를 들 수 있다(시행령 제5조). 2008년 이전에는 외국인 개인만 설립할 수 있었는데 외국인 개인과 외국인 비영리 법인, 그리고 국내 사립학교 법인으로 설립자격을 확대했다. 내국인 입학자격도 해외거주 5년 이상의 학생에서 거주기간 3년으로 낮추었다. 또한 국어 및 사회 교과의 이수 시간을 충족한 학생에게 국내 학력을 인정하기로 했다(시행령 제12조).

2005년 외국교육기관 제도의 도입과 2008년 외국인학교 시행령의 개

〈표 5-4〉 외국교육기관과 외국인학교의 비교

	외국교육기관특별법 (2005년 제정, 2009년 개정)	외국인학교 시행령 (2008년 개정 전)	외국인학교 시행령 (2008년 개정 후)
일차 교육대상	외국인	외국인	외국인의 자녀
내국인 입학자격	자격조건 없음	영주권자 이중국적자 5년 해외거주자	3년 해외거주자
내국인 입학 비율	FEZ: 정원의 30% 제주영어교육도시: 무제한	무제한	정원의 30~50%
영리법인	불허 (제주 허용)	불허	불허
국내학력	조건부 허용	불허	조건부 허용

출처: 이영 (2009), 언론보도자료.

정을 통해 정부는 외국교육기관과 외국인학교를 양축으로 한 외국인 교육기관 정책체계를 수립했다. 외국교육기관은 특정지역에서, 외국인학교는 일반 지역에서 운영된다고 하지만, 학생 선발에 대한 지역 규제가 없기 때문에 외국교육기관과 외국인학교는 사실상 동일한 시장에서 경쟁한다(표 5-4). 이들 학교는 또한 동일한 학생 그룹을 대상으로 IB와 AP 등 동일한 국제공인 교과과정을 운영한다. 내국인 입학 자격과 비율에서 양 학교간의 차이가 존재하지만 양 학교 모두 내국인 입학의 확대를 희망한다는 면에서 동일한 상황에 처해 있다.

이처럼 외국인학교와 외국교육기관은 동일한 시장에서 경쟁하지만 공급 영역에서는 상이하게 다른 조건에서 출발한다. 외국인학교의 설립은 최근까지 외국인 개인에게 허용된 반면 외국교육기관의 설립 주체는 해외 학교법인이다. 해외에서 학교를 운영하는 기존의 학교법인만이 국내에 외국교육기관을 설립할 수 있다. 또 하나의 차이점은 정부지원 여부이다. 경제자유구역에 유치되는 외국교육기관은 제도적으로 정부의 재정적 지원을 받을 수 있으나 일반 지역에서 운영되는 외국인학교에 대한 정부의 지원은 선별적으로 이루어지고 있다. 앞으로 경제자유구역에서 영리법인의 외국교육기관 설립을 허용하면 외국교육기관과 기존 외국인 학교의 차별은 더욱 확대될 것으로 예상된다.

3. 외국인 교육기관 공급 과잉 논쟁의 대두와 쟁점

정부의 외국교육기관과 외국인학교 유치 노력이 글로벌교육시스템을 발전시키고 학교 선택의 다양성과 경쟁압력을 확대하는 긍정적인 효과를 가져올 수 있다. 그러나 앞에서 지적한 바와 같이 이러한 노력이 아직까지 별다른 성과를 보이지 못하는 것이 현실이다. 더욱이 일부 지방정부들이 지역개발사업의 홍보를 위해 무리하게 외국교육기관과 외국인학교를 유치하는 모습도 보인다.

외국인 교육시장에 대한 외국인 교육기관의 신설을 추진하는 세력의 주장도 우려할 부분이다. 내국인의 외국교육기관과 외국인학교 진학을 엄격히 규제하면서 이들 학교의 신설을 지원하는 정책을 보면 정부도 현재 우리나라에 외국인을 위한 교육기관이 부족하다는 인식에 동의한다고 생각할 수밖에 없다.

과연 우리나라에서 외국인 교육기관의 공급이 부족한가? 양적으로만 보면 최근 우리나라에 외국주민의 수가 증가하는 것이 사실이다. 2008년도에 실시한 지방행정국 조사에 따르면 국내거주 외국인주민은 891,341명으로 우리나라인구의 1.8%에 해당하고 2007년보다 23% 증가한 숫자이다(외국인주민 실태조사, 2008).

그러나 외국인학교 수요를 측정하기 위해서는 전체 외국인 인구보다는 인구증가의 구성을 보아야 한다. 최근 외국인인구가 증가한 가장 큰 이유는 2007년도 3월에 도입된 방문취업제의 도입으로 중국(조선족)과 동남아 국적의 근로자가 국내에 진출했기 때문이라는 것이 중론이다. 지금도 우리나라전체 외국주민의 80% 이상이 중국, 동남아(중국 57.0%, 동남아 22.2%) 출신으로 저숙련(*low-skilled*) 단순근로자들이다. 반면 선진국 출신의 외국인 수는 많지 않다. 선진국 중 미국(3.0%)과 일본(2.7%) 출신 외국인은 어느 정도 거주하지만 다른 OECD 국가 외국인은 주요 통계에서 분류가 되지 않을 정도로 미미하다. 그리고 OECD 국가 출신의 외국인 인구 숫자가 뚜렷한 증가추세도 보이지 않는다. 우리나라의 외국인은 출신국가뿐만 아니라 거주 지역에도 편중현상을 보인다. 전체 외국인주민의 60.4%가 서울(29.2%)과 경기지역(31.2%)에 거주한다.

위 통계는 우리나라의 외국인학교 수요를 측정하는 데 있어 중요한 단서를 제공한다. 우리나라 외국인 거주자들의 다수는 개도국(중국 및 동남아) 출신 단순 노동자이며 이들은 외국인학교의 고비용 교육을 감당할 수 있는 실질 수요자가 아니다. 더욱이 외국 단순근로자들은 여러 비용 문제로 가족을 모국에 두고 오는 경우가 많기 때문에 이들을 통한 외국인학교 수요는 사실상 미미하다.

외국인학교의 실제 수요자인 OECD 국가출신 취학연령 외국인은 서울 및 경기 남부지역에 약 1만 명 정도가 거주하며 이들 중 이중국적자와 한국계 외국인을 제외한 '순수' 외국인은 3천 명 정도에 지나지 않을 것으로 추정된다. 우리나라의 외국인 거주자 수는 급격히 증가했으나 외국인학교 수요자의 수는 크게 늘지 않고 있는 것이다.

서울과 경기지역에 외국인학교에 취학할 수 있는 순수 외국인의 수가 3천 명이라면 현재 운영되고 있는 서울 · 경기지역의 외국인학교에서 충분히 수용할 수 있는 규모다. 현재 서울 · 경기지역의 외국인학교 학생이 8,918명에 달하기 때문이다. 3천 명의 외국인 잠재수요자 중 상당수가 미군부대에서 자체로 운영하는 외국인학교(*Department of Defense Schools*)에 흡수되는 외국인임을 감안한다면 실제 외국인학교 수요자는 3천 명에 훨씬 못 미칠 것이다. 따라서 현재 한국에 거주하는 외국인학생의 수와 기존 외국인학교 재학생의 수만 고려하면 한국의 외국인학교 시장은 과잉공급의 시장이라고 평가할 수 있다. 그래서 학교의 수가 부족하다는 주장은 설득력이 없다.

이미 공급 과잉 상태의 시장에 정부가 추가로 새로운 학교를 공급한다면 그 결과는 쉽게 예측할 수 있다. 기존 외국인학교 운영도, 신규학교의 생존도 어려워 질 것이다. 현재 5백 명 이상의 학생을 확보한 외국인학교는 서울시내 21개 외국인학교 중 3곳밖에 되지 않는다(화교학교 1개, 미국계학교 2개). 대부분의 학교가 입학자격을 충족한 학생 수의 부족으로 인해 소규모로 운영되고 있다. 이 상태에서 외국인학교의 공급이 늘어나면 많은 학교들이 재정적인 압박으로 문을 닫아야 한다.

안타깝게도 공급 과잉 사태의 결과는 이미 나타나고 있다. 따지고 보면 1,500억의 예산을 투여하여 완공한 인천송도국제학교가 제때에 개교하지 못하는 단 한 가지 이유는, 외국인학생 수요를 과대평가했기 때문이다. 정부가 수요 부족 문제를 해결하기 위해 내국인 입학 기준을 외국인 재학생 대비에서 정원대비로 변경했다. 그 결과 송도국제학교는 총정원 2,400명 중 30%인 8백 명의 내국인 학생을 가지고 개교할 수 있게 되었다. 종전의 외국인 재학생 기준을 적용했다면 송도국제학교는 30여 명으로 예상되는 외국인 학생에 내국인 10명을 추가한 수인 40명 규모의 신입생으로 시작했을 것이다.

외국인학교 신설을 추진하는 지방정부는 외국인학교의 수는 충분할지 모르지만 국제수준의 우수한 외국인학교는 부족하다고 주장한다. 서울시도 서울외국인학교, 용산국제학교 등 일부 학교를 제외한 대부분의 학교는 시설낙후, 규모협소, 커리큘럼 빈약 등으로 외국인들이 기피하고 있다고 판단한다.

그러나 이러한 주장의 근거가 무엇인지는 명확하지 않다. 서울시 교육청이 인가한 미국계 외국인학교 8개 학교 중 6개 학교가 미국 WASC (Western Association of Schools and Colleges) 인증을 받았다(표 5-5). 경기지역에도 WASC 인정을 받은 5개 학교가 운영되고 있다. WASC 인증절차는 보통 3년 이상의 절차를 거쳐 심사를 받는 엄격한 절차이다. 이들 중 상당수의 학교는 학교의 질, 규모, 대학진학률 분야에서 싱가포르나 홍콩에 있는 어느 학교와 견주어도 손색이 없는 우수한 학교로 평가를 받고 있다.

물론 이들 중에는 지방정부의 지원을 받은 용산국제학교도 있다. 정부

〈표 5-5〉 서울 및 수도권지역 영어권 외국인학교 현황

구 분	학교명(설립연도)	지 역	인증여부
서 울	서울아카데미국제학교(1983)	강남구	없음
서 울	서울용산국제학교(1990)	용산구	WASC 인증 ACSI 인증
서 울	서울외국인학교(1973)	서대문구	WASC 인증 ACSI 회원 CIS 회원
서 울	아시아퍼시픽국제외국인학교(2007)	노원구	WASC인증 ACSI 회원
서 울	지구촌기독외국인학교(1997)	용산구	없음
서 울	한국기독교100주년기념외국인학교(1987)	용산구	WASC인증 ACSI 회원
서 울	한국외국인학교: 개포(2007)	강남구	WASC인증
서 울	한국켄트외국인학교(1993)	광진구	WASC인증
경 기	경기수원외국인학교(2006)	수원시	WASC인증 ACSI 회원
경 기	국제크리스천학교: 의정부(1983)	의정부시	WASC인증 ACSI인증
경 기	서울국제학교(1973)	성남시	WASC인증
경 기	인디안헤드외국인학교(1996)	의정부시	WASC인증 CIS회원
경 기	한국외국인학교: 판교(1999)	성남시	WASC인증

에서 지원을 받기 이전의 용산국제학교는 다른 외국인학교와 마찬가지로 서울시가 말하는 '빈약한' 학교였다. 현재 한국기독교100주년기념외국인학교가 입주에 있는 건물에서 International Christian School의 이름으로 약 250명의 학생을 교육하던 학교였다. 용산부지로 이전함과 동시에 학생 수는 세 배로 늘어 현재 약 8백여 명의 학생이 재학 중이다. 이처럼 동일한 학교재단이 운영한 외국인학교가 정부가 지원하기 전에는 '빈약한' 학교였다가 정부 지원 후에 '우수한' 학교가 되었다면 빈약한 학교와 우수한 외국인학교의 차이는 단지 정부의 지원 여부에 달렸다는 주장도 가능하다. 국내 외국인학교 성장에 가장 큰 걸림돌이 막대한 부동산 비용인 것을 고려하면 정부의 부동산 관련 예산 지원이 외국인학교 발전에 크게 기여할 수 있다는 것은 틀림없다.

그러나 정부의 재정지원이 반드시 필요한 것은 아니다. 정부지원 없이 자생적으로 발전한 외국인학교들이 대부분이기 때문이다. 이런 상황에서 정부가 특정 학교를 선정하여 지원한다면 특혜 시비의 대상이 될 수밖에 없다. 정부지원이 필요하지 않은 분야에 정부 예산을 투입한다는 비판도 피할 수 없게 된다.

일부에선 우수 외국인학교를 일단 설립해야만 외국인투자자를 유치할 수 있다고 주장한다. 공급이 수요를 창출한다는 주장인데 이는 경제학에서 인정받지 못하는 논리이다. 경험적으로도 이러한 관계가 존재하는지 확실하지 않다.

외국인학교 공급과 외국인 인구의 상관관계를 규명하기 위해 아시아지역 국가의 자료를 비교해보자(표 5-6). 외국인학교 수는 WASC와 IB (*International Baccalaureate*) 인증을 획득한 외국인학교의 수를 사용했고 외국인 거주자 수는 자료부재로 외국인직접투자를 대체변수(*proxy*)로 사용하였다. 우리나라의 경우처럼 외국인거주자 수가 외국인학교 수요를 정확히 측정하지 못할 수 있다. 오히려 외국인직접투자 규모가 외국

〈표 5-6〉 외국인학교 수와 외국인투자의 관계

(단위: 백만 미국 달러)

국 가	IB & WASC 인증 외국인학교	외국인직접투자 유입액(2006년도)
중국	60	78,095
태국	42	9,004
인도네시아	35	4,914
홍콩	31	45,054
일본	31	6,784
싱가포르	19	24,743
한국	17	3,586
필리핀	13	2,921
말레이시아	10	6,064
대만	9	7,424
베트남	7	2,400
캄보디아	3	483
몽골	2	344

인학교 수요를 더 정확하게 측정하는 변수일 수도 있다.

외국인학교와 외국인직접투자의 상관계수가 0.73으로 상당히 높은 것으로 나타난다. 외국인학교 수와 외국인직접투자 규모에 상당 수준의 상관관계가 존재함을 짐작할 수 있다. 하지만 이 관계를 과신할 필요는 없다. 중국변수를 제거하면 상관계수는 0.42로 급락한다.

〈표 5-6〉은 또한 경제수준이나 외국인직접투자 규모를 볼 때 한국의 외국인학교 수는 그다지 적지 않음을 보여준다. 대만의 일인당 GDP와 외국인직접투자 규모는 한국보다 높지만 외국인학교의 수는 한국의 절반 수준이다. 외국인직접투자 규모가 한국의 7배 정도 되는 싱가포르도 한국과 비슷한 숫자의 외국인학교를 유치하고 있다. 한국을 싱가포르 같은 도시국가와 직접 비교하는 것은 무리라고 주장할 수 있으나 대부분의 외국인이 서울지역에 거주하고 있고 외국인학교 또한 서울/경기지역에 집중되어(17개 영미계 외국인학교 중 11개가 서울/경기지적에 위치) 있는 점

을 감안하면 싱가포르는 한국과 비교할 수 있는 적합한 대상이다.

결론적으로, 우리나라에서 외국인 교육기관의 수요가 과대평가되어 있으며, 현재 존재하는 외국인학교만으로도 충분한 공급이 이루어진다고 평가할 수 있다.

4. 정부 유치와 규제 정책의 문제점

현재 정부 정책의 내용을 정리해보자. 일부 지방정부를 중심으로 정부는 수요가 정체된 시장에 임의적으로 공급을 늘리고 있으며 이를 위해 유치활동에 직접 개입한다. 또한 정부는 유치와 지원 대상에서 기존의 외국인학교를 배제하고 해외 명문학교를 유치하려고 한다.

문제는 해외 명문학교들이 굳이 한국에 분교를 설립하지 않아도 본교에서 한국학생을 유치하는 데 전혀 어려움을 겪지 않는다는 사실이다. 오히려 이들 학교는 한국학생 입학생의 수를 할당제를 통해 규제한다. 사정이 이렇다 보니 해외 명문학교의 유치가 어려울 수밖에 없다.

해외 명문학교가 한국에 분교를 설립한다고 해도 본교와 동등한 수준의 교육을 제공하는 분교를 운영하기가 어렵다. 정기오(2007)는 교육서비스 분야는 다른 서비스시장과 달리 시장 자체가 형성되어 있지 않기 때문에 정상적인 외국교육기관 유치가 현실적으로 불가능하다고 주장한다. 이는 선진국 교육기관이 교육서비스 무역의 현실적으로 유일한 형태인 해외 프랜차이즈를 시작할 만큼 관리 및 지적 능력을 보유하지 않았기 때문이다. 이미 잘 알려져 있는 서구대학이 중동지역에 개설한 해외분교도 해외출장소에 가까우며 본교와 동일한 서비스를 제공하는 엄격한 의미의 프랜차이즈 가맹점이 아니라는 것이다.

최근 해외 동향은 이들 회의론자의 주장을 지지한다. 2000년대 중동에 진출한 해외대학들이 어려움을 겪고 있고 조지 메이슨(George Mason) 대학은 이미 철수 결정을 발표했다(Olds, 2009). 중동 진출 대학들이 1970년대 일본에 분교를 개설한 대학의 실패 경험을 답습하고 있다. 진정으로 교육의 질을 중요시하는 해외 명문 교육기관은 이러한 품질위험 요인을 잘 이해하기에 해외분교 설립을 꺼린다.

이처럼 교육기관의 품질관리가 어려운 상황에도 불구하고 해외 명문교육기관이 국내 진출을 결정한다면 그 학교는 순수 영리 목적으로 진출할 가능성이 높다. 영리목적이 아니라고 해도 품질위험요인을 보상하기 위해 과도한 권리금과 정부의 재정지원을 요구할 것이다. 영리 목적으로 진출하는 학교가 기대하는 영리규모는 우리가 익숙하지 않은 수준일 것이다. 한국 분교의 수입을 본교의 지원금으로 사용하려면 일상적인 수입 수준 이상이 필요하기 때문이다. 과실 송금을 허용하지 않는다고 해서 이 문제가 해결되지 않는다. 외국교육기관이 편법을 포함한 다양한 방법을 이용하여 본국으로 수익을 이전할 수 있다. 편법 과실송금이 용인된다면 교육서비스 수지 악화의 한 요인이 될 수 있을 뿐만 아니라 추후 사회적, 법적 문제로 대두될 우려가 있다.

마지막으로 해외 명문학교를 유치하려는 지방정부의 주도적인 역할 자체가 해외 명문학교의 국내 진출에 걸림돌이 될 수 있다. 최근 몇몇 사례에서 나타나듯이 지방정부가 제시하는 유인조건에도 불구하고 외국학교들은 한국에 캠퍼스를 세우는 데 관심을 보이지 않는다. 유인조건들이 부족해서가 아니라 교육의 독립성과 자율성을 중요시하는 외국학교들이 지방정부와 협상하는 것을 꺼리는 것이다.

외국인학교가 부족하다면 정부가 직접 유치에 나설 일이 아니라 외국인학교 진입 장벽을 찾아내어 이를 제거하는 일에 힘써야 한다. 모든 외국인 교육기관에 차별 없이 인센티브를 제공하여 교육시장의 정상적인 작동을 통한 시장진입에 맡겨야 한다. 인위적인 유치정책은 많은 비용과 부작용을 낳을 수 있다.

정부는 국내 교육기관에 대한 역차별 비판도 고려해야 한다. 경제자유구역에 위치한 외국대학은 수도권정원규제를 적용 받지 않으며 과실송금허용, 토지 및 건물 제공, 운영비 지원 등 국내대학들이 기대하기 어려운 재정적 지원을 받을 수 있다. 역차별문제는 외국인투자 전반에 적용되는 문제이기도 하다. 정부가 외국인투자의 중요성을 강조하고 적극적으로 유치하면서 외국인투자를 무비판적으로 받아들이고 그 효과를 과대하게 신뢰하는 분위기가 형성됐다. 그로 인해 정부가 무리하게 외국인투자를 유치하고 그 과정에서 국내투자자를 지나치게 차별한다는 비판도 불거졌다.

외국인학교와 외국교육기관의 자율적 발전을 저해하는 규제도 시급히 완화해야 한다. 그 대표적인 예가 내국인 입학제한이다. 언뜻 들으면 외국인 교육을 위해 설립한 외국인학교에 내국인이 입학하는 것을 제한하는 규제가 당연하게 들릴지도 모르지만 내국인 제한은 실행하기도 어렵고 그 실효성도 의문시되는 정책이다.

정부는 내국인 입학자격을 해외 거주 5년에서 3년으로 완화하여 내국인 입학 규모를 넓혔다고 주장하지만 동시에 내국인 입학 비율을 종전의 무제한에서 정원의 30%로 제한(시행령 제 10조) 했기 때문에 내국인의 입학기회가 오히려 줄었다고 할 수 있다.

내국인 제한이 어려운 또 하나의 이유는 외국인의 정의가 간단치 않다는데 있다. 출입국관리법 하의 외국인은 '한국의 국적을 가지지 않은 자'라고 명시되어 있다. 그러나 외국인학교 시행령은(시행령 제 2조) 외국인 학생을 '외국인'이 아닌 '외국인의 자녀'로 정의하여 국적법과 출입국관리법상의 실무지침이 배치된다.

외국인학교 입학 기준을 국적법이 정의하는 외국인으로 한정하는 것도 합리적이지 않다. 다문화가정이 많아짐에 따라 이중국적을 가진 자녀들도 국제교육을 받을 수 있도록 해야 한다. 이중국적자 배제는 이명박 정부의 이중국적에 관한 정책 방향과도 일치하지 않다. 세계적 인재의 유치와 재외국민의 국내활동을 지원하기 위해 병역의무 이수 등 일정 조건을 충족한 내국인에 대한 이중국적을 허용하는 방침을 발표하고 관련법의 개정을 추진하고 있다. 국적의 기준설정은 국가의 독점적 권한이지만 다중국적의 보유가 용이해지고 있는 세계화 추세에 맞추어 기준을 개정하는 것은 현 정부의 규제완화 정책과도 맥을 같이 한다.

이중국적자의 권리도 고려할 필요가 있다. 이중국적자는 자신이 국적을 가진 국가의 교육을 받을 권리가 있다. 취학연령의 학생들은 이중국적을 합법적으로 보유하고 있는바, 이 학생들이 자신이 국적을 지닌 다른 국가의 국민으로서 그 나라의 교육을 받을 권리와 기회를 제한하는 것은 지나친 배타주의적 정책이다.

이중국적자의 외국인학교 입학이 일반국민이 누리지 못하는 특혜라고 보는 경우도 있으나 이는 잘못된 시각이다. 먼저 이중국적인 학생이 병역의무를 회피하려는 의사도 없고(현행법으로 병역의무를 이행하기 전엔 국적포기 불가능함), 또한 국내의 대학입시경쟁에서 특별한 대우를 해달라는 것이 아니라 국내 대학입학 학력의 불인정에도 불구하고 국적을 가진 다른 국가의 교육을 국내에서 받는 것을 요구하는 것이다.

경쟁국의 입법례와도 비교해야 한다. 동아시아에서 외국인학교의 입학자격을 규제하는 국가는 사회주의 국가인 중국과 베트남뿐이다. 일부 동남아시아 외국인학교들이 자율적으로 국적 규제를 하고 있는데 그 대상은 자국민이 아니고 한국학생들이다. 학생구성의 다양화를 위해 학교가 한국학생의 수를 자율적으로 제한하는 것이다.

따라서 외국인학교의 입학자격은 당해 외국인학교가 자율적으로 결정하도록 함이 최선의 정책이다. 정부가 일정 수준에서 통제해야 한다면 2008년 시행령 개정 전의 기준으로 돌아가는 것이 외국인학교 설립취지에 부응한다. 즉, 입학자격을 외국인, 외국인의 자녀, 일정기간 국외에서 거주하다 귀국한 내국인, 그리고 이중국적소지자에게 부여해야 한다.

외국인학교에 대한 규제는 조심스럽게 접근해야 한다. 외국인 학교는 본디 외국인들이 자국의 교육과정 또는 국제적인 교육기준에 맞게 자녀들을 자율적으로 교육시킬 수 있는 기회와 여건을 마련해 주는 것이다. 정부가 국내학교에 대해서는 학생들이 대한민국 국민으로서의 최소한의 덕성을 함양하도록 교과과정을 규제하고 교사의 자격에 대한 기준을 마련할 권한과 의무가 있는 반면, 외국인학교에 대해서는 시설, 교원, 학생 안전, 질서유지 등 기본적인 요건 이외에는 기본적으로 학교 자율에 맡겨야 한다.

외국인학교가 예외적인 자율권을 누리는 대신 국내학력을 포기한다면 국내학교와의 형평성 문제가 발생하지 않는다. 외국인학교 졸업생의 국내 학력을 인정하지 않는 것이 차별이 아님을 그 동안 다수의 외국인학교들이 국내학력 인정을 원치 않았다는 사실에서도 입증된다. 그러므로 외국인 교육시장에 무리하게 정부가 앞장서고, 기존의 외국인학교를 규제하는 것은 바람직하지 않다.

5. 외국인 교육기관과 외국어매체 교육기관

현재 정부는 외국인 교육기관 정책에 대해 중대한 선택을 해야 할 시점에 와 있다. 정부 예산 지원을 받은 학교가 학생이 없어 개교하지 못하는 상황을 막아야 하기 때문이다. 정부의 대안은 크게 세 가지다. 첫째가 현상 유지다. 두 번째 대안이 이중국적자를 외국인으로 대우하여 이중국적자의 외국인 교육기관 입학을 확대하는 것이다. 2008년 외국인학교 시행령 개정 전의 상황으로 돌아가는 대안이다. 마지막 대안이 외국인 교육기관에 대한 국적 규제를 전면 폐지하여 외국인 교육기관을 국내 글로벌 인재육성 시스템으로 통합시키는 것이다.

현재 시스템의 유지는 지속 가능하지 않다. 외국인 교육기관들이 공급 과잉과 내국인 정원 규제로 인해 학생 확보가 어렵기 때문이다. 학교 운영의 어려움은 그동안 이중국적자 학생에 크게 의존하던 기존 외국인학교에서 특히 심각하다.

이중국적자의 입학을 허용하는 두 번째 대안으로 외국인 교육기관에 대한 수요를 늘릴 수는 있다. 현재 학생부족 상황의 타개가 목적이라면 고려할 수 있는 대안이다. 그러나 이 대안의 한계도 인식해야 한다. 입학 확대 대상 범위를 이중국적자로 제한하기 때문에 외국인 교육기관은 국제공인 교과과정의 이수를 희망하는 내국인 학생들에게 조기유학과 학부 유학의 대안이 될 수 없다.

장기적인 관점에서 보면 내국인 입학 제한을 폐지하는, 즉 세 번째 대안이 가장 바람직하다. 외국인을 위한 학교를 별도로 지정하는 관행은 글로벌 스탠더드에 역행하는 배타적인 정책이며 현 상황에서 지속 가능하지도 않다. 이미 국내학생의 외국인 교육기관 입학에 규제가 대폭 완화되었음을 상기할 필요가 있다. 내국인 학생들이 제주도의 외국교육기관에 아무런 제약 없이 지원할 수 있고, 경제자유구역 외국교육기관에도 정원의 30% 한도 내에서 입학이 가능하다. 일반 외국인학교의 내국인 입학자격도 해외 거주 5년에서 3년으로 확대되었다.

정부가 외국인 교육기관제도를 내국인을 위한 글로벌인재 육성기관으로 활용하는 결단만 내리면 공급 과잉 문제를 쉽게 해결할 수 있다. 외국교육기관, 외국인학교, 국내 영어전용학교(국제중고, 자사고 등), 외국어고등학교에 국적과 관계없이 학생을 선발할 수 있는 자율권을 부여하면 다양한 형태의 외국어매체 학교가 국내시장으로 진입할 것이다.

첫 번째 유형이 전통적인 외국인학교이다. 한국에 거주하는 자국민의 교육을 위해 설립되고 자국 교육과정의 운영을 희망하는 외국인학교는 (미국계, 영국계, 일본계, 프랑스계 등) 현재와 마찬가지로 자국민 위주로 학생을 선발하는 모델을 고수할 것이다.

두 번째 유형이 국제공인 교과과정을 운영하는 영어전용 국제학교이다. 이들 국제고등학교들이 국적과 관계없이 우수학생을 선발하면 우리나라에 거주하는 외국인 인구의 규모를 볼 때 다수의 재학생이 한국 국적 학생일 가능성이 높다. 일부 기존의 외국인학교와 외국교육기관이 영어전용 국제학교로 전환할 것으로 예상된다. 자사고, 외국어고등학교 등 국내 학교도 영어전용 국제학교 운영을 희망할 것이다.

세 번째 유형이 영어와 한국어 또는 비영어 외국어와 한국어를 공식언어로 채택하는 이중언어학교다. 국내학교 중에서 한국어와 영어로 수업하는 민사고와 서울국제고는 이미 이중언어학교로 운영되고 있다. 해외유학반 중심으로 교과과정을 운영할 의사가 있는 일부 외국어고등학교도 이중언어학교 모델을 선호할 것이다.

이들 학교의 공통점은 외국어매체 교육임으로 이들을 외국어매체 학교라는 학교형태로 분류하고 인가하여 우리나라 글로벌인재교육의 한 축으로 육성하는 것이 바람직하다. 한국어로 수업하는 일반 외국어고등학교와 자사고가 우리나라 글로벌인재육성 시스템의 또 다른 한 축이 될 것이다.

외국어매체 학교의 거버넌스 구조도 획일적일 필요가 없다. 해외 학교의 분교로 운영되는 학교(현행 외국교육기관), 국내 법인이나 외국인이 설립한 학교(현행 외국인학교), 국내 학교법인이 설립한 학교(현행 사립학교), 국가가 설립한 공립학교(현행 서울 국제고) 등 다양한 설립 주체를 인정해야 한다. 저소득국가 출신의 외국인을 위해 국가가 새로운 외국어매체 학교를 설립할 필요도 있다.

외국어매체 학교에 대한 규제의 수준은 현재 외국인학교와 외국교육기관에 대한 규제에 비교하여 획일적으로 높거나 낮다고 말하기 어려울 것이다. 국적요건 등 규제 완화가 필요한 분야가 있는가 하면 시설이나 건물 등에 대한 규제를 강화해야 할 분야도 존재하기 때문이다. 한국대학 진학에 필요한 학력인정 문제는 현재 기준의 유지도 적절하다고 본다. 즉, 외국어매체 학교에서 일정 시간의 국어, 국사학과를 수강한 학생에게는 학력인정을 허용하는 것이다.

외국어매체 학교에 대한 입학 자격을 자율화한다고 해서 모든 외국어매체 학교가 내국인학생 중심으로 운영되는 것은 아니다. 일부 학교는 자율적으로 입학자격을 자국민으로 제한할 것이다. 그 반면 많은 수의 외국인들은 모국교육을 제공하는 학교 대신 한국적 교육을 동시에 받을 수 있는 국제고나 이중언어학교를 선호할 것이다. 한국계 외국인뿐만 아니라 비한국계 외국인들도 아시아 시대에 대비해 한국학생들이 다니는 학교의 장점을 인식할 것이다.

외국어매체 학교들은 또한 조기유학과 학부유학을 통해 한국대학 진학을 실질적으로 포기한 학생들을 수용할 것으로 예상된다. 이들의 대부분은 현행 외국인학교 입학자격을 충족하지 못해서 외국인학교의 대안으로 조기유학을 통해 해외학교를 선택하고 있다고 볼 수 있다.

현재 해외학교에 재학 중인 조기유학생의 수에 대한 정확한 통계는 존재하지 않지만 전문가들은 대략 10만 명 이상으로 추산하고 있다. 연도별 조기유학 출국자 통계를 보면 조기유학생은 2000년 4,397명에서 2003년의 10,498명으로 2배 이상 증가하였다.

조기유학의 경우 한국에서 받지 못하는 영어전용교육을 선진국뿐만 아니라 동남아시아의 개도국 소재의 국제학교에서 받는 경우도 늘고 있다. 현재 인도네시아, 필리핀, 말레이시아 등의 국제학교에는 재학생의 평균 30% 이상이 한국계로, 한국계 학생이 너무 많아 쿼터제로 제한하기도 한다.

정부도 조기유학에 대한 수요를 억제하고 국내경상수지 개선에 기여하고자 외국인학교와 외국교육기관을 지원한다고 홍보한다. 그러나 조기유학 수요 흡수와 이에 따른 서비스수지 적자 개선을 위해서는 내국인의 국내 외국인학교와 외국교육기관 입학을 허용해야 한다. 해외거주 기간을 단축한다고 조기유학 수요가 감소하지 않는다. 오히려 국내 외국인교육기관에 진학시키기 위해 3년 기간의 조기유학을 보내는 학부모가 늘 수도 있다.

조기유학 대상자들 외에도 국내 고등학교를 졸업하고 해외학부로 유학을 떠나는 학부유학생들도 외국교육기관과 외국인학교에 진학하기를 희망할 것이다. 조기유학에 비해 고교졸업생의 해외대학 진학은 상대적으로 최근 현상이지만 그 숫자는 급속도로 늘고 있다. 국내 고교 졸업생 중 해외대학으로 바로 진학하는 학생의 수는 2006년 903명에서 2008년 1,486명으로 약 65% 증가했다(조진표, 2009).

초중고교 정보공개 사이트인 학교 알미리가 공개한 해외대학진학 현황 자료에 따르면 경제위기에도 불구하고 해외대학진학의 인기가 식지 않고 있음을 알 수 있다. 올해 가장 많은 학생을 해외대학으로 보낸 고등학교는 대원외고로, 총 111명을 해외에 보냈으며, 한영외고가 101명, 한국외국어대부속외고가 89명으로 뒤를 이었다. 자립형사립고인 민족사관고는 68명을 해외 대학으로 진학시켰다. 졸업생 대비 해외대학 진학비율을 살펴보면 해외대학진학에 가장 적극적인 학교는 민족사관고(57.1%) 였다. 한영외고(34.5%), 대원외고(25.1%), 이화외고(11.1%) 도 두 자릿수를 기록했다. 일반고교 졸업생의 해외대학진학도 크게 늘어났는데 올해 서울지역 고교 출신의 해외대학진학자가 622명에 달했고, 그 중 348명이 비외고 졸업생이었다.

정부는 고교졸업생의 해외대학진학 자료를 아무 보완조치 없이 공개했다. 대부분의 언론도 해외대학진학의 증가를 긍정적으로 보도했다. 그러나 국내 학생의 해외대학은 진학은 간단히 볼 문제가 아니다. 조기유학의 경제적, 사회적 비용을 떠나 해외대학진학의 교육적 효과가 의심되기 때문이다.

가장 큰 문제는 이들 해외대학 진학자들이 국내에서 체계적인 준비를 하지 않고 유학을 떠난다는 점이다. 현재 해외대학 진학을 희망하는 학생의 대부분은 개인적으로 유학을 준비한다. 일부 외고가 유학반을 운영하지만, 이는 방과 후 과정에 불과하다. 국내 학교가 정규과정을 통해 해외대학 진학을 지원하지 않기 때문에 학생은 정규과정을 소홀히 하면서 입학시험과 과외활동 중심으로 해외대학 진학을 준비해야 한다.

그러나 미국의 학부교육은 글쓰기, 말하기, 독립적 사고, 분석능력을 강조하는 인문교육이다. 고등학교에서 문학, 역사, 철학, 과학교육을 충분히 받지 않은 학생이 성공하기 어려운 교육과정이다. 상황이 이렇다 보니 영어에 자신이 없는 유학생은 대학에서 영어능력이 중요한 과목이나 전공을 회피한다. 일부 학생은 학점 관리를 위해 한국어를 부전공으로 선택하고 여름학기에 한국으로 돌아와 한국대학의 과목으로 본교 필수 과목을 대체하기도 한다. 미국문화를 제대로 배우지 못한 까닭에 유학생의 교우관계는 한국 출신 학생그룹을 벗어나지 못한다.

정부가 한국학생들이 해외대학에서 성공하길 진정으로 바란다면 그들이 한국에서 정상적으로 유학준비를 할 수 있는 시스템을 마련해야 한다. 현재 한국에서 미국대학이 요구하는 교과과정을 운영하는 학교는 외국인학교와 외국교육기관이며 국제공인과정으로 전환할 수 있는 국내 학교로는 일부 영어전용교육을 도입한 국제고등학교, 민족사관고, 하나고 등을 들 수 있다.

외국교육기관과 외국인정책의 방향을 외국인을 위한 교육기관에서 내국인을 위한 외국어매체 학교의 지원으로 전환하는 것은 한국 현실에서 쉽지 않은 개혁이다. 특히, 전교조 등 진보단체가 교육시장 개방과 해외

학교 유치를 반대해왔는데 그 이유는 교육개방이 민족주의교육을 약화하고 교육 불평등을 야기한다는 우려 때문이다. 진보진영에서는 외국교육기관의 교과과정을 통제하지 않으면 교육주권을 상실하고 외국교육기관은 일부 부유층 자녀들만 진학하는 귀족학교가 될 것을 우려한다.

그러나 불평등 논리에 밀린 정부의 소극적이고 모호한 교육개방정책 탓에 외국인을 위한 외국인 교육기관은 과잉공급에 처해 있는 반면 내국인을 위한 영어매체 학교는 극심한 공급미달을 겪고 있는 현실도 감안해야 한다. 매해 증가하고 있는 조기유학과 이에 따른 국부유출은 이러한 주장을 입증해 주고 있다. 유학으로 인한 재정 손실은 공교육의 규모와 맞먹을 정도라는 추정도 있다.

6. 결론

우리나라의 외국인학교와 외국교육기관 정책이 혼란스럽고 미미한 성과를 보이는 근본적인 원인은 정부가 국내 잠재 수요자의 진학을 억제하고 미미한 수준의 외국인 수요자를 위해 인위적으로 이들 학교의 수를 늘리기 때문이다. 실질 수요가 부족한 시장에서 공급을 확대함으로써 외국교육기관의 유치와 기존 외국인학교의 발전을 동시에 어렵게 만들었다.

따라서 정부가 기존 외국인 교육기관의 수준을 개선하고 우수 해외 교육기관이 국내에 진입하는 것을 진정으로 원한다면 과도한 유인의 제공과 같은 정부 개입을 자제하고 시장에서 자발적으로 외국인 교육기관이 공급되도록 수요와 공급에 대한 정부 규제를 완화하는 것이 원칙에 부합한다.

정부가 내국인의 외국교육기관 진학을 제한하는 이유는 급속도로 세계화되고 있는 교육시장의 현실을 인정하지 않기 때문이다. 지금과 같은 세계화 시대에 정부가 학생의 교육 내용과 진학통로를 획일적으로 통제해서도 안 되고 할 수도 없다. 국민교육을 거부한 학생이 한국에서 정규교육을 받지 못하게 만든 정책이 많은 수의 학생을 한국에서 떠나게 하고, 이들 학생들이 선택할 수 있는 외국인학교와 외국교육기관의 발전을 저해하는 근본 원인이다. 의무교육기간 중에 떠나는 조기유학은 그 자체가 불법행위로 간주되고 있는 실정이다.

수많은 한국 학생이 어린 나이에 한국을 떠나거나 한국에 거주하면서 비정상적인 방법으로 해외대학 진학을 준비하고 있다. 이로 인한 사회적, 경제적 비용이 더 이상 감당할 수 없는 수준에 이르렀다. 우리 사회가 차제에 외국교육기관과 외국인학교 등의 외국인 교육기관이 외국인과 내국인을 위한 외국어 전용학교로 전환할 수 있도록 규제를 완화해야 한다. 사회 전체를 위한 외국어전용 교육시스템 차원에서 외국인학교와 외국교육기관 문제에 접근해야만 그 올바른 발전 방향을 찾을 수 있다.

참고문헌

김남순. 2002. "교육서비스 개방에 대한 논의." 교육시장 개방에 대한 광주지역 토론회자료집. 교육인적자원부.

김준동. 2002. "교육서비스 분야 협상의 논의동향." 대외경제정책연구원.

______. 2002. "WTO 도하 개발 아젠다 협상 교육서비스 분야의 논의 동향과 대응방향." 대외경제정책연구원.

이 영. 2009. "우수 외국교육기관의 전략적 유치 방안." 서비스산업 선진화를 위한 공개토론회 발표 자료.

이만희. 2002. "고등교육시장의 개방과 쟁점." 교육시장 개방에 대한 부산지역 토론회자료집. 교육인적자원부.

윤정일·백순근. 2006. "인천 경제자유구역 내 외국교육기관 설립이 조기유학 수요에 미치는 영향분석." *The Journal of Education Administration* 24(2) : 299~322.

정기오. 2007. "학교와 기업, 그리고 교육논리와 경제논리." 〈경제교육연구〉 14: 27~54.

조진표. 2009. "학부유학의 경제학: 합리적인 선택을 위한 제언." 글로벌교육리포트 3호. 글로벌교육포럼.

최영렬. 2007. "FTA와 교육서비스시장 개방" 〈법경제연구〉 4: 215~246.

모종린. "해외대학 진학, 체계적인 지원을." 〈동아일보〉. 2009. 6. 9.

한대동. 2002. "교육시장 개방에 대한 반대론." 교육시장 개방에 대한 부산지역토론회 자료집. 교육인적자원부.

Olds, Kris, "Collapsing Branch Campuses: Time for Collective Action?," GlobalHigherEd, March 9, 2009.

■ 붙임 1: 「외국인학교 및 외국인유치원의 설립 · 운영에 관한 규정」

제1조 (목적) 이 영은 「초 · 중등교육법」 제60조의 2에 따른 외국인학교와 「유아교육법」 제16조에 따른 외국인유치원의 설립 · 운영에 관한 사항과 그 시행에 필요한 기본적인 사항을 정함을 목적으로 한다.

제2조 (정의) 이 영에서 사용하는 용어의 뜻은 다음과 같다.

1. “내국인”이란 대한민국의 국적을 보유하고 있는 사람(「국적법」 제12조제1항에 따른 이중국적자를 포함한다)을 말한다.
2. “외국인”이란 대한민국의 국적을 보유하고 있지 아니한 사람을 말한다.

제3조 (명칭) 외국인학교 또는 외국인유치원(이하 “외국인학교 등”이라 한다)은 명칭에 외국인을 위한 학교 또는 유치원임을 표시하여야 한다.

제4조 (설립기준) 외국인학교 등의 설립 · 운영에 필요한 시설 · 설비기준과 경영에 필요한 재산의 기준 등 설립기준에 관한 사항은 「고등학교 이하 각급학교 설립 · 운영 규정」을 따른다. 다만, 설립하려는 외국인학교 등의 교사(校舍) 및 교지(校地)의 경우 「고등학교 이하 각급학교 설립 · 운영 규정」 제7조 본문에도 불구하고 국가 또는 지방자치단체의 재산을 임차하여 사용할 수 있다.

제5조 (설립자격) ① 다음 각 호의 어느 하나에 해당하는 자는 외국인학교를 설립할 수 있다.

1. 외국인
2. 외국의 법령에 따라 설립되어 외국에 주된 사무소를 두고 있는 영리를 목적으로 하지 아니하는 법인(이하 이 조에서 “비영리외국법인”이라 한다)
3. 「사립학교법」에 따라 설립된 학교법인

② 외국인유치원은 외국인과 비영리외국법인만 설립할 수 있다.

제6조 (외국인학교의 설립인가신청) 「초 · 중등교육법」 제4조제2항에 따라 외국인학교의 설립인가를 받으려는 자는 같은 법 시행령 제3조 각 호

의 사항과 외국인학교의 교장 등 교직원의 확보 방안이 적힌 서류를 갖추어 특별시 · 광역시 또는 도 교육감(이하 "교육감"이라 한다)에게 신청하여야 한다.

제7조 (외국인학교의 학교규칙 기재사항) 외국인학교의 학교규칙(이하 "학칙"이라 한다)에는 「초 · 중등교육법 시행령」 제9조제1항에도 불구하고 다음 각 호의 사항을 적어야 한다.

1. 목적, 명칭 및 위치
2. 수업연한, 학년, 학기 및 휴업일
3. 학급 편제 및 학생 정원
4. 교육과정(제12조에 따라 학력이 인정되는 외국인학교의 경우에는 교과용 도서에 관한 사항을 포함한다), 수업일수
5. 입학 · 재입학 · 편입학 · 전학 · 휴학 · 퇴학 · 수료 · 졸업 및 그 절차 등
6. 수업료, 입학금, 그 밖의 비용 징수
7. 교장 · 교원의 자격 및 임무에 관한 사항
8. 학생 포상 및 징계
9. 학칙 개정 절차
10. 그 밖에 외국인학교의 운영 등에 관하여 교육감이 정하는 사항

제8조 (외국인유치원의 설립인가신청) 「유아교육법」 제8조 제2항에 따라 외국인유치원 설립인가를 받으려는 자는 같은 법 시행령 제9조 제1항 제1호부터 제9호까지의 사항이 적힌 서류를 갖추어 교육감에게 신청하여야 한다.

제9조 (학칙 등의 공개) 외국인학교의 장은 제7조에 따른 학칙을, 외국인유치원의 장은 「유아교육법 시행령」 제10조에 따른 유치원규칙(이하 "유치원규칙"이라 한다)을 각각 인터넷 홈페이지 등에 공개하여야 한다.

제10조 (외국인학교의 내국인 입학자격 등) ① 「초 · 중등교육법」 제60조의2 제1항에서 "대통령령이 정하는 자"란 외국에서 거주한 기간이 총 3년 이상인 내국인을 말한다.

② 제1항에 해당하는 내국인은 외국인학교 학생 정원의 30퍼센트를 넘지 아니하도록 하되, 교육감은 특별시·광역시 또는 도의 여건을 고려하여 20퍼센트의 범위에서 특별시·광역시 또는 도의 교육규칙으로 입학비율을 높일 수 있다.

제11조 (교육과정) 외국인학교 등의 교육과정에 관한 사항은 학칙 또는 유치원규칙으로 정한다. 다만, 제5조 제1항 제3호의 학교법인이 설립한 외국인학교의 경우에는 교육과학기술부장관이 인정하는 국제공인교육과정을 운영하여야 한다.

제12조 (학력인정) 외국인학교를 졸업한 내국인 학생이 국내의 초등학교·중학교 또는 고등학교를 졸업한 학생과 같은 수준의 학력이 있는 것으로 인정되려면 그 외국인학교는 다음 각 호를 모두 충족하여야 한다.

1. 「초·중등교육법 시행령」 제43조에 따른 교과 중에서 국어 및 사회(중학교와 고등학교의 사회 교과는 국사 또는 역사를 포함한다. 이하 같다)를 포함하여 2개 교과 이상을 각각 연간 102시간 이상 이수할 수 있도록 내국인 학생의 교육과정을 편성할 것
2. 국내 초등학교·중학교·고등학교 과정의 국어 또는 사회 교과를 담당하는 교원은 「초·중등교육법」 제21조 제2항에 따른 정교사 2급 이상의 자격증을 취득한 사람으로 할 것. 다만, 국어교과를 담당하는 교원은 「국어기본법 시행령」 제13조 제1항 제1호 또는 제2호 가목·나목의 조건을 충족하는 한국어교원으로 대체하여 임용할 수 있다.

제13조 (한국어 및 한국문화교육) 외국인학교는 그 학교에 재학하는 외국인 학생을 대상으로 한국어와 한국문화에 관련된 교육을 할 수 있다.

제14조 (외국인학교 등의 교원의 임면) 외국인학교 등의 교원의 임면권자가 그 외국인학교 등의 교원을 임면하였을 때에는 임면한 날부터 7일 이내에 그 외국인학교 등을 관할하는 교육청에 그 교원의 인적사항을 알려야 한다.

• 부칙 •

제1조 (시행일) 이 영은 공포한 날부터 시행한다.

제2조 (외국인학교의 내국인 입학비율에 대한 적용례) 제10조 제2항은 2010년 3월 1일 이후에 최초로 외국인학교 교육과정에 입학하는 학생부터 적용한다.

제3조 (명칭에 대한 경과조치) 이 영 시행 당시 설립인가를 받은 외국인학교가 제3조에 저촉되는 경우에는 이 영 시행일부터 1년 이내에 명칭을 변경하여야 한다.

제4조 (기존의 재학생에 대한 경과조치) 이 영 시행 당시 설립인가를 받은 외국인학교에 재학 중인 내국인 학생은 제10조 제1항에 따른 입학자격을 갖춘 것으로 본다.

제5조 (교원에 대한 경과조치) 이 영 시행 당시 설립인가를 받은 외국인학교의 교원 중에서 국어·사회교과를 담당하는 교원이 제12조 제2호를 충족하지 못하는 경우에도 이 영 시행일부터 1년간은 그 자격이 있는 것으로 본다.

제6장

해외대학 유치의 이상과 현실

독립 분교 유치에서 조인트대학 캠퍼스 지원으로

김 보 훈
모 종 린

1. 서론

이 장의 목적은 해외대학의 국내 분교 유치정책과 현황을 평가하고 그 개선방안을 제시하는 데 있다. 해외대학 유치를 위한 정부의 노력에도 불구하고 해외대학 유치사업이 별다른 성과를 보이지 못하고 있다는 인식이 지배적이다. 우리는 해외대학 유치가 부진한 이유를 정부가 현실적으로 어려운 해외 명문대학의 학부 분교 유치를 추진하는 데 치중하기 때문이라고 주장한다. 해외대학 유치의 성공사례로 흔히 인용되는 싱가포르, 두바이 및 카타르에서도 해외 명문대학의 대규모 학부 분교를 유치한 사례를 찾아보기 어렵다. 따라서 정부는 해외대학의 독립된 분교를 유치하려는 기존 정책에서 벗어나 국내대학이 독립된 캠퍼스에서 운영하는 해외명문대학과의 공동학위 또는 복수학위 프로그램을 지원하는 정책도 동시에 추진할 것을 건의한다.

2. 한국의 고등교육시장 개방 정책과 현황

1) 한국의 고등교육시장 개방 정책

한국정부는 21세기 지식기반사회 및 무한경쟁시대에 세계적 수준의 인재를 양성해야 하는 대학의 중요성을 인식하여 대학의 국제 경쟁력 제고의 중요한 정책수단으로 대학시장 개방을 추진하고 있다. 이 중 초등 및 중등교육 분야는 공공성이 강하기 때문에 거의 모든 국가가 국가간 협상 대상에서 제외하고 있다(최영렬, 2007; 김준동, 2002).[1)]

1995년 WTO가 출범하면서 서비스교역에 관한 일반협정(General Agreement on Trade in Services: GATS) 협상이 시작됨에 따라, 교육을 서비스상품으로 보기 시작했다. 현재 교육서비스 교역은 다양한 형태로 광범위하게 이루어지고 있다(표 6-1). 그동안 한 회원국의 영토에서 다른 회원국의 서비스 소비자에게 서비스를 공급하는 유형 2, 즉 유학과 해외연수 형태와 서비스공급자가 다른 회원국의 영토로 이동하는 유형 4가 가장 빈번하게 이루어졌었다. 그러나 FTA의 급속한 확산 및 정보통신기술의 발달과 더불어 유형 2와 유형 4의 교육서비스 공급뿐만 아니라 나머지 유형도 향후 더욱 촉진될 것으로 보인다.

이러한 국제적 환경변화에 대응하기 위한 차원에서 우리나라도 1996년부터 일련의 정책들을 발표하기 시작하였다. 최근에는 서비스 선진화 방안을 통해 그동안 외국교육기관의 국내 진출에 장벽이 되어온 각종 규제를 완화하고 있으며, 교육의 개방화, 세계화를 위한 다양한 노력이 지속적으로 이루어지고 있다(표 6-2).[2)] 특히, 2005년 경제자유구역 및

1) 교육서비스는 각종 교육기관이 제공하는 서비스 활동으로 정의되며, 이는 2002년 개정된 UN의 CPC(Central Product Classification, Version 1.1, 2002) 의 분류방식에 따라 초등교육, 중등교육, 고등교육 및 기타교육의 4범주로 분류된다.

〈표 6-1〉 GATS에서 규정하고 있는 서비스 공급의 형태 및 교육분야

구 분	정 의	교육분야 사례
유형 1 (국경 간 공급)	한 회원국의 영토로부터 다른 회원국의 영토로 서비스 공급	원격교육
유형 2 (해외소비)	한 회원국의 영토에서 다른 회원국의 서비스 소비자에게 서비스 공급	유학 및 해외연수
유형 3 (상업적 주재)	한 회원국의 서비스 공급자가 타 회원국의 영토에 주재하면서 상업적 목적으로 서비스 공급	교육기관 설립, 분교설치, 교육과정 공동운영
유형4 (자연인의 이동)	한 회원국의 자연인이 다른 회원국의 영토에 주재하면서 서비스 공급	외국인 교수/교사의 이동

제주국제자유도시의 외국교육기관 설립·운영에 관한 특별법을 제정하여 외국교육기관 국내진입 틀을 마련하였고, 현재 인천경제자유구역 송도국제도시 개발 사업의 일환으로 국제학교 및 외국대학 분교 유치를 위해 노력하고 있다.

정부는 해외대학 유치의 목표를 다음 세 가지로 두고 있다. 첫째, 국내에 유치된 우수 외국대학과의 경쟁과 협력을 통해 국내대학의 교육의 질 향상 및 경쟁력을 강화하는 것이다. 둘째, 국내 학생들의 해외유출을 감소시키고 외국인 학생을 국내로 유인하여 미래사회 국가의 핵심 경쟁력이 될 우수 인재를 확보하고 국제화를 촉진하는 것이다. 셋째, 국제화 지표를 개선하여 여러 국제적인 대학 평가에서 우리나라 대학들의 순위 향상을 목적으로 한다. 위 세 가지 목표를 달성함으로써 세계화 시대에 맞는 글로벌 인재를 양성하여 국가 경쟁력을 제고하는 것이 정부가 궁극적으로 이루고자 하는 목표이다.

---

2) 2009년 5월 8일, 교육과학기술부와 기획재정부가 발표한 것으로 교육과 의료 등 10대 분야를 유망 서비스 분야로 선정하여 집중 육성한다는 것이 주요 내용이다. 교육분야 서비스산업 선진화 방안의 주요 내용은 △외국교육기관의 잉여금 해외송금 허용, △경제자유구역 내 외국교육기관의 내국인 입학비율 완화 등 두 가지이다.

하지만 정부는 이 목표를 달성하기 위해 어떤 수준, 그리고 어느 정도 규모의 해외대학을 얼마나 유치해야 하는지는 설명하지 않고 있다. 더군다나 정부가 우선적으로 유치하려는 분야가 학부인지 대학원인지도 확실치 않은 상태이다.

〈표 6-2〉 우리나라 고등교육의 개방화 현황

시행시기	관련 방안 · 법규	주요 내용
1996. 8	고등교육 대외개방 기본계획	• 1997년부터 교육프로그램 공동운영 허용 • 1998년부터 외국대학 설립 부분 허용 • 1998년부터 외국대학 설립 허용 범위 확대
1997. 3	국내대학과 외국대학과의 교육과정 공동운영에 관한 규정	• 기초과학, 첨단과학기술, 국제학 등 분야에서 외국대학과 교육과정을 공동운영 허용
1997. 8	사립학교법개정	• 외국인의 사립대학 설립 허용
1999. 1	교육공무원법 개정	• 국립대학에 외국인 교원 임용 가능
2002. 4	동북아 비즈니스 중심국가 실현방안	• 외국우수대학(원)의 분교유치, 국내대학과의 프로그램 활성화, 외국인교수 초빙사업 지원, 국제대학 설립
2004. 11	외국인 유학생 유치확대 종합 방안	• 2010년까지 외국인 유학생 5만 명 유치 목표 설정
2005. 2	국내대학과 외국대학과의 교육과정 공동운영에 관한 규정	• 운영주체, 수업방식, 교원활용 등에 대한 제한 완화 • 복수학위 수여 가능
2005. 5	경제자유구역 및 제주국제자유도시의 외국교육기관 설립 · 운영에 관한 특별법	• 외국교육기관 국내진입 틀 마련
2006. 7	고등교육의 국제화 전략	• 총괄적 국제화 정책 집행 가능토록 함
2008. 7	외국인유학생 및 어학연수생 표준업무처리 요령	• 야간대학원에 외국인 유학생 입학 허용 • 입학허가서 서식 표준화
2008. 8	Study Korea Project 발전방안	• 2012년까지 외국인 유학생 10만 명 유치
2008. 9	경제자유구역 및 제주국제자유 도시의 외국교육기관 설립 · 운영에 관한 법률 개정	• 학교운영경비의 일부를 외국본교에 송금 가능토록 허용
2008. 12	연구중심대학(WCU: World Class University) 육성 사업	• 해외 석학과의 네트워크 강화 • 5년간 8,250억 원 지원

출처: 송영관 외(2008).

2) 해외대학 진출 현황

우리 정부의 해외대학 유치정책을 평가하기 전에 해외대학 국내 진출 현황을 검토해보자. 가장 먼저 용산 메릴랜드 대학교 분교가 1956년 진출하여 고등교육을 제공하고 있다. 현재 외국인만 입학 가능하며 90% 이상이 미군을 위한 것으로 온·오프라인 방식을 병행하여 수업이 이루어지고 있기 때문에 분교라기보다는 미국 정부와 메릴랜드 대학의 협정에 따른 군인 프로그램으로 보아야 한다. 한국인의 입학이 현재 불가능한 상태여서 용산미군기지가 평택으로 이전할 시 한국인 입학을 허용할지 여부에 대해 논의 중이다. 한국인 입학이 허용되기 위해서는 대학 측이 한국정부에 분교설치 인가를 내고 승인을 받아야 하지만, 외교적인 사안으로 SOFA 개정 등의 민감한 문제가 있어 신중한 접근이 필요하다.

다음으로, 네덜란드 국제물류대학의 한국 분교(STC-KOREA)가 2007년부터 운영 중이다. 이 대학은 네덜란드 로테르담에 소재한 세계적인 해운물류 전문 교육기관인 STC(Shipping and Transport College)가 해양수산부, 전라남도, 광양시의 후원을 받아 광양경제자유구역의 광양항 마린센터에 2007년 9월 설립한 최초의 정부 인가 외국교육기관이다. 현재 해운운송학 석사과정(40명 정원)을 본교와 동일한 교수진과 커리큘럼으로 운영하며, 졸업 후 네덜란드 해사대학의 석사학위를 부여한다.

가장 사람들에게 잘 알려진 해외대학 유치 사례는 인천 경제자유구역의 송도 글로벌대학 캠퍼스(Songdo Global University Campus)이다. 국내 최초로 외국대학(4년제 학부) 공동캠퍼스를 조성하여 외국인 정주여건 개선을 통한 FDI 거점을 확보하고 지식기반 중심의 산·학·연 클러스터 구축 및 동북아 교육허브로의 육성을 목표로 추진되고 있다. 캠퍼스가 완공되는 2012년 7월에 총 10여 개 대학 입주, 최대 12,000명의 학생을 수용할 것으로 예상된다(표 6-3).

〈표 6-3〉 입주 예정 대학 현황(7개 교)

대학명	학과(전공)	전체 학생 수	추진현황	
뉴욕주립대 스토니브룩	컴퓨터공학, 경영학, 정보시스템 등 학부과정	2천 명	2008.12 최종 설립협약체결	2010.9 개교 예정
노스캐롤라이나 주립대	유전학, 생물정보학, 생명공학 등 학부과정	3천 명	2009.3 최종 설립협약체결	
조지아공대	대학원 과정	-	MOU 체결	최종설립 협약체결추진 (2009년 하반기 예상)
서던캘리포니아대	공학 관련 학부과정	-		
델라웨어대	스포츠관리학, 경영학 등 학부과정	-	MOU 체결	
조지메이슨대	공공행정학 관련 학부과정	-		
미주리대	생명과학, 수의학 관련 학부과정	-		

마지막으로 독일 프리드리히 알렉산더 대학교(FAU)의 부산 분교가 운영 중이다. 1743년 설립된 FAU는 화학생명공학 분야에서 세계적 수준을 자랑하는 독일 바이에른 주에 위치한 국립대학교로서 2006년 훔볼트 재단 대학 평가 당시 독일 3백 개 대학 중 7위를 차지했다. 부산 분교는 2010년 3월 개교를 목표하고 있으며, 설립 초기에 1백 명 정원의 석사과정으로 시작하여 점차 박사과정까지 확대, 운영할 계획이다.

그러나 해외대학 유치가 지속적으로 성공리에 진행 중인 것은 아니며 유치 실패사례도 많다. 2009년 핀란드 헬싱키 경제대학이 제주에 분교를 설립하려고 하였으나 영리법인 학교설립에 대한 핀란드와 우리나라 법제도상의 차이로 진출을 포기했다. 인천경제자유구역 청라지구도 2007년부터 2009년까지 외국대학 유치사업을 진행하였으나 그 성과가 저조한 상태이다. 2012년까지 외국대학들이 공동으로 조성하는 '복합학술단지'(가칭)를 계획했지만 용지만 장기임대하는 방식으로 공모하기 때문에 외국교육기관의 관심과 참여가 미비하다. 러시아 모스크바 국립대학 제주

분교도 마찬가지로 2006년 대학입학을 위한 '예비학부 어학원' 설립을 시작으로 제주분교 유치를 추진했으나, 과실송금 불가의 이유로 대학 측에서 적극 나서지 않아 계획 무산되었다. 이외에도 미국 조지워싱턴 대학교가 제주분교를 설립하기 위해 2004부터 2007년 사이에 협상을 진행하였다. 그러나 조지워싱턴 대학 측이 부지 무상임대만으로는 수지타산이 맞지 않는다며 학교건물 설립까지 요구하자, 제주도가 과다한 재정 부담을 들어 유치를 포기하였다.

3) 해외대학유치 실적의 평가 및 분석

위에서 살펴본 바와 같이 국내 교육시장을 개방한 이래 비교적 오랜 기간이 경과했음에도 불구하고, 일반적으로 알려진 해외 명문대학의 유치를 성사시키지 못하고 있다.

사실 지금까지 유치가 논의되어 온 해외대학들이 국내대학 입시시장에 큰 영향을 미칠 것으로 예상되지 않는다. 송도 글로벌대학 캠퍼스도 궁극적으로 총 1만2천 명(연 3천 명) 의 재학생을 목표로 하고 있으나 정확한 학생규모를 예측하기까지는 상당한 시간이 소요될 것으로 보인다. 사실 연 3천 명의 입학생 규모는 전체 고등학교 졸업생 55만 명의 0.55% 수준에 지나지 않는다. 송도 입주가 확정된 뉴욕주립대(SUNY at Stony Brook)와 노스캐롤라이나주립대(North Carolina State University)도 입학생이 현재 연 500~700명으로 예상되어 그 규모가 크지 않고 본국에서의 학부 평판도가 높지 않기 때문에(*US News and World Report* 2010년 학부 순위가 각각 96, 88위) 한국의 상위권 입시시장에 큰 영향을 미칠 것으로 예상되지 않는다. 미국대학 합격자의 연세대 언더우드국제대학 합격권은 아이비리그 중위권(5~15위)에서 미시간대 등 최상위 명문 주립대로(2007학번 기준 25위권) 언더우드국제대학 합격권의 대학 랭킹 수준이

되어야 경쟁력이 있을 것이다. 현재 한국 진출에 관심을 보인 대학들이 수익성이 좋은 MBA 프로그램이나 의과대학, 또는 본국에 비해 상대적으로 실험 대상에 대한 법적 규제가 약한 IT/BT 계열 등 특정 분야에의 진출을 모색하는 것으로 보아 대규모 학부의 유치는 앞으로도 기대하기 어려울 것이다.

이처럼 해외대학 유치 실적이 부진함에도 불구하고 교육개방에 따른 국내 갈등은 수그러들지 않고 있다. 교육시장 개방에 반대하는 세력들은 교육이 이윤창출을 목표로 하는 산업으로 분류되어서는 안 되고 공공재적 성격을 띠어야 한다고 본다. 특히 해외대학 유치로 인한 교육기회 불평등 심화, 공교육의 붕괴, 사교육 시장의 과열, 교육의 대외의존도 확대 등을 우려하면서 교육시장 개방이 우리나라 교육 현실에 악영향을 줄 것으로 예상한다.

이에 반해 개방추진세력은 무리하게 해외대학 유치를 추진하는 측면이 있다. 해외대학 유치의 단기적 실적을 강조하는 성과주의가 해외대학 유치를 방해하는 현실적인 규제, 유치할 경우 발생하는 문제점 그리고 예상되는 결과를 간과하기도 한다. 또한 일부 지방자치단체가 지방경제 및 부동산 분양 활성화를 위해 해외대학유치를 추진하는 경우가 허다하다. 국내대학의 역량을 지나치게 폄하하고 국내대학을 개혁대상으로 인식하는 반국내대학 정서도 정부 정책에 영향을 미치고 있다.

우리는 해외대학 유치가 부진한 보다 근본적인 원인이 교육기관의 해외이동, 즉 상업적 주재 형태의 교역이 구조적으로 제한적일 수밖에 없는 교육시장의 한계를 간과하는 데 있다고 본다. 교육서비스 시장은 타 서비스 상품과는 달리 시간적, 공간적 제약을 많이 받기 때문에 그동안의 교육서비스 교역은 주로 학생과 교원이 직접 이동하는 형태로 이루어져 왔다. 그동안 세계적으로 명문학부가 해외시장에 진출한 예가 없음을 고려할 때 명문학부 이동 시장 자체가 존재한다고 볼 수 없는 것이 현실이다.

명문학부 이동을 제약하는 요인은 수요와 공급 양쪽에 모두 존재한다. 명문학부의 본교에 직접 진학할 수 있는 대안이 열려있는 상황에서 아무래도 평판도가 떨어지는 분교에 진학하는 우수학생이 많지 않다. 또한 대학원과 달리 학부교육 분야에서는 국내대학에 대한 선호도가 높고 국내대학의 경쟁력도 선진국에 비해 크게 떨어지지 않아 분교에 진학할 매력도가 떨어진다. 해외대학이 본교 수준의 학부교육을 해외분교로 이전하기가 현실적으로 불가능한 것도 큰 이유 중 하나이다. 교과과정과 시설은 본교 수준으로 시작할 수 있으나 학부교육에 중요한 캠퍼스문화, 칼리지타운, 지역사회를 재생하기 어렵고 이에 따라 본교 수준의 교직원과 학생을 유치하기가 여의치 않기 때문이다. 정기오(2007)에 의하면 선진국의 명문대학들도 자신의 교육 프로그램을 해외로 프랜차이즈할 만큼의 노하우 및 관리능력을 가지고 있지 않다고 주장하는 것도 이를 뒷받침한다. 따라서 해외 명문대학은 학생 이동이 여의치 않은 지역(예: 중동)과 분야(예: MBA)에서 소규모 교수를 파견해도 운영 가능한 소규모 프로그램을 선호하고 있다. 상기의 근거들은 지금까지 해외 명문대학의 국내 진출이 왜 어려운지를 설명하고 있다.

3. 싱가포르 · 두바이 · 카타르 · 일본 등 주요국 사례

해외대학 유치 추진 세력은 해외대학 유치 성공사례로 싱가포르, 두바이, 카타르를 홍보한다. 그러나 다음에서 검토하는 바와 같이 상기의 나라들도 우리 국민이 기대하는 규모의 해외대학 분교의 유치를 추진하지 않았으며 현실적으로 어렵다는 것을 보여준다. 또한 해외대학 유치의 한계는 우리나라와 사정이 유사한 일본의 경험에서도 엿볼 수 있다.

1) 싱가포르

싱가포르 경제개발청(EDB: Economic Development Board)은 21세기 지식경제 시대를 맞이하여 지식주도산업의 세계적인 중심지로 거듭나기 위해 1998년 'Industry 21' 계획을 발표하고, 교육부문을 10대 집중 육성 분야 중 하나로 선정하였다. 'Industry 21' 계획은 향후 10년 이내에 지식기반사업이 싱가포르 연간 총 GDP의 40% 이상을 차지하고, 매년 20,000~25,000여 개의 일자리를 창출하는 것을 목표로 세계적 수준의 다국적 기업을 유치하고 우수한 노동력을 양성하는 데에 중점을 두었다.

싱가포르는 세계적 수준의 교육 및 최첨단 연구를 위해 2010년까지 세계 최고 수준의 10개 대학 유치를 목표로 World-Class Universities Program(WCU) 추진하였다. 싱가포르의 외국교육기관 유치는 교육관련 부처가 아니라 경제개발청의 주도로 이루어지고 있다는 점이 특징이며 특히 대학원 수준의 고도의 전문지식에 중점을 두었다.

당초 목표를 이미 2003년에 달성하였으며, 그 이후에도 계속해서 세계 유명대학 유치를 위해 노력하고 있다. 프랑스의 INSEAD를 포함, 미국의 MIT, 존스홉킨스대학, 조지아공대 등 우수 해외대학이 분교를 설립하였거나 공동과정을 개설하였으며 연구소 설립 등을 추진하고 있다(표 6-4, 표 6-5). 싱가포르에는 2007년 120개국 8만6천 명의 외국인 학생들이 유학 중이며, 2015년까지 그 수를 15만 명으로 확대·유치한다는 계획을 세웠다.

그러나 이처럼 성공적으로 보이는 싱가포르의 해외대학 유치 사례에서도 2009년 싱가포르에서 운영되는 해외프로그램 총 47개(표 6-4, 표 6-5) 중 해외대학이 독립적으로 운영하는 과정은 7개뿐이다(표 6-4). 독립과정 모두가 2000년도 이후에 설립되었기 때문에 싱가포르가 지식기반 경제로 나아가기 위해 우수한 인력을 양성한다는 당초 유치 의도에 7개

〈표 6-4〉 싱가포르의 해외대학 분교(독립과정) 현황

	대학명	본국	설립시기	프로그램	기간	재학생	교수	비고
1	INSEAD Singapore	프랑스	2000.1.	MBA	10개월	300명	34명	
2	ESSEC	프랑스	2004.4.	MBA, 기타 Non-degree 프로그램	15~18개월	NA	120명	대부분의 강의가 본교에서 이루어짐 / 교수는 본교, 분교 관계없이 강의
3	S.P. Jain Center of Management	인도	2006	Global MBA	1년	NA	12명	6개월은 싱가포르에서, 6개월은 두바이에서 진행
				Executive MBA	2년	NA		UAE와 싱가포르 거주자에게만 해당
4	Tisch School of the Arts, Asia (NYU)	미국	2007	MFA in Animation and Digital Arts, Dramatic Writing, Film	2년	76명	약 30명	교수 대다수 본교 파견 싱가포르, 유럽 출신 교수도 채용
5	University of Chicago Booth Graduate School of Business	미국	2000	MBA	21개월	180명	-	교수전원 본교 파견
6	DigiPen Institute of Technology Singapore	미국	2008.7.	B.S. in Real Time Interactive Simulation, Game Design, Production Animation	4년	40명	10명	
7	University of Nevada Las Vegas	미국	2006	B.S. in Hotel Administration	3년	NA	55명	본교교수 파견이 원칙이나 싱가포르 현지에서도 채용
				Executive Masters in Hospitality Administration	15개월	NA		

출처 : 싱가포르 경제개발청 웹사이트, 각 대학 홈페이지 및 각 대학 담당자로부터 이메일 수신.

〈표 6-5〉 싱가포르 주요 대학과 해외대학의 공동운영과정 현황

■ National University of Singapore(http://www.nus.edu.sg/global/global-partners.php

	프로그램	협력대학	학위
1	Singapore: MIT Alliance(SMA)	MIT & NTU	복수학위
2	The Logistics Institute: Asia Pacific	Georgia Institute of Technology	NA
3	Yong Siew Toh Conservatory of Music	Peabody Institute, Johns Hopkins University	NA
4	Duke-NUS Graduate Medical School Singapore	Duke University	공동학위
5	German Institute of Science & Technology	Technische Universitat Munchen	공동학위
6	Joint Laboratories with Centre National de la Recherche Scientifique(CNRS)	Centre National de la Recherche Scientifique	공동연구
7	Lee Kuan Yew School of Public Policy	John F Kennedy School of Government, Harvard University	NA
8	Risk Management Institute (Financial Engineering)	University of California, Berkeley	수료
9	Temasek Defence Systems Institute	US Naval Postgraduate School	복수학위
10	International Master of Business Administration	Peking University	복수학위
11	Joint PhD in Engineering, Science & Computing	Indian Institute of Technology Bombay	NA
12	Joint PhD in Genetic & Molecular Epidemiology	Karolinska Institute	공동학위
13	Masters of Science(Industrial Chemistry)	Technical University of Munich	공동학위
14	Masters in Public Management	John F Kennedy School of Government, Harvard University	복수학위
15	Masters in Public Policy & Public Administration	Columbia University	NA
16	Masters in Transportation and Logistics	Tsinghua University	복수학위
17	NUS-UIUC Joint Master of Science(Chemical Engineering)	University of Illinois at Urbana-Champaign	NA
18	NUS-UIUC Joint PhD(Chemical Engineering)		
19	UCLA-NUS Executive MBA	The Anderson School at UCLA	복수학위
20	Double Degree-University Scholars Program	SILS, Waseda University	복수학위
21	S^3 Asia MBA	Fudan University, Korea University	복수학위

■ Nanyang Technological University' s Joint Programmes (http://global.ntu.edu.sg/Pages/Jointprogrammes.aspx)

	프로그램	협력대학	학위
1	Singapore-MIT Alliance(SMA)	MIT & NUS	복수학위
2	Singapore Stanford Partnership(SSP)	Stanford University	NA
3	Joint MSc(Integrated Circuit Design) Programme	Technical University of Munich	NA
4	Dual Degree MSc(Micro Electro Mechanical Systems Engineering)	ESIEE	복수학위
5	Cornell-Nanyang Institute of Hospitality Management(CNI)	Cornell University	NA
6	Double MBA Degree	ESSEC	복수학위
7	Double MBA Degree with St. Gallen	St. Gallen	복수학위
8	Double MBA Degree with Waseda	Waseda University	복수학위
9	Berkeley-Nanyang Advanced Manage-ment Programme(Executive MBA)	University of California, Berkeley	공동운영
10	Nanyang Fellows Programme with MIT Sloan Business	MIT	공동운영
11	MBA Programme	Shanghai Jiaotong University	NA
12	Joint Executive MBA Programme	Shanghai Jiaotong University	NA
13	MSc in Financial Engineering in Collaboration	Carnegie Mellon University	NA
14	Bachelor of Accountancy	University of Illinois	공동운영
15	Joint Graduate Diploma programme	University of Washington	공동운영
16	Dual Bachelors Degree in Biomedical Sciences and Medicine	Beijing University of Chinese Medicine	복수학위
17	MSc Programme in Maritime Studies	Norwegian school of Management	공동운영
18	Dual MSc Program in Human-factors Engineering	Linkoping University	복수학위

■ Singapore Management University(http://www.smu.edu.sg/)

	프로그램	협력대학	학위
1	The Wharton-SMU Research Center	Wharton School, University of Pennsylvania	공동연구

출처: 싱가포르 경제개발청 홈페이지 및 각 대학/프로그램 홈페이지.

해외대학의 독립과정이 얼마나 기여하는지를 평가하기는 사실상 어렵다.

7개의 독립과정(학부, 석·박사 과정) 모두 운영하는 전공과 학과가 극히 한정적이고, 파악된 학생 수 역시 최대 3백 명 이하의 소규모이다. 가장 큰 프로그램인 INSEAD의 MBA과정은 재학생이 300명, 시카고대학 부스경영대학원(University of Chicago Booth Graduate School of Business)은 180명이며, NYU의 티쉬스쿨(Tisch School of the Arts)은 76명에 불과하다. 또한 본교에서 파견되는 교수 수가 적고, 분교에 정주하는 경우보다는 필요시 단기로 체류하는 경우가 많아 본교와 동일한 수준의 교육이 이루어진다고 보기 힘들다.

또한 독립과정, 공동운영과정 모두 학부과정은 일부에 불과하다. 독립과정 중 학부과정을 운영하는 대학은 디지펜 공과대학(DigiPen Institute of Technology Singapore)과 라스베이거스 네바다대학(University of Nevada) 등 2개 대학뿐이고, 주로 석사 이상의 과정을 운영하며, 이 또한 주로 MBA, 공학 및 의학 등 특정분야를 중심으로 운영하고 있다. INSEAD, ESSEC, 시카고대학 경영대학원 모두 MBA 프로그램이다. 이는 동북아의 교육·경제중심지로 거듭나고자 하는 싱가포르의 국가 정책과 교육 노하우 전파 및 수익 창출을 목표로 해외로 진출하려는 외국교육기관의 의지가 맞아 떨어진 결과로 평가할 수 있다.

그러나 위와 같이 싱가포르가 적극적으로 유치한 해외대학 분교 및 공동과정은 최근 수익성 부족과 프로그램 관리의 어려움으로 인해 여러 프로그램이 폐쇄하고 있다. 2007년 5월 호주의 명문대학 UNSW(University of New South Wales)는 등록 학생 수의 부족으로 설립한 지 한 학기 만에 모두 철수하였다. 당초 800명의 입학생을 목표로 프로그램을 준비 중이었으나 최종적으로 148명만이 등록하였기 때문이다. 또한 호주 왕립 멜버른 공과대학(Royal Melbourne Institute of Technology University)도 싱가포르에서 철수 중이며 동 교의 중국, 홍콩, 일본, 말레이시아 프로그랩도 철수하고 있다. 소규모의 분교는 양질의 교육서비스 관리가 힘들다. 이는 기본적으로 원거리에 위치한 본교에서 분교의 학습 환경과 시설에 대한 관리를 철저하게 하기 어려운 측면이 있기 때문이다. 이에 따라 분교에서 본교와 같은 수준의 교육서비스를 기대하기 어렵다.

결론적으로 싱가포르에서 해외대학의 진입이 상대적으로 활발하게 이루어지고 있으나 대부분의 프로그램이 특정 분야에 한정된 소규모이며 설립된 지 얼마 안 되어 싱가포르 전체의 대학 경쟁력이나 국가경쟁력 향상에 기여했다고 평가하기 힘들다. 특히, 대부분의 해외대학 유치가 석사과정 이상 전문과정에 머물러 학부교육에 미친 해외대학의 영향력은 미미하다.

2) 두바이 지식마을

두바이 지식마을(*Knowledge Village*, 이하 지식마을)은 미국 미시간 주립대, 호주 울런공대 등 20여 개의 해외 유명대학의 단과대학과 14개의 연구개발센터, 100여 개의 각종 교육훈련기관이 모여 있는 교육·연구단지이다(표 6-6). 2003년 인터넷 시티(Internet City), 미디어 시티(Media City)와 함께 'Technology & Media Free Zone'을 구성하며 설립하였다. 지식마을은 마이크로소프트(MS), IBM, 3M 등 인터넷 시티와 미디어 시티에 입주한 글로벌 기업들을 위한 맞춤형 고급인력을 양성하고 공급하는 목적으로 두바이 정부가 조성하였다. 2003년 설립 당시 2천여 명에 불과했던 학생수가 2007년 87개국 출신의 1만여 명으로 증가하였으며, 2010년까지 4만 명의 학생을 유치할 계획을 세우고 있다.

두바이 정부는 이들 대학을 유치하기 위해 적극적인 해외대학 유치정책을 폈다. 100% 면세, 이윤의 100% 본국 송금 허용, 학생 선발권 및 등록금 책정권 보장 등의 혜택을 제공하였다. 또한 토지는 거의 무상으로 제공하고 학교 설립자금이 부족할 경우, 투자기업도 알선하는 등 적극적인 지원책을 마련하여 해외대학이 두바이에 설립할 인센티브를 부여하였다.

〈표 6-6〉 두바이 주요 해외대학 분교 현황

	해외대학 분교	설립연도	재학생	학 위
1	Boston University Dental School Dubai	2008. 7	50	Postgraduate
2	Cass Business School Dubai	2007. 9	NA	Executive MBA
3	Duke University Dubai	2009. 4	15	Masters, MBA, EMBA
4	French Fashion University Dubai	2006. 10	150	BA, diploma
5	Fuqua School of Business Dubai	2008. 9	NA	MBA, EMBA
6	Harvard Medical School Dubai Center	2004	NA	Postgraduate
7	Heriot Watt University Dubai	2006. 3	1,200	BA, BBA, BSc, BEng, MA, MSc, PhD
8	Hult Dubai, International Business School	2008. 9	NA	MBA
9	London Business School Dubai	2007. 9	78	Executive MBA
10	Manchester Business School Dubai	2006. 9	600	MBA, DBA
11	Manipal University Dubai	2003. 9	1,000	BA, BBA, BE, BSc, MBA, MSc
12	Michigan State University Dubai	2008. 8	100	BSc, MSc, MA
13	Middlesex University Dubai	2005. 1	1,300	BA, BSc, MA, MSc, MBA
14	Murdoch University Dubai	2008. 9	75	MBA, Bachelor degrees
15	RCSI Dubai	2005	NA	MSc
16	Rochester Institute of Technology Dubai	2008. 9	NA	MBA, MEng, MSc
17	Russian University, Dubai	-	NA	Bachelor, Master's degree
18	St Joseph University, Dubai	2008. 9	NA	LLB
19	University of Atlanta, Dubai		NA	Online degree program
20	University of Phoenix, Dubai	2007	900	Bachelors, Masters, MBA
21	University of Southern Queensland, Dubai	2004. 9	300	BBA, BIT, BMC, MBA, MIT
22	University of Waterloo, Dubai	2009. 9	25	BE, BEng, CFA, PRM
23	University of Wollongong, Dubai	1993	2,500	BBA, BCom, BIT, MBA

출처: 두바이대사관 인터뷰 및 각 대학 홈페이지.

두바이가 유치한 해외대학 중 조사된 대상 23개(표 6-6)를 분석해 보면 학부과정 1개, 석・박사과정 11개, 학부 및 석사과정 11개로 앞서 살펴본 싱가포르의 경우에 비해 학부과정을 운영하는 대학이 많음을 알 수 있다. 그러나 울런공대학교(University of Wollongong)를 제외하고는 지식마을 프로젝트가 시작된 2003년 이후 진출한 신생대학들이고, 학생 수가 적은 대학들이 많아 해외 분교가 두바이 고등교육에 기여한 정도를 평가하기는 아직 이르다.

또한 실패사례도 다수 발생하고 있다. 미국 조지메이슨대학(George Mason University)은 2006년 영어프로그램(ESL)으로 시작했지만, 전공을 이수하려는 학부생 모집에 실패하여 2009년 결국 두바이 분교를 철수하였다. 미국 코네티컷대학(University of Connecticut)도 2003년 단기프로그램(International Executive Programs)을 운영하였으나, 2007년 외국인 노동자의 인권문제로 결국 철수하였다. 캐나다의 뉴브런즈윅대학교(University of New Brunswick)는 실제 프로그램을 운영하는 것이 아니라, 본교로의 학생 모집을 위한 현지 출장소의 역할을 하여 고등교육을 제공하는 기관으로 평가하기 힘들다.

3) 카타르 교육도시

카타르의 교육도시(Education City)는 1995년 국왕비의 주도하에 도시가 구상되어 2003년 10월 공식 출범하였다. 세계 최고 수준의 교육 제공을 통한 인재 양성과 교육을 국가성장산업의 하나로 육성하기 위한 교육허브 비전을 실현하기 위해 세워진 교육단지로 국가의 적극적인 지원하에 조성되었다. 세계 최대의 교육단지 '대학 중의 대학'을 주창하며 짧은 기간에 미국 등의 유수대학의 경쟁력 있는 단과대학들을 유치하는 데 성공하여 해외대학 유치 정책의 또 하나의 모범국가로 인식되고 있다.

〈표 6-7〉 카타르 교육도시 입주 대학 현황(2008년 9월 기준)

해외대학 분교	진출 연도	프로그램 내용	학생/교직원 수
버지니아 커먼웰스대학	1998년	MFA in Design Studies, BFA in Fashion Design, Graphic Design, Interior Design and Painting & Printmaking	NA
코넬 의과대학	2001년	예과 2년, 본과 4년의 6년 과정	학생 239명 교수 185명
텍사스 A&M 대학	2003년	Chemical Engineering, Electrical and Computer Engineering, Mechanical Engineering, Petroleum Engineering, Liberal Arts, Science	학생 300명 교수 75명 직원 154명
카네기멜론대학	2004년	Business Administration(120명) Computer Science(47명) Information Systems(20명)	학생 187명 교수 26명 직원 88명
조지타운대학	2005년	Bachelor of Science in Foreign Service(School of Foreign Service)	학생 145명 교수 32명 직원 15~20명
노스웨스턴대학	2008년	Communications, Journalism	학생 40명 교수 13명 직원 11명

출처: 주한 카타르대사관 홈페이지 및 각 대학 홈페이지.

2009년을 기준으로 6개의 미국대학이 입주한 상태이며, 총 45개국 2,500여명의 학생이 재학 중이다(표 6-7).

카타르 교육도시는 미국 본교와 동일한 분교 운영을 목표로 하고 있다. 전 수업이 영어로 진행되고, 본교 교수가 직접 가르치며, 입학기준, 학위 취득, 커리큘럼, 교육 철학 등이 미국의 캠퍼스와 동일하다. 이는 카타르 재단을 통한 카타르 정부의 정책 및 파격적인 지원과 국내외 학생 수 감소로 재정적 어려움을 겪고 있는 미국대학들의 현실적 요구가 맞물려 이루어진 프로젝트 도시이기에 가능하였다. 카타르 재단은 카타르 국왕(하마드 빈 칼리파 알타니)이 설립한 교육도시 운영 주체로 왕비인 모자 빈트 나세르 알미스가 재단 이사장을 맡고 있는데, 분교 부지는 물론 건물, 각종 교육시설 및 기자재, 교수들의 급여, 주택에 이르기까지 카타르 정부가 이 재단을 통해 지원하고 있다. 6개 대학에 매년 10억 달러 이상의 지원비를 제공하고 있고, 코넬 의과대학의 경우, 11년간 7억 5천만 달러가 넘는 금액을 지원받기로 했으며, 카타르에 파견되는 교수들은 6성급에 해당하는 숙소 및 본교보다 높은 연봉이 보장되고 있다.

6개의 해외대학 프로그램은 주로 의학, 공학, 컴퓨터, 국제관계학 등 중동지역에서 당장 필요로 하는 직업교육 위주로 구성되어 있다. 2009년 현재, 45개국 출신의 약 2,500여 명의 학생들이 6개 대학에 재학 중이며 매년 300여 명의 신입생을 받고 있다. 버지니아 커먼웰스대학은 디자인 전공 위주로 설립되었고, 카네기멜론대학은 경영, 컴퓨터 공학과 정보시스템 3가지 전공으로 2008년 기준 187명의 재학생이 공부하고 있다. 텍사스 A&M은 6개 대학 중 가장 규모가 크며 공대 세부전공 4개와 문과대에 약 300명의 학생이 재학 중이며 조지타운대학은 국제관계학에는 145명, 노스웨턴대학의 신문방송학 프로그램에 40명의 학생이 교육을 받고 있다. 이는 평균적으로 각 학교당 약 400여 명이 재학하며, 매년 50명 정도의 신입생을 모집하고 있는 것으로 소규모의 분교임을 알 수 있다.

두바이와 마찬가지로 분교가 설립된 이후 충분한 기간이 경과하지 않았기 때문에 이들 분교의 교육적·경제적 기여도를 평가하는 것은 시기상조이다. 또한, 카타르 교육도시의 가장 큰 문제점은 학생 수에 맞는 적절한 규모의 교수진을 확보하는 것이다. 주택 무료 제공, 보너스, 세금혜택 등에도 불구하고 환경이 열악한 중동지역에 오려는 교수가 드물다. 그리하여 현재 본교 교수들이 몇 주간 카타르에 와서 학생들을 가르치는 방식에 의존하고 있다. 이는 해외대학 분교가 본교 수준의 교육의 질을 제공하지 못함을 암시한다.

4) 일본

1982년 미국 템플대학 일본교(Temple University, Japan)를 시작으로, 1980년대 후반부터 급속하게 학부수준의 미국대학 분교가 일본에 설립되었으며, 미국분교가 가장 많이 설립되었을 때는 총 37개교에 이르렀다(표 6-8).

그러나 여러 가지 복합적인 이유로 1995년을 전후로 하여 대부분의 대학이 폐교하였다. 먼저 일본에 진출한 미국 분교는 일본 내에서 학위를 인정받지 못하였다. 극소수의 학교만이 전수학교로 설립인가를 받았고, 대부분(81.4%) 학교교육법상 인가를 받지 못한 교육시설로 설립(손경애, 1993)되어 일본학생들이 일본 고등교육의 대체재로서 선택하는 경우가 드물었다. 또한 일본에 진출한 미국대학들은 대체로 2년제 전문대학(*Community College*) 등 자국에서도 학생 모집에 어려움을 겪는 부실한 대학들로 대부분 다양한 학위과정이 아닌 영어연수 프로그램만 제공하여 일본대학이나 해외유학과 함께 선택할 수 있는 고등교육을 제공하는 기관으로 인식되지 않았다. 미국 분교의 낮은 지명도에 비하여 비싼 등록금도 학생 수요를 높이지는 못한 이유 중 하나이다. 게다가 일본이 거품경제로 부풀려져 있던 1980년대 말경에 설립되어 이후 경제침체, 엔고 등으로 학생 수가 감소하고, 이윤 추구를 목적으로 분교 설립을 지원했던 일본인 재정 후원자의 지원이 끊기자 극심한 경영난에 처하여 폐교하게 된 것이다.

문부성이 관여하지 않아 정확한 자료는 없지만,[3] The Laurasian In-

3) 일본 분교 운영에 대한 논의는 일본이나 미국의 신문 또는 저널에서 간헐적으로 이루어져 왔을 뿐 체계적인 연구는 극히 제한적이다. 일본에서 설치·운영되어 온 일본 분교의 수가 정확하게 파악되지 않기 때문에 일본 분교의 현황을 정확하게 파악하는 것은 한계가 있다. 이는 일본 분교가 일본 문부성의 대학설치기

〈표 6-8〉 일본의 연도별 해외대학 유치(1982~1994)

	1982	1985	1987	1988	1989	1990	1991	1992	1993	1994	계
개교 수	1	1	3	5	7	17	0	2	1	0	37

출처: 손경애 (1994)

stitution[4]의 보고(1992)에 따르면, 1991년까지 약 37개 이상의 일본분교가 설치·운영되어 온 것으로 집계되고 있으며, 이들 중 일본 미국대학협의회(AACUJ: Association of American Colleges and Universities in Japan) 가맹교는 20개교로 파악된다. 이 중 1996년까지 10개교가 상기의 이유로 인해 폐교된 것으로 집계된다(손경애, 1998)(표 6-9).

현재는 나머지 약 10여 개의 분교가 운영 중이나, 템플대학과 남일리노이대 정도만이 현상 유지를 하고 있다(표 6-10). 템플대는 일본에 가장 먼저 진출한 미국분교로 일본 외에 영국 런던과 그리스 로마에 분교를 운영 중이고, 또 다른 3개국(중국, 이스라엘, 프랑스)의 대학과는 전학 및 학점교류 제휴를 맺고 있다. 일본의 템플대는 학부과정은 2009년 기준 864명, 일본에서도 메리트가 있는 TESOL, MBA, Law School 과정에 약 450명, 학위 과정에 약 1,300명이 재학 중이다. 그러나 템플대학을 실질적으로 유지하는 데 도움을 주는 것은 학위과정과 함께 약 2천 명이 등록되어 있는 기업교육프로그램과 영어 및 평생교육프로그램을 제공하는 비학위과정이다. 또한 학부과정은 약 40%, 대학원 과정은 50~60%가 미국 및 외국인으로 미국 본교의 학생이 일본에 공부하러 오는 경우와, 일본에 근무하고 있는 외국인에게 교육을 제공하는 형태로 운영을

준에 의해 허가된 것이 아니기 때문에 학교 기본조사통계에서 제외되었기 때문으로 보인다(손경애, 1998).

4) The Laurasian Institution은 1990년 미국 시애틀에 세워진 비정부, 비영리 교육기관으로, 서로 상이한 국적의 사람들이 만나 다양한 문화를 경험함으로써 서로에 대한 이해를 높일 수 있도록 국제적이고 다문화적인 교육프로그램을 제공하는 기관이다.

하여 타 분교와 달리 운영 노하우가 있는 것으로 보인다. 즉, 이는 일본의 템플대학도 우리가 일반적으로 인식하는 학부 중심의 해외대학 유치 성공사례로는 볼 수 없다는 것을 시사한다.

일본의 해외대학 진출은 앞에서 거론한 세 국가와 특이성이 존재한다. 싱가포르, 두바이, 카타르의 경우처럼 외국대학을 유치하고자 하는 정부의 노력에 의해서가 아니라, 자연적인 외국대학의 현지 진출 또는 일본 지방정부와 외국대학 간의 협력에 의해 이루어졌다는 점이 특징적이다. 일본 진출 해외대학은 지방자치단체장의 인가를 얻어 전수학교의 자격으

〈표 6-9〉 AACUJ 가맹 미국대학 일본분교 현황(1998)

	학교명	현 황	후원주체
1	Arizona State University of Japan	폐 교	주식회사
2	City University Japan		주식회사
3	CUNY Lehman College	폐 교	주식회사
4	Concordia College of Japan	폐 교	비기업체
5	Edmond Community College Japan		주식회사
6	Heidelberg College of Japan		주식회사
7	Lakeland College of Japan		주식회사
8	McKendree College of Japan	폐 교	주식회사
9	Minnesota State University System		지방자치체
10	Mt. Hood Community College	폐 교	주식회사
11	Oklahoma State University	폐 교	주식회사
12	Southern Illinois University		지방자치체
13	Sullivan County Community College		비영리체
14	Teachers College Columbia		비영리체
15	Temple University of Japan		주식회사
16	Texas A & M University	폐 교	지방자치체
17	Tokyo-American Community College	폐 교	주식회사
18	University of Nevada, Reno	폐 교	주식회사
19	University of West Florida	폐 교	주식회사
20	Central Texas College		

〈표 6-10〉 템플대학과 남일리노이대 분교 현황

대학명	설립연도	학생 수	교직원 수	학과(전공)
Temple University, Japan	1982년	학위: 1,308명 비학위: 1,918명	교수: 178명 교직원: 132명	학부과정, TESOL, MBA, Law School
Southern Illinois University, Carbondale in Nigata	1988년	NA	교수, 교직원 총 14명	Intensive English Program

로 설치되거나, 일본 출입국 관련법령에 따른 외국인 단체로만 등록하고, 학교교육법상 인가를 받지 않은 교육시설로 설립되었다. 자발적인 해외대학의 분교 설립 및 공동과정 운영에도 불구하고 대다수의 해외분교(약 73%)가 폐교된 것으로 보아 해외대학의 일본 진출은 성공적이었다고 볼 수 없다.

4. 해외대학 유치의 올바른 방향 · 독립 분교 유치에서 조인트캠퍼스 지원으로

지금까지 해외대학 유치의 대표적인 성공사례로서 싱가포르, 두바이, 카타르를 살펴보았다. 이 세 국가가 유치한 해외대학도 실제로는 학생 및 교수 수, 운영 프로그램의 다양성 측면에서 대부분 소규모의 형태이고, 현지 설립역사가 짧아 그 나라의 고등교육 수준 향상에 미친 영향을 평가하기에는 시기상조이다. 물론 정부 차원에서 국가경쟁력 제고를 위해 우수한 인재 양성의 필요성을 절감하고 경쟁력 있는 해외대학 유치를 위해 적극적인 지원과 집중적인 노력을 아끼지 않은 점은 높이 평가할 만하다. 이와 달리 일본이 해외대학 학위를 인정하지 않고 외국대학 유치에 배타적이었던 점이 일본에 진출한 해외대학에 악영향을 미쳐 결과적으로 반 이상이 폐교하게 된 사실도 우리에게 시사하는 바가 크다.

우리나라에서도 싱가포르, 두바이, 카타르 사례와 같은 소규모 특화된 해외대학 프로그램들이 늘어나는 것은 대학의 특성화, 국제화 차원에서 바람직하다. 교육소비자에게 국내 교육기관이 생산할 수 없는 다양한 교육 기회를 제공할 수 있으며, 유학을 나가지 않는 이상 얻기 힘든 교육을 국내에서 받을 수 있으므로 교육의 국제화에도 기여하기 때문이다. 그러므로 정부는 유치시장에 대한 직접적인 개입과 국내대학에 대한 역차별을 유발하는 과도한 유인 제공을 지양하는 대신 해외대학의 국내진입을 막는 규제를 완화하고 해외대학 유치를 위한 국내 인프라를 구축하는 시장친화적 정책을 추진해야 한다.

정부가 적정 규모의 해외학부 유치를 통해 국내 시장의 경쟁 압력을 확대하는 것을 원한다면, 현재와 같이 해외 명문대학의 독립 분교를 유치하는 정책보다는 국내대학과 해외대학 간의 조인트 대학(*Joint University*)을 지원하는 정책이 더 효과적이다. 앞에서 살펴본 바와 같이 해외에서도 명문학부의 해외 진출이 시도되거나 성공한 사례가 없으며, 학부 수준에서 대규모 해외 명문대학의 분교를 유치하여 이를 성공시키는 데에는 상당한 현실적 제약이 따르기 때문이다. 재정적 지원을 대가로 한국에 진출한다고 해도 현실적으로 본교 수준의 교육 프로그램을 운영하는 데 필요한 다수의 교원과 직원을 한국에 거주시키는 것은 어렵다. 본교의 교직원을 대거 한국에 파견하는 것은 외국인 거주 및 교육행정 인프라가 제대로 갖추어 있지 않은 상태에서는 불가능하며, 단기 파견 형태로는 대학다운 대학의 학부교육을 제공할 수 없다. 그러므로 해외 분교를 유치하는 정책은 정부가 국내 대학시장에 경쟁을 통해 교육의 질을 향상하는 효과를 일으킬 수 없다.

조인트 대학(*Joint University*)은 국내대학이 해외대학과 전략적 제휴를 맺어 복수학위(*Dual Degree*) 또는 공동학위(*Joint Degree*) 과정을 제공하는 독립된 캠퍼스이다. 대표적인 예로서 송도국제화복합단지의 조인트 유니버시티 캠퍼스(Joint University Campus)를 들 수 있다.[5] 유럽의 에

라스무스 문두스(Erasmus Mundus)도 유사한 개념의 프로그램이다.[6)]

해외명문대학도 조인트대학 방식을 선호할 것으로 예상된다. 국내 사정에 익숙한 국내대학이 파트너 또는 컨소시엄의 일부가 되기 때문에, 입시 및 국내학생 선호도의 변화 등 국내 변화에 빠르게 대응할 수 있다. 또한 국내대학이 기본 교양 및 연계과정과 행정서비스를 제공하기 때문에 해외대학은 대규모 인력 이동이나 충원 없이 국내에서 학위과정을 운영할 수 있다.

조인트대학 운영을 위한 법제도 장치도 마련된 상태이다. 대학 자율화 추진계획 후속 조치로 발표된 '고등교육법 시행령' 개정(2009년 1월 6일)에 따라 외국대학과의 교육과정 공동운영을 대학이 자율적으로 운영할 수 있도록 하고 학위수여 등 기본적인 사항을 동 시행령에 명시하고 있다(제13조). 단, 성공적인 운영을 위해서는 조인트대학에 수도권 정원 규

---

5) 동아시아 교육 거점을 목표로 송도국제화복합단지 내에 해외 명문대학들의 분교 및 교육기관을 유치하여 공동 연구 및 공동 교육 프로그램이 운영될 예정이다. 연세대학교가 건물, 교육 기자재 등 하드웨어를 제공하고 해외대학은 교육 프로그램 및 재학생과 교수진을 파견하는 방식으로 추진 될 것이다. 미국 UC 버클리 대학(University of California, Berkeley)과 협약서를 체결하여 2010년 개교하는 연세대 송도캠퍼스에 'UC 버클리 동아시아 교육기지'를 설립하기로 하고, 이미 2008년 3월부터 신촌캠퍼스에서 파일럿 프로그램(Yonsei-Berkeley Joint Lecture Course)이 진행되고 있다. 2015년까지 12개의 세계 명문대 유치를 목표로 하고, 일본 게이오대학, 영국 워릭대학, 미국 일부 대학들과 협의 중이다.

6) 유럽 내 국가와 제 3국가(유럽 이외의 국가) 간의 고등교육분야 교환/교류 협력 정책의 일환으로, 고등교육 분야에서 유럽의 위상을 세계에 알리고, 유럽을 최고 수준의 대학교육 거점으로 자리매김하려는 의도로 만들어진 프로그램이다. 유럽학생들뿐만 아니라 제 3국가 학생들에게도 개방된 프로그램으로 유럽 대학 3개 이상이 컨소시엄을 맺어 공동 석사학위 과정을 제공한다. 학생들이 최소 두 개 나라의 대학에서 과정을 이수토록 함으로써 주관 대학이 위치한 나라의 문화와 언어를 익힐 수 있도록 하고, 이를 통해 학생들은 국제적 소양을 기르고 국제 취업시장에서 필요한 경쟁력을 갖출 수 있게 된다.

제 완화, 학생선발 자율권 보장, 등록금 자율 책정 등을 포함한 대학 운영 자율권을 부여함으로써 공정한 경쟁이 가능한 환경을 만들어 주어야 한다. 싱가포르의 경우, 싱가포르대학이 외국대학 파트너를 결정해 신청하면 교육부 등이 이를 선정해 지원하는 방식으로 공동 교육과정을 활발하게 운영하고 있다. 싱가포르국립대와 MIT와의 연계 당시 초기 인프라 구축을 위해 싱가포르 정부가 1억 달러를 지원하였다.

정부는 지금까지의 잘못된 현실 인식을 바로잡고 대학시장 개방정책의 목표와 그 수단을 재고할 필요가 있다. 세계화 교육을 통해 글로벌 인재를 양성하여 지식기반경제에서 국가경쟁력을 확보하는 것이 우리 정부가 추구해야 할 교육정책의 목표이다. 해외대학 유치는 글로벌인재 육성이라는 궁극적 목표를 달성하기 위한 정책 수단일 뿐, 그 자체가 목표가 되어서는 안 된다. 현재 정부는 현실적으로 어려운 해외 명문대학을 유치하기 위해 특혜적 인센티브를 해외대학에 제공하는 정책을 고수하고 있다. 정부는 이제부터라도 해외대학 독립분교 유치 정책에서 벗어나 세계화 교육을 제공할 수 있는 해외대학 조인트캠퍼스 지원 정책을 추진함으로써 본디 정책목표를 효과적으로 달성하기를 바란다.

참고문헌

최영렬. 2007. 12.. "FTA와 교육서비스시장 개방." 〈법경제학연구〉 4(2).

김준동·박순찬. 2002. "WTO 도하 개발 아젠다 협상: 교육서비스 분야의 논의동향과 대응방향." 대외경제정책연구원.

교육과학기술부·한국개발연구원. 2009. 3. "서비스산업 선진화를 위한 공개토론회: 교육 분야." 공개토론회 자료.

송영관 외. 2008. 12. "지식기반서비스의 개방과 외국인투자를 통한 발전방안: 대학교육서비스를 중심으로." 대외경제정책연구원.

이병욱 · 강수정. 2008. 3. "주요국의 해외대학 유치현황과 시사점." 〈대학교육〉 152: 48~56.

손경애. 1994. "교육시장 개방의 파급효과 및 대책." 현대사회연구소.

______. 1998. "미국대학 일본분교의 운영실태 조사연구." 서원대학교 교육연구소.

이학춘 외. 2000. "WTO 교육서비스 협상 대책에 관한 연구." 교육부(국제교육협력담당관실) 교육정책연구과제.

김영철. 2006. 2. "국제화 시대의 교육산업 현황과 전망, 하: 고등교육 시장을 중심으로." 〈지방자치〉 209: 46~49. 미래한국재단.

정기오. 2007. "학교와 기업, 그리고 교육논리와 경제논리." 〈경제교육연구〉 14: 27~54.

경제자유구역기획단 홈페이지(http://www.fez.go.kr/index_kor.jsp)

두바이 지식마을 홈페이지(http://www.kv.ae/)

싱가포르 경제개발청 홈페이지(http://edb.gov.sg/edb/sg/en_uk/index.html)

싱가포르 교육부 홈페이지(http://edb.gov.sg/edb/sg/en_uk/index.html)

카타르 대사관 홈페이지(http://qat.mofat.go.kr/kor/af/qat/main/index.jsp)

템플 대학 홈페이지(http://www.tuj.ac.jp/about/pdf/factsheet.pdf)

제7장

마케팅 중심의 외국인투자 유치 전략

김 지 은

1. 서론

현재 우리나라 외국인투자 유치정책은 중요한 갈림길에 놓여 있다. 우리나라는 세계적으로 외국인직접투자가 증가하는 추세에 따라가지 못한다. 2003년 이후 우리나라의 외국인직접투자 유입액은 정체되어 있다. 2005년부터 외국인직접투자의 출자금 철수가 급격하게 증가하는 사실도 주목해야 한다. 외국인투자 순 유입액이 2004년을 기점으로 매년 감소하여 2008년도에는 상반기 처음으로 15.8억의 마이너스를 기록하였다(Invest KOREA, 2008a). 또한 선진국 간의 해외투자가 2008년 글로벌 금융위기로 인해 감소하여 우리나라가 외국인투자를 유치할 기회가 그만큼 적어졌다.

이 글은 현 시점에서 기존 외국인투자 유치제도를 근본적으로 재검토하며 시장친화적인 외국인투자 유치정책을 강조해야 한다고 주장한다. 시장친화적 외국인투자 유치정책은 추상적인 개념이 아니라 마케팅 중심의 투자유치전략을 의미한다. 마케팅은 외국인투자자가 직면하는 비대칭적 정보문제를 해결하고 거래비용을 줄여 투자를 가능하게 한다. 마케팅을 통한 외국인투자는 인위적으로 차별적인 혜택을 제공하는 정책과 달리 본질적으로 시장친화적이다. 투자환경개선도 같은 맥락에서 시장친화적인 외국인투자 유치정책이다. 외국인투자 마케팅 개념이 투자자(소비자)가 원하는 투자입지 및 환경(상품)을 만들어 홍보하는 업무를 종합하고 있어 사실상 투자환경개선도 넓은 의미에서 마케팅의 하위개념이다. 정부는 지금까지 투자환경 개선에 비해 마케팅의 중요성에 소홀해왔다.

우리나라 정부가 마케팅을 강조하면 투자유치활동이 더욱 생산적으로 진행될 수 있다. 외국인투자 유치는 국가를 투자입지로서 세일즈하는 행위이다. 한국이 어느 그룹의 외국인투자자에게 어떤 면에서 투자입지로서 매력적인지 파악하고, 이에 적합한 전략을 세워 실행하는 것이 마케팅에 입각한 투자유치활동이다. 마케팅 개념을 도입한 외국인투자 유치전략은 전 세계적으로도 투자유치정책의 글로벌 스탠더드이다.

마케팅 중심 투자유치전략이 글로벌 스탠더드라면, 우리나라의 현재 투자유치능력은 어떻게 평가할 수 있을까? 이 연구는 2절에서 투자유치에 마케팅이론이 어떻게 접목되는지 살펴보고, 3절에서 투자유치정책의 글로벌 스탠더드로서 마케팅 응용현황을 소개한다. 4절에서는 우리나라 투자유치기관의 능력을 검토하고 5절에서 글로벌 스탠더드와 우리나라 유치기관의 격차를 줄이기 위한 정책적 제언을 한다.

2. 마케팅의 기본 개념

1) 마케팅의 정의와 외국인투자 마케팅의 필요성

미국마케팅협회는 1985년 마케팅을 “개인이나 조직의 목표를 달성하는 교역을 창조하기 위해 아이디어나 상품 그리고 서비스의 가격, 프로모션, 그리고 배치하는 것의 계획과 실현의 과정”이라고 정의하였는데 가장 전통적인 의미의 마케팅 개념이다. 마케팅의 정의는 경제여건과 정의자의 견해에 따라 매우 다양하나 수요자와 공급자 간 욕구 충족, 교환 그리고 이를 위한 실현 활동 등으로 요약할 수 있다(임성훈, 2005: 2). 위의 마케팅개념을 외국인투자에 도입하면, 외국인투자 마케팅은 “외국인투자가와 투자유치 주체의 욕구충족을 위해 적합한 외국인투자 마케팅 믹스를 계획하고 실행하는 과정”이다(임성훈, 2005: 3).

마케팅이 외국인투자 유치정책에 의미가 있는 이유는, 첫째, 소비자의 욕구를 파악하여 소비자가 원하는 제품을 만들어야 소비자가 구입할 것이라는 가정에 입각한 고객 지향적 개념이기 때문이다. 훌륭한 제품을 만들면 ‘소비자가 구입’할 것이라고 가정하는 생산자 위주의 제품 개념으로는 투자유치국 입장에서 필요하다고 생각하는 투자입지 조건을 개선하는 데 그친다(윤영미, 2006: 254). 또한 마케팅 개념이 내재되어 있지 않은 투자홍보는 전략적 유치대상이 모호하고 투자가의 선호도를 반영하지 못한 스쳐지나가는 광고에 불과하다. 외면적으로 동일한 유치활동으로 보이더라도 투자자의 선호(욕구)를 파악하지 못하였기 때문에 효과성 면에서 현저히 떨어진다. 정리하자면, 마케팅에 입각한 외국인투자 유치정책은 전통적인 정부정책과 달리 정부가 기업(*Company*)처럼 투자유치를 목표로 타 국가 및 지역(*Competitor*)과 경쟁하고 투자자(*Customer*)에 기반을 둔 정책을 수립한다는 면에서 효과적인 것이다.[1)]

둘째, 외국인투자 마케팅은 마케팅의 4P 중 가격(*price*)과 상품(*product*) 외에 촉진(*promotion*)을 부각한다는 점에서 시장친화적인 유치정책이다.[2] 외국인투자 마케팅 촉진활동은 주로 커뮤니케이션을 다루며 이미지 제고 활동, 투자 상담 및 정보 제공, 투자신청 및 허가에 대한 대행서비스 제공, 투자 이후 고충사항 처리 등의 활동이 해당된다. 전통적으로 외국인투자 유치정책은 투자유치국 정부가 투자인센티브를 부여하여 가격(*price*)을 떨어뜨리거나 상품(*product*)으로서 투자입지경쟁력을 개발하는 데 치중하였다. 외국인투자자는 대개 현지국 사정에 생소하므로 투자유치국 정부가 자국 투자환경이나 행정적 서비스에 대해 적극적으로 알리고 투자실행을 지원하면 해외투자의 거래비용과 투자불확실성이 감소한다. 그러므로 촉진활동은 단순한 홍보와 질적으로 다르며 외국기업이 투자입지를 선택할 때 결정적 영향을 미친다. 환언하면, 촉진활동은 정보를 적절히 제공함으로써 외국인투자자가가 감수해야하는 투자리스크를 감소시킬 뿐만 아니라 투자비용을 감소시키고 투자입지를 매력적으로 만드는 제품 및 가격활동을 동시에 수행하면서 시너지효과를 낸다.

---

1) 마케팅의 3C는 다음과 같다. 기업(*company*), 경쟁사(*competitor*), 고객(*customer*).

2) 마케팅의 4P는 촉진(*promotion*), 가격(*price*), 상품(*product*), 유통(*place*)을 의미한다. 가격(*price*) 활동은 투자비용을 감소하는 활동으로 조세감면, 보조금 지급 등의 직간접적인 재정보조활동이다. 상품(*product*) 활동은 부동산 및 M&A 발굴 등 투자대상물의 개발활동이다. 일부 연구에서는 유통(*place*) 활동이 외국인투자 마케팅에서 개념적으로 적용이 제한된다고 본다(박홍식·공성경, 2001; Wells and Wint, 2000). 유통을 상품을 배포하는 행위로 구매자에게 전달되는 방법으로 본다면 외국인투자 마케팅에서 상품은 지리적 위치가 기본요소이나 이를 고객 근접지역으로 자유롭게 이동시킬 수 없기 때문이다. 그러나 임성훈은 유통활동이 개발된 외국인투자 마케팅 제품의 촉진, 가격형성, 교환이 추진되는 곳으로 홍보시장, 기업M&A시장, 자본시장 등 좁은 의미의 시장뿐만 아니라 추진 주체로서 외국인투자 유치기구(IPA: International Promotion Agency)를 포함한 외국인투자 유치체계가 해당된다고 본다.

마케팅 4P활동에 윤활유 역할을 하여 외국인투자자가 투자입지 선택을 하도록 하는 것이 바로 촉진활동의 진정한 의미이다.

이러한 맥락에서 이 글 다음 절에서는 실제적으로 투자유치기관이 활용하는 마케팅의 촉진활동 현황을 검토하겠다.

2) 외국인투자 마케팅 단계

외국인투자 마케팅의 중심 활동은 표적시장과 목표 포지션을 선정하고 마케팅믹스를 개발하는 것이다. 외국인투자 마케팅은 촉진(*promotion*), 가격(*price*), 상품(*product*), 유통(*place*) 관련 정책수단의 조합을 결정하여 이를 실행하는 과정을 5단계인 ① 시장분석 및 조사, ② 포지셔닝, ③ 마케팅믹스 결정, ④ 마케팅 프로그램 실행, ⑤ 평가로 분류할 수 있다(박홍식·공성경, 2001: 180).

첫 단계인 시장분석 및 조사에서는 경쟁시장 조사와 투자고객을 규명 및 발굴(고객정보)하고 투자고객 요구조건을 규명한다(권영철, 2001: 5). 경쟁시장과 고객 및 입지의 조사(SWOT 평가/ 수요와 공급의 정보 수집)가 필요하고 지역의 입지조건과 잠재적 외국인투자자와의 연계 가능성을 우선적으로 고려해야 한다.

두 번째, 포지셔닝이다. 외국인투자 마케팅 포지션닝이란 앞에서 분석한 경쟁시장과 투자자 정보를 바탕으로 투자유치기업, 투자유치산업, 투자유치 장소별 특성을 반영하여 대상을 세분화하고 그 중에서 투자유치목적에 부합하는 표적시장을 선정하는 것을 의미한다. 목표를 설정한 후 이를 달성할 수 있는 적합한 전략을 세우는 단계이어서 목표·전략 수립의 단계라고도 일컫는다.

포지셔닝이 결정되면, 다음 단계인 마케팅믹스 결정으로 넘어간다. 마케팅 믹스란 각 표적시장에 맞는 투자프로젝트 개발(제품, *product*),

〈표 7-1〉 투자유치 전략실행 프로그램

1. 투자유치 프로그램의 목표	
질적 목표	
수량적 목표	
2. 집행	
이미지빌딩 수단	
투자창출 수단	
투자서비스 수단	
3. 조정 및 협력	
국내 주재 외국유치기관과 국제기관	
해외주재 투자유치기관	
4. 평가 및 조정	
전략 평가	
조직 평가	

출처: Mai The Cuong(2005).

개발된 제품의 홍보(촉진, *promotion*), 입지 보조금, 조세감면 등 투자인센티브 제공 등의 프로젝트 비용할인(가격, *price*), 프로젝트가 유통되는 시장의 활성화(유통, *place*) 등을 적절하게 활용하는 것이다(임성훈, 2005: 3). 투자유치국은 매력적인 투자입지를 만들기 위해 이 네 가지 요소를 최적으로 배합하여 시장에 내놓아야 한다.

네 번째 단계에서 투자유치국은 투자마케팅의 전략실행 프로그램을 수립한다. 투자유치 전략프로그램은 목표, 집행수단, 유치정책 조정과 협조, 유치프로그램 평가 및 조정 네 가지 항목으로 구성되며 구체적으로 집행 가능해야 한다. Wells와 Wint(2000)는 외국인투자 마케팅 유치활동을 이미지빌딩활동, 투자창출활동, 투자서비스제공활동으로 구분하며 이를 배합하여 실행전략을 수립한다고 소개한다.

마지막 단계는 프로그램 평가 및 조정으로 투자유치 마케팅 전략의 전반적 평가를 한다.

3. 마케팅 이론의 응용현황: 투자유치기관의 마케팅 글로벌 스탠더드

이 장에서는 외국인투자를 성공적으로 유치하는 해외 투자유치기관이 마케팅 촉진(*promotion*) 활동을 응용하는 현황을 검토한다. 각 나라 및 지역마다 적합한 투자유치 마케팅 전략과 조직형태가 상이하지만 국제적으로 투자유치 경쟁력이 있는 투자진흥기관에는 공통적인 성공요소가 존재한다. Wells와 Wint(2000)가 투자마케팅을 전략, 조직, 성과 평가로 분류하여 분석한 연구결과와 Ortega와 Grifften(2009)이 제시하는 성공적인 투자유치기관의 요소를 참고하여 투자 마케팅의 글로벌 스탠더드를 소개한다.

1) 투자유치 전략

투자유치 전략의 글로벌 스탠더드로서 ① 전략의 세 가지 활동, ② 전략의 단계별 수립, ③ 타기팅, ④ 마케팅 전략의 상호보완성을 제시한다.

(1) 투자유치 전략의 실행활동

외국인투자 유치기관은 일반적으로 유치활동 세 가지를 배합하여 마케팅 전략을 수립한다. 마케팅 유치활동은 이미지빌딩, 투자창출, 투자서비스제공으로 분류하는 것이 국제적 기준이다(Wells and Wint. 2000: 21).

가. 이미지빌딩 활동

이미지빌딩 활동은 투자유치기관이 잠재 투자가가 향후 투자계획 시 투자입지로서 호의적으로 고려될 수 있도록 한 국가의 이미지를 투자하기 좋은 곳으로 홍보하는 활동이다(Wells and Wint, 2000: 22). Wells와

〈표 7-2〉 해외 투자유치기관이 활용한 이미지빌딩활동과 투자창출활동

국 가	투자유치기관	이미지빌딩	투자창출
영 국	영국투자청(IBB: Invest in Britain Bureau)	①, ②, ④, ⑤	①, ④
캐나다	캐나다 투자청(Investment Canada)	①, ③	④
코스타리카	외국인투자진흥기구(CINDE: Costa Rican Investment Promotion Program)	②, ③. ④	①, ④
아일랜드	투자진흥청(IDA: Industrial Development Authority)	①, ③	④
자메이카	투자진흥청(JNIP:Jamaica National Investment Promotion)	②, ③, ④, ⑤	①, ③
말레이시아	산업개발청(MIDA: Malaysian Industrial Development Authority)	②, ④	①
스코트랜드	스코틀랜드 투자기구(LIS: Locate in Scotland)	①, ②	①, ④
싱가포르	경제개발청(EDB: Economic Development Board)	①	④
태국	투자청(BOI: Board of Investment)	①	②

출처: Wells and Wint(2000).

Wint(2000)는 ① 금융미디어에 광고, ② 투자 박람회에 참가, ③ 특정 산업 미디어에 광고, ④ 일반적 투자 촉진 사절단 파견, ⑤ 일반적 투자 기회 정보 세미나 개최를 이미지빌딩활동으로 제시한다. 주로 투자유치 초기에 활발하게 사용하며, 잠재투자자들이 유치국을 투자적격지로 인식하면 많은 자원을 이미지 홍보에 투자할 필요가 없다. 그러나 항상 이미지를 우선적으로 제고하는 활동을 하지는 않는다. 만약 기존 이미지가 좋지 않다면 그 원인을 파악하고 개선해야 한다. 예를 들어 유치국이 공무원의 관료주의로 악명이 높다면, 정부 공무원의 관료주의를 개선하여 효율적인 행정서비스 제공이 가능하다는 이미지를 구축해야 한다. 즉, 유치국이 적어도 특정 투자사업에 매력적인 입지를 제공할 수 있을 때 이미지를 제고해야 효과적이다. 또한 부적격 이미지가 통념이나 편견이라면 잘못된 이미지를 재구성하는 작업을 먼저 해야 한다.

국가의 이미지를 투자적격지로 만드는 활동이 직접적으로 투자를 창출하지 않으므로 투자입지로서 좋은 이미지를 갖게 한 후 투자를 창출하

는 활동을 별도로 전개하는 것이 일반적이다(Wells and Wint, 2000: 23). 영국의 영국투자청(IBB), 아일랜드의 투자진흥청(IDA), 싱가포르의 경제개발청(EDB)이 좋은 예이다. 자메이카, 코스타리카, 인도네시아의 투자진흥기관은 이미지빌딩활동을 통해 외국인투자를 창출하려고 했으나 그 효과는 없었다. 다만 예외적으로 태국투자청(BOI)이 1986년 일본 투자사절단 파견 시 어느 정도 성과를 거두었다.

나. 투자창출활동

투자창출활동은 투자대상물 거래알선, 투자가 접촉을 통한 투자의사 확인 등 실제로 투자를 성사시키기 위한 활동이다(Wells and Wint, 2000: 24). Wells와 Wint(2000)는 투자창출활동을 ① 우편 및 텔레마케팅 캠페인, ② 특정 산업 겨냥한 투자 촉진 사절단 파견, ③ 특정 산업의 투자기회 설명회 개최, ④ 특정 기업 리서치 참가와 영업 발표로 분류한다. 투자창출활동이 유치국을 투자 친화적 입지로 인식하고 투자를 할 가능성이 있는 특정 그룹의 투자자들을 겨냥하여 시작해야 효과적이다. 대개 이미지빌딩활동이 일정 수준 진행된 후 전개하는 방식이 일반적이나 만약 투자유치국에 환경변화가 생겨 기존의 입지 이미지가 쓸모없게 되는 경우 투자창출활동과 이미지빌딩활동을 함께 진행해야 한다. 예를 들어, 아일랜드는 1970년대 저비용 노동임금 위주의 투자입지로서의 매력도가 임금 상승으로 인해 점차 떨어지자 1980년대 고숙련 노동력을 공급하는 국가로서 "고숙련, 젊은 유럽"이라는 이미지로 변화시킨 후 집중적으로 투자활동전략을 펴서 투자를 촉진시킨 사례이다.

다. 투자서비스 활동

투자서비스활동은 투자 결정 시 필요한 서비스를 제공하는 것으로 투자상담 서비스 제공, 법인설립과 공장건설 등 투자실행에 있어서의 행정지원, 부동산취득, 외국인 파견근무자의 비자 등에 관한 지원서비스가 해당 된다. Wells와 Wint(2000)는 투자서비스를 사전투자 결정 단계, 투자집행단계, 사후투자 단계로 분류한다.

사전투자 결정 단계에서는 잠재적 투자자에게 국가 투자정보를 제공하거나 투자에 필요한 절차 정보를 제공한다. 유치국은 투자자에게 일반적인 정보를 제공하기도 하지만 일부 경쟁력 있는 투자진흥기관은 맞춤형 투자정보를 상세하게 제공하기도 한다. 코스타리카의 CINDE는 투자가에 따라 예상되는 전력비용을 입지 및 용량에 따라 제공하고, 외국인투자가들이 코스타리카를 방문하도록 유도한다(Wells and Wint, 2000: 162). 투자착수단계에서는 투자자가 투자프로젝트를 완료하기 전까지 필요한 서비스를 제공한다. 이 단계에서는 민간조직은 정부조직보다 투자자가 직면하는 어려움을 잘 인식하므로 민간조직을 활용하는 것도 한 방법이다. 사후투자 단계는 투자기업에 경영상 애로사항이 발생할 때 문제점을 신속하게 해결하는 것을 목표로 둔다. 효과적인 사후투자서비스는 투자 장애요소를 개선할 뿐만 아니라 투자에 만족한 기존투자가들이 투자를 확장하도록 한다.

상기의 세 가지 투자유치활동 요소 외에도 최근 들어 추가적으로 정부의 정책 지원이 중요해지고 있다(Wells and Wint, 2000: 158). 모잠비크와 콜롬비아는 투자가들이 직면하는 관료주의적 규제로 인해서 이미지빌딩과 투자창출활동이 효과적이지 않았다. 이를 인식하고 정책 개혁을 통해 투자가들에게 서비스를 제공하려는 시도를 하고 있다. 네 번째 요소인 정책지원은 투자환경을 적극적으로 개선하는 정부의 노력이 치열한 투자유치경쟁시대에 필수적임을 시사한다.

(2) 투자유치 전략의 단계별 수립

투자유치활동은 외국인투자자의 투자결정 단계인 △인식, △관심, △평가, △시도, △도입, △수행에 따라 변화한다(Wells and Wint, 2000:

〈표 7-3〉 투자결정 단계에 따른 투자유치활동

투자결정 단계	투자유치활동	
인 식 관 심	이미지빌딩	- 금융미디어에 광고 - 투자 박람회에 참가 - 특정 산업 미디어에 광고 - 일반적 투자 촉진 사절단 파견 - 일반적 투자 기회 정보 세미나 개최
평 가 시 도 도 입	투자창출	- 우편 및 텔레마케팅 캠페인 - 특정 산업 투자 촉진 사절단 파견 - 특정 산업의 투자 기회 정보 세미나 개최 - 특정 기업 리서치에 참가하고 영업 발표
수 행	투자서비스	- 투자 상담 서비스 제공 - 투자 지원 및 허가 신속한 처리 - 사후투자 서비스 제공

출처: Wells and Wint(2000).

28). 일반적으로 외국인투자자가 유치국을 투자입지로서 인식하고 관심 갖는 시기에 투자유치기관은 이미지 제고에 힘쓴다. 투자창출활동은 투자자가 유치국이 투자입지로 적합한지 평가하고 시도할 때 집중적으로 활용되며 투자자가 투자를 결정하고 투자를 실행할 시 투자서비스가 제공된다.

투자유치국 입장에서 유치활동의 변화를 살펴보면, 유치기관의 내부 능력과 투자유치의 대내외적 환경에 따라 발생한다(Wells and Wint, 2000: 144). 투자유치전략의 이미지빌딩, 투자창출, 그리고 투자서비스 활동은 동시에 활용되나 그 배합비율은 유동적이다. 일반적으로 외국인 투자 유치 정책이 발전함에 따라 투자유치기관이 사용하는 자원과 중요도가 이미지빌딩활동에서 투자창출활동으로 옮겨간다. 외국인투자를 개방한 직후 투자유치정책 초기에는 투자유치기관은 주로 이미지 제고로 투자유치활동을 시작하며 투자유치국이 투자친화적인 정책기조를 유지하고 있음을 알리는 데 목표를 둔다. 그러므로 유치국은 국가홍보, 일반적 투자자 모두를 겨냥한 투자IR처럼 객관적이고 공적인(*impersonal*) 투

〈그림 7-1〉 투자유치전략의 단계별 활동 구성

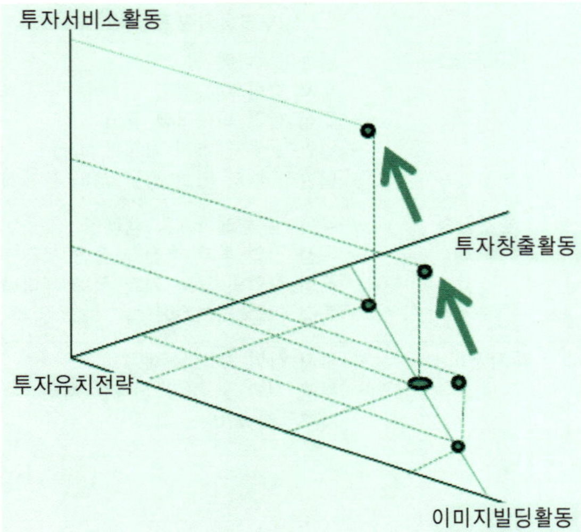

자유치활동에 집중한다. 투자유치에 적합한 이미지가 세워진 후라면, 유치국은 투자창출활동을 증가시킨다. 즉, 특정 회사를 겨냥한 투자유치설명회를 개최하거나 투자대표자에 개인적으로 접촉하여 맞춤형 세일즈를 하는 것이다. 영국, 캐나다, 코스타리카, 아일랜드, 자메이카, 태국이 모두 과거 이미지빌딩활동에서 투자창출활동 중심으로 투자유치전략이 변화하였다(Wells and Wint, 2000: 32).

(3) 타기팅전략

투자유치마케팅의 가장 기초적이면서 중요한 글로벌 스탠더드 전략은 타기팅 전략(*targeted strategy*)이다(Wells and Wint, 2000: 20). 타기팅 전략은 우선적으로 유치할 산업을 지정하여 한정된 자원으로 단기간에 높은 유치성과를 얻어 효율적이며 특정 산업을 육성하기 위한 산업육성 정책의 수단으로서 활용 가능하다. 예를 들어 첨단기술 보유 기업이 부족한 개도국은 특정 분야에서 고부가가치 창출 기술력이 있는 외국인기

〈표 7-4〉 해외 투자유치기관의 타기팅 분야

국가	전략유치 분야
프랑스(Invest in France Agency)	9개(항공, 농업, 건강, IT 등)
싱가포르(Economic Development Board)	6개 분야 21 업종(바이오의료, 화학, 교육, 미디어, 물류 등)
홍콩(Invest Hong Kong)	9개(금융, 비즈니스 전문서비스, 테크놀로지, 소비자소매업 등)

출처: Ortega and Griffin(2009).

업을 전략적으로 유치하면 해당 산업분야의 경쟁력을 키우고 기술이전을 확대할 수 있다. 그러므로 산업 및 기업정책 관점에서 유치할 만한 시장 분야를 파악하고 입지 우위를 평가한 후 경쟁력이 있으면서 투자유치가 용이한 시장・산업을 확정하는 것이 바람직하다.

일반적으로 타기팅 전략에서 유치산업 또는 기업을 설정할 때 투자유치 필요성, 산업 및 입지 경쟁력, 투자유치 가능성을 고려한다(임성훈, 2005: 4). 임성훈(2005)에 의하면 타기팅 모형에는 외국인투자를 유치하여 얻고자 하는 경제적 효과와 입지경쟁력을 기준으로 유치대상을 선정하는 경쟁력 강조모형과 투자유치 필요성과 투자유치 가능성을 기반으로 투자유치 대상을 분류하는 기능성 강조모형이 있다.

타기팅 전략은 투자창출활동의 효과성을 증가시킨다. 전략유치산업을 선정하여 해당 산업・기업과의 개인적 연락망을 구축한 후 투자결정자에 밀착하여 설득하면 투자를 용이하게 유도할 수 있다. 대부분의 해외 투자진흥기관은 잠재투자자들에게 맞춤형 투자창출활동을 펼쳐 외국인투자를 성공적으로 유치하였다. 자메이카의 JNIP, 말레이시아의 MIDA, 영국의 IBB가 우편, 텔레마케팅, 특정 산업 겨냥한 투자설명회를 개최하여 입수한 정보로 타켓 기업을 설정하여 맞춤 투자유치 프레젠테이션을 제공한다. 아일랜드의 IDA, 스코틀랜드의 LIS, 캐나다의 Investment Canada, 코스타리카의 CINDE와 싱가포르의 EDB는 상세한 기업 맞춤형 연구조사를 통해 해당국에 투자관심을 가질 만한 기업 목록을 설정하여 투자자에게 다가간다.

이미지빌딩활동도 투자유치 가능한 기업군이 정해지면 이에 맞는 이미지를 제고하는 것이 효과적이다(Wells and Wint, 2000: 145). 선진국은 전반적으로 투자환경이 좋으므로 특정 산업에 집중할 필요가 없으나 개발도상국은 타기팅을 최대한 활용해야 한다. 개발도상국이 경쟁력이 있고 투자유치가 가능한 분야는 한정되어 있으므로 투자자의 범위를 결정하면 투자자가 해당 국가에서 어떤 이미지를 기대하는지 조사하여 이미지빌딩활동을 실행하는 것이 중요하다.

(4) 투자마케팅 활동의 상호보완성

마지막으로 투자유치 전략을 가격(*price*), 상품(*product*) 활동과 상호보완적으로 활용하는 것이 국제적인 모범이다(Wells and Wint, 2000: 158). 투자유치국은 투자입지의 가격과 상품으로서의 가치를 파악하고, 외국인투자 유치를 위한 활동의 비용이 가장 적게 드는 방법으로 유치전략을 수립한다. 이런 맥락에서 가격, 상품, 촉진활동을 투자환경과 타깃 투자자에 맞게 적절하게 구성하여 마케팅 전략을 수립하여야 한다.

사실 세 활동은 투자환경 개선이라는 맥락에서 접점이 존재한다. 전통적으로 외국인투자 마케팅의 가격활동(*price*)은 조세감면, 총 투자액에 대한 보조금지급 등 직간접적인 재정보조활동을 의미하였다. 그러나 최근 들어 외국인투자자가 투자입지를 구매할 때 발생하는 비용에서 투자자의 생활환경상 애로사항, 행정규제나 지연 등에 따른 간접비용의 최소화가 중시되고 있다. 제품활동(*product*)도 마찬가지로 부동산 및 M&A 대상기업의 발굴 등 투자입지조건(하드웨어) 개발뿐만 아니라 제도 및 행정적 서비스(소프트웨어)를 개선하여 상품으로서 입지경쟁력을 높이는 활동을 포함한다. 투자의 간접비용의 최소화와 소프트 인프라의 개선은 촉진활동의 투자서비스 제공과도 긴밀히 연계되며 세 가지 활동이 상호보완적으로 이루어질 때 마케팅 전략이 효과적이다.

2) 투자유치기관의 조직

Ortega와 Griffin(2009)과 Wells와 Wint(2000)를 바탕으로 성공적으로 투자를 유치하는 투자유치기관을 분석하여 ① 조직 독립성 ② 마케팅 전문성 ③ 성과중심적 인센티브 ④ 유관기관과의 상호협력을 제시한다.[3)]

(1) 조직독립성

투자유치기관의 조직독립성은 "전략수립, 예산과 조직운영 등에서 정부부처로부터" 얼마나 재량을 확보하는가를 의미한다. 조직운영의 독립성이 보장되면 필요한 자원을 적시적지 투입하고 명확한 임무와 달성수단을 조직구성원에게 제공하므로 투자유치 목표를 효율적으로 달성할 수 있다.

독립성을 분석하기 위해 투자유치기관을 정부, 준정부, 민간조직으로 분류할 수 있다. 정부조직은 유연성과 독립성이 부족한 반면 민간기관은

---

3) Ortega와 Griffin은 "Global Investment Promotion Benchmarking 2009"에서 조사한 181개국의 213개 투자진흥기관 사례연구와 FIAS가 2009년 선보인 "IPI Characteristics Survey: Providing Information to Potential Investors"에서 선택한 33개의 최고 투자진흥기관과 96개 중하위권 투자진흥기관을 비교·연구하여 14개의 성공요소를 도출하였다.
민간기업 마인드: ① 민간기업 경험 존재, ② 민간기업 수준의 보너스와 임금제공, ③ 기관운영상의 자유와 재량 보장, ④ 유관기관간의 유기적 관계, ⑤ 영어와 기타 외국어 능력, ⑥ 지속적인 인력개발, ⑦ 전략 우선산업 지정.
전문적 지식: ⑧ 연구 및 조사능력 축적, ⑨ 개별 투자프로젝트 책임자 지정, ⑩ 투자유치 지식정보 관리.
투자전략적 시스템 관리: ⑪ 투자유치 우선순위화, ⑫ 투자유치 책임자와의 접근용이성, ⑬ 웹사이트 업데이트, ⑭ 투자가 상담 및 질문답변 가이드라인 제공.

〈표 7-5〉 투자유치기관의 조직형태

국 가	투자유치기관	조직 형태
영국	Invest in Britain Bureau(IBB)	정부
캐나다	Investment Canada	정부
코스타리카	Costa Rican Investment Promotion Program(CINDE)	민간
인도네시아	Investment Coordinating Board(BKPM)	정부
아일랜드	Industrial Development Authority(IDA)	준정부
자메이카	Jamaica National Investment Promotion(JNIP)	준정부
말레시아	Malaysian Industrial Development Authority(MIDA)	준정부
스코틀랜드	Locate in Scotland(LIS)	준정부
싱가포르	Economic Development Board(EDB)	준정부
태국	Board of Investment(BOI)	정부

출처: Wells and Wint (2000).

조직구조상 독립성이 보장되지만 정부의 정책지원기능이 부족하여 이상적인 유치조직은 아니다. 투자유치 마케팅조직은 민간조직의 독립성과 정부조직의 행정지원 권한을 보유할 때 효율적이므로 준정부 투자유치기관이 바람직하다. 해외 투자유치기관 중 준정부조직으로 구성된 경우 자신만의 이사회를 갖고, 특정 부처에 속하지 않으면서, 일반적 공무원 채용 외로 인력을 확충한다. 준정부 투자유치기관은 민간기관과 같은 조직 독립성과 유연성을 보유하므로 투자촉진에 필요한 마케팅 기술을 자유롭게 습득하고 활용할 수 있으며 정부조직과 밀접한 관계를 유지하여 투자자지원이 용이하다. FIAS가 선택한 상위 투자진흥기관의 70%가 정부부처로부터 독립된 공공기관으로 총리나 대통령처럼 고위급에 보고라인을 형성하여 높은 독립성과 자율성을 유지하며 아일랜드, 싱가포르, 스코틀랜드, 자메이카, 말레이시아가 준정부형태의 투자진흥기관으로 투자를 유치한다.

(2) 마케팅 전문성

가. 인력

치열한 유치경쟁에서 살아남기 위해서 고객지향적 태도를 체화한 인력이 마케팅 전문성을 제고할 수 있다. Ortega와 Griffin(2009)은 세계 상위권인 투자유치기관 33개가 민간기업 근무 유경험자를 평균 74%의 비율로 고용한다고 지적한다. 대개 공공기관은 태생적으로 업무지향적인 반면 사기업 경력자는 투자기업의 요구를 이해하고 해결책을 제시한다. 그러므로 경쟁력 있는 투자진흥기관은 민간기관의 업무 경험과 산업 지식을 보유한 직원을 채용하여 마케팅 능력을 보강한다.

투자유치조직이 사기업 마케팅 경력자를 제도적으로 직접 채용하기 어려운 경우 민간기업에 업무를 위탁하거나 민간조직 소속 인력을 파견근무 요청함으로써 해결한다(Wells and Wint, 2000: 69). 정부조직인 캐나다의 투자청인 Investment Canada나 영국의 IBB는 민간소속 마케팅 전문 인력과 수년간 파견근무 할 수 있는 장기계약을 맺는다. Investment Canada는 민간기관의 고위간부와 파견근무 계약을 맺어 런던, 도쿄, 뉴욕 등의 6개 도시 영사관이나 대사관에서 참사관으로 근무하며 해외 투자유치활동을 펼치도록 한다. 영국의 IBB는 은행, 회계기업, 전자회사, 기타 회사에서 간부들을 2년씩 고용하여 투자유치활동에 활용한 사례가 있다.

인력의 전문성은 마케팅 경력과 함께 우수한 영어, 기타 외국어능력과 다문화 이해능력도 포함한다. 대부분의 외국인 투자상담은 영어로 진행되므로 우수한 투자유치기관의 구성원은 영어로 능통하게 투자자와 소통할 수 있다. 영어회화, 영어비즈니즈작문과 발표능력은 기본적 능력이며, 지역별로 설정한 목표 기업이 사용하는 기타 외국어를 사용한다. 언어능력과 함께 다문화 이해능력도 필수적이며 그 외에 투자유치 영업기술, 전문적인 프레젠테이션, 고객서비스 등 소프트 스킬을 지속적으로 개발한다.

나. 조직운영

인력 개개인의 전문성뿐만 아니라 전문성을 개발하는 조직운영도 중요하다. 먼저, 프로젝트 담당자제도를 운영하여 축적된 노하우와 지식을 활용하도록 한다. 투자상담과 인·허가 발급에서부터 기업이 실제로 사업을 개시할 때까지 모든 과정을 맞춤형으로 지원하여 신속한 투자결정과 실행을 지원하면서 해당 산업과 기업에 대한 전문성을 키운다. 또한 잠재투자자의 선호와 요구를 파악하고 특정 영역에 산업지식을 축적할 수 있어 미래 투자유치에도 결정적인 도움을 준다.

다음으로, 세계적인 투자유치기관은 투자유치 지식 및 네트워킹을 효율적으로 관리한다. 투자정보시스템, 정기적 회의, 가용 토지 데이터베이스, 비즈니스 서비스 제공자의 연락처, 고객관계 운영 소프트웨어를 통하여 새로운 정보를 업데이트하고 다양한 채널을 통해 투자전략을 효

〈표 7-6〉 성공적 투자유치기관의 글로벌 스탠더드

	내 용	
조직독립성	기관운영상의 독립성과 자율성: 인사권과 예산권	
마케팅 문화와 전문성	인 력	사기업 마케팅 경험자 채용
		영어와 기타 외국어 능력
		지속적인 인력개발
	조직운영	투자프로젝트 책임자 제도
		투자유치 지식정보 관리제도
		연구 및 조사 환경 조성
인센티브	성과중심적 보상 민간기업 수준의 보너스와 임금제공	
유관기관 상호협력	산하기관/ 지방기관/ 해외 네트워크	

출처: Ortega and Griffin(2009)과 Wells and Wint(2000)를 바탕으로 정리.

율적으로 수립할 수 있는 지식을 관리한다. 마지막으로 독립적으로 투자유치활동을 위한 연구 및 조사를 수행할 수 있는 자원을 제공하고 환경을 조성해야 한다.

(3) 조직 인센티브

성공적인 투자유치조직은 민간기업 수준의 보너스와 임금을 제공하여 마케팅 능력이 뛰어난 인재를 채용한다. 일류 투자유치기관 대부분이 공공기관 수준 이상의 연봉을 지급하며, 이 중 23%의 연봉수준은 민간기업과 비슷하다. 재정이 약한 투자유치기관은 높은 연봉수준을 제공하지 못하지만 기타 인센티브를 제공하여 역량 높은 마케팅 인력을 채용한다. 예를 들어 체코의 투자청(CzechInvest)은 신속한 승진, 높은 업무책임과 만족도, MBA 교육제공 기회를 바탕으로 사기업 근무 유경험자이면서 젊고 유능한 인력을 모집한다.

또한 투자유치 실적을 평가하여 부족한 점을 개선하고 실적에 따른 보상을 하는 것이 중요하다. 실적평가는 실제적으로 투자를 이끌어오는 투자창출활동 위주로 유치활동의 효과성과 투자유치 건수를 연계한다(Wells and Wint, 2000: 86). 평가한 실적을 연봉에 반영하는 성과중심적 보상제도를 운영하면 조직구성원의 업무동기를 고취시킬 수 있다.

예를 들어 보고타의 Invest in Bogota, 코스타리카의 CINDE, 아일랜드의 IDA, 스코틀랜드의 LIS 모두 투자유치실적을 연봉에 반영한다. 특히 CINDE는 해외 주재 투자유치자에게 구체적인 목표를 제시하고 달성 여부를 평가한다. CINDE는 한 달에 20개의 프레젠테이션, 한 해 잠재투자자의 유치국 방문을 15번 유도, 한 해에 750명의 고용창출을 하는 투자유치를 목표로 설정하였다(Wells and Wint, 2000: 89). 한 해에 750개 이상의 고용을 창출한 해외 주재 투자유치자는 봉급의 13% 정도의 보너스를 제공받는다. IDA의 해외조직도 마찬가지로 세일즈 프레젠테이션

수, 투자입지 방문 수, 창출해야하는 고용 수를 구체적으로 설정하며 스코틀랜드의 LIS도 동기유인, 평가, 통제시스템을 갖추고 가장 실적이 좋은 해외 주재 유치자에게 봉급의 약 20%의 보너스를 지급한다(Wells and Wint, 2000: 90).

(4) 유관기관 상호협력

일반적으로 성공적인 투자유치기관은 유관기관과의 네트워크를 구축하여 업무의 효과성과 효율성을 높인다. 외국인투자 유치의 유관기관과 상호협력관계를 구축하는 이유는 투자유치기관이 투자유치와 관련된 모든 활동을 자신만의 능력으로 해결한다는 것은 거의 불가능하기 때문이다(임성훈, 2004: 168). 임성훈(2004)은 투자유치기관이 협력관계를 구성하는 이유로 다음을 언급한다. 첫째, 투자유치 시 부족한 예산, 조직력을 보완하기 위해 유관기관과 협력하여 부족한 자원을 확보한다. 둘째, 투자유치 관련 권한이 분산되어 있으므로 유관기관간 협력이 필요하다. 셋째, 투자유치 관련 모든 분야에서 전문적 인력을 채용하기는 불가능하므로 해당 인력을 보유한 기관과 협력해야 한다. 넷째, 투자자에게 정확하고 풍부한 정보를 제공하기 위해 전문화된 정보제공기관이나 통계청 등과 협력관계를 구축할 필요가 있다. 투자자 리스트 등 잠재투자가 수요를 발굴하기 위해 경제단체, 컨설팅회사 등과 정보교환, 자료공유가 필요하다.

이로 인해 투자촉진 프로그램의 각 세부내용들을 개발하고 이행하기 위하여 공공 및 민간부문 관련단체들과 공동으로 사업을 전개한다. 투자유치기관이 효과적으로 협력관계를 구성하는 데 가장 중요한 것은 파트너십을 구축하는 이유와 그 결과에 대한 구체성에 대해 명확히 인식해야 한다는 점이다. 협력동기가 명확하다면 서로 공통된 목표를 사전에 명확하게 합의하여 상호협력관계가 서로에게 시너지효과를 낼 수 있기 때문이다.

4. 마케팅 관점에서 본 한국의 외국인투자 유치능력 평가

성공적으로 외국인투자를 유치하는 투자유치기관은 마케팅 글로벌 스탠더드를 공통적으로 지키고 있다. 각 나라 및 지역마다 적합한 마케팅 전략과 조직형태가 다르지만 투자유치 마케팅의 국제적 기준이 존재하는 것은 우리나라 외국인투자 유치현황과 정책에 시사하는 바가 크다.

이 장에서는 우리나라에서 외국인투자 유치를 담당하고 있는 중앙정부의 Invest KOREA, 지방자치단체의 투자유치조직, 그리고 경제자유구역청 유치담당본부의 마케팅 전략과 조직을 분석한다. 앞에서 정립된 투자유치의 마케팅 국제적 기준으로 우리나라의 투자유치 능력을 평가해보면 투자유치 마케팅의 문제점을 파악할 수 있다. 우리나라 투자유치 정책을 개선할 수 있는 첫걸음으로 국제적 기준이 도입되어야 하는 마케팅 조직과 전략을 살펴보겠다.

1) Invest KOREA

Invest KOREA는 KOTRA 내에 1998년 설립한 외국인투자지원센터(Korea Investment Service Center)를 2003년 확대 개편한 국가투자유치 전담기구이다(Invest KOREA, 2009a: 131). 지식경제부가 외국인투자 유치정책을 수립하고 외국인투자위원회가 정책조정사안을 결정한다면, Invest KOREA는 지방자치단체, 정부부처와 협조하며 투자유치를 수행한다.

Invest KOREA는 단장과 KOTRA 직원, 산업별 전문위원, 타 부처에서 파견된 공무원 등으로 구성되며 Invest KOREA 단장 하에 투자기획처, 투자유치처, 자원총괄처로 조직되어 있고 외국인투자 옴부즈만이 별도로 운영된다(Invest KOREA, 2009a: 33). 전반적인 이미지빌딩, 투자창출활동을 담당하는 곳은 투자기획처와 투자유치처이며, 지원총괄처와 외국인투자옴부즈만에서 투자서비스를 제공한다. Invest KOREA의 투자유치 해외조직으로는 현재 해외 투자거점에 KBC(Korea Business Center)를 운영하며 투자유치 업무를 전담하는 투자전담관과 현지전문인력이 투자유치마케팅을 담당하고 있다.[4)]

〈표 7-7〉 Invest Korea의 주요 직무 및 기능

프로세스	담당부서	담당팀	주요기능
유치 및 홍보	투자 기획처	투자전략팀	• 투자유치 전략 및 계획 수립, IK업무 총괄 등
		투자홍보팀	• 우리나라 투자환경의 대·내외 홍보 • 지자체 상품화 투자유치단 지원
		투자조사연구팀	• 외국인투자 통계 작성, 관리 및 분석 • 외국인투자(기업) 동향 파악 및 조사 • 외국인투자 정책의 효과분석 및 개선방안 연구
	투자 유치처	주력산업유치팀	• 주력산업 및 부품소재 투자유치
		금융·서비스산업 유치팀	• 물류, 유통 등 서비스분야, SOC 및 대체에너지 금융HUB 유치강화
		신산업유치팀	• IT, BT 등 신산업 및 R&D센터 투자유치
		투자협력지원팀	• 국내 매물 발굴 및 해외 투자가 유치(기능강화)
투자실행 지원	지원 총괄처	종합행정지원팀	• 투자 인허가, 투자절차 대행, 투자신고 접수 • 직접처리민원사무 처리
		투자컨설팅팀	• 국내투자와 관련된 업종별(제조, 금융, 관광·레저 등),분야별(회계, 세무, 법무 등) 상담
경영환경 개선 및 고충처리		투자환경개선팀	• 투자환경개선 사업 및 투자환경 조사분석/IKP 운영 및 관리, 투자환경 개선과제 발굴 등
	옴부즈만 사무소	외국기업 고충처리팀	• 외국인투자기업의 애로사항 조사 및 고충처리

출처: Invest KOREA(2009a).

4) 투자핵심 KBC(연간 1억 달러 이상 투자국): 뉴욕, LA, 시카고, 실리콘밸리, 프랑크푸르트, 파리, 런던, 싱가포르, 도쿄, 오사카, 홍콩.
투자거점 KBC(연간 1억 달러 미만 투자국): 댈러스, 워싱턴, 디트로이트, 밴쿠버, 함부르크, 뮌헨, 스톡홀름, 헬싱키, 코펜하겐, 마드리드, 암스테르담, 브뤼셀, 밀라노, 취리히, 빈, 시드니, 멜버른, 후쿠오카, 나고야, 상하이, 베이징, 타이베이, 두바이.

〈표 7-8〉 Invest Korea의 KBC(Korea Business Center) 지역

해외사무소 개수	해외사무소 지역
39개 중 외국인 투자 유치 전문가 활용 무역관 7개 (2009년)	**북미지역** 총 9개: 미국 7개(뉴욕, LA, 시카고, 댈러스, 워싱턴, 샌프란시스코, 디트로이트), 캐나다 2개(밴쿠버, 토론토)
	유럽지역 15개 : 독일 3개(프랑크푸르트, 함부르크, 뮌헨), 프랑스(파리), 러시아(모스크바), 영국(런던), 벨기에(브뤼셀), 이탈리아(밀라노), 스위스(취리히), 스웨덴(스톡홀름), 덴마크(코펜하겐), 네덜란드(암스테르담), 오스트리아(빈), 스페인(마드리드), 핀란드(헬싱키)
	아대양주 14개: 싱가포르, 호주 2개(시드니, 멜버른), 일본 4개(도쿄, 오사카, 나고야, 후쿠오카), 중국 5개(베이징, 상하이, 광저우, 칭다오, 홍콩), 대만(타이베이), 말레이시아(쿠알라룸푸르)
	중동지역 1개: 아랍에미리트(두바이)

출처: Invest Korea(2009b).

현 조직형태는 1998년 개소하였던 외국인투자지원센터의 조직과 인력(민간전문가 및 공무원 파견)을 전략적 투자유치를 위해 개편한 것이다(산업자원부·KOTRA, 2007: 180). 외국인투자지원센터 시절에는 "투자전략수립-홍보-유치활동" 등 투자단계에 따라서 조직을 구성했으나 현재는 각 분야 산업전문가를 활용하여 맞춤형 유치 및 투자지원이 가능하도록 산업별로 조직(주력산업유치팀, 신산업유치팀, 서비스산업유치팀)했다(KOTRA·Invest KOREA, 2006: 19). M&A 및 합작형 외국인투자 유치를 촉진하고 외국인투자 유치의 주요 수요자인 국내기업이 함께 성장하는 환경을 만들기 위해 2007년 투자협력지원팀을 신설했다(Invest KOREA, 2008b: 47). 2008년 10월에는 투자조사연구팀을 신설하여 외국인투자 유치 현안에 대한 전문 조사연구를 시행하는 역할을 강화하였다(Invest KOREA, 2009a: 47).

Invest KOREA는 효율적인 외국인투자 유치를 목적으로 프로젝트 담당(Project Manager: PM) 제도를 운영하고 있다. PM제도란 개별 투자

투자유치지원 KBC: KBC: 모스크바, 광저우, 칭다오, 쿠알라룸푸르, 뭄바이.

〈표 7-9〉 Invest Korea 조직개편

	조직개편
1998	투자단계에 따른 조직: 투자전략, 투자홍보, 투자유치
2003	산업별 유치조직추가: 주력산업, 신산업, 서비스산업 PM 중심의 유치지원체제
2007	투자협력팀 신설
2008	투자조사연구팀 신설

프로젝트에 담당 PM을 지정하여 투자유치 과정을 투자유치마케팅, 투자행정지원, 투자모니터링 그리고 사후관리 4단계로 분류하여 Invest KOREA 본부와 해외 KBC가 밀착 지원하는 제도이다. 이 제도는 우리나라의 법률, 제도, 문화 등 외국인투자환경에 익숙하지 않은 외국인의 입장에서 투자진출 활동을 지원함으로써 투자진출 포기방지 및 투자진출 촉진을 위해 만들어졌다. 2004년 3월 31일 1차 PM 지정 이후 2007년 말까지 총 18회 지정되었으며, 2007년 말 기준 PM은 총 105명으로 232개 투자프로젝트를 관리하고 있다(Invest KOREA, 2008b: 48). PM제도는 Invest KOREA 조직을 투자 전 과정에 맞추어 운영하므로 각 조직 간에 체계적 협조가 가능하다.

Invest KOREA는 투자적격지로서 한국의 이미지를 만들기 위해 허브로서의 기능을 강조한다. 물류, 금융, 관광·레저 등의 전략사업을 돋보이기 위한 이미지를 알리기 위하여 국내외 방송 언론매체를 활용하고, 해외 주요언론매체 기자를 초청하며, 투자설명회를 개최하고 있다. 또한 2007년에는 유망투자가를 발굴할 목적으로 오스트리아 오토모바일 포럼 그랙스(Automobile Forum Grax) 등 주요 국제박람회 또는 전시회 기간에 투자홍보관을 운영하고, 중화권 로드쇼와 같은 종합 투자설명회를 개최하여 잠재 투자가들에게 한국에 대한 투자관심도를 제고하고 있다.

Invest KOREA는 '선택과 집중'을 통해 산업의 매력도가 높고 타 산업에 미치는 파급효과가 크며, 한국이 충분한 잠재력을 가지고 있다고 판단되는 산업을 지정하여 전략적 유치활동을 펴고 있다. 2001년 투자유치의 질적 수준을 제고하기 위해 처음으로 9개 분야를 전략유치산업으로 선정하고 타겟기업 238개 사를 선정하여 최초의 기획투자유치를 시도하였다(Invest KOREA, 2008b: 59). 본격적으로 외국인투자 유치정책에서 전략적 투자유치를 중시하기 시작한 것은 2005년부터이며 점차 타깃업

〈그림 7-2〉 Invest Korea 프로젝트 관리 프로세스

	프로젝트관리 프로세스	세부활동	수행주체
투자유치 마케팅	타기팅&프로모션	• 현지기업조사, 유/무선 상담 (투자가 최초 접촉단계)	IK본부 해외KBC
	인콰이어리	• 투자가맞춤형 투자정보 제공	해외KBC IK본부
	투자가 방문	• 투자기업 방문, 심층상담	해외KBC
	사절단 지원	• 투자유치단 · TFT파견	해외KBC IK본부 지자체
	투자프로젝트 발굴	• 투자프로젝트 내용 확인	해외KBC
투자행정 지원	방한투자가 지원	• 투자가 방한 유도, 성사 • 투자가 방한 밀착지원	IK본부 정부/지자체
	투자신고(성약)	• 투자신고	IK본부 수탁기관
투자 모니터링	자금 도착	• 자금도착 확인	IK본부
사후 관리	외투기업 고충처리 (*Aftercare Service*)	• 경영애로해소 지원 • 증액투자 유도 • 투자환경 개선	IK본부 정부/지자체

출처: Invest KOREA(2009a).

〈표 7-10〉 Invest Korea의 2008년 이미지빌딩활동 사업

	사 업
미디어 광고	• CNN 광고, 해외유력매체 기자 초청사업 • 아리랑 TV(총 42편)
투자 박람회 참가	• 영국 Farnborough 에어쇼 참가(7월) • 독일 하노버 산업박람회(4.21~25) • 한중일 산업교류회(6.18~20, 오사카, INTEX) • EXPO REAL 2008 부동산투자박람회(10.6~8, 뮌헨)
특정 산업 미디어 광고	N/A
일반적 투자 촉진 사절단 파견	• Emerging Market IR개최: 인도(뭄바이, 뉴델리), 중동(아부다비, 두바이, 도하), 러시아(모스크바)
일반적 투자 기회 정보 세미나 개최	• 외국인투자가 방한 상담회

출처: Invest KOREA(2009a).

종과 기업을 확대하였다.[5] Invest KOREA는 이렇게 선정한 유치대상 목표기업 리스트를 해외무역관에 송부하고 접촉 및 투자유치활동을 전개한다(Invest KOREA, 2008b: 60). 국내 Invest KOREA 직원은 목표기업의 국내법인 또는 사무소를 접촉하여 외국기업 본사의 투자 동향, 프로젝트 진행 여부 등을 파악하고 Invest KOREA 투자유치단 파견 시 외국기업 본사와의 면담 주선을 요청한다.

Invest KOREA는 투자서비스를 사전투자 서비스인 투자상담 서비스, 투자행정지원 서비스, 그리고 사후투자 서비스 3단계로 나누어 제공하고 있다. 투자컨설팅팀은 한국 투자를 검토하고 있는 외국 투자가와 이들의 한국 파트너, 외국인투자 유치를 담당하고 있는 정부기관, 지방자치단체, 경제자유구역청 등 모든 이해관계자를 대상으로 분야별 전문 컨

5) 2005년: 4개 분야 550개 사, 2006년: 10개 분야 1,415개 사, 2007년: 14개 분야 1,957개 사(주력산업 제조업으로 항공우주, 자동차부품, 나노, 부품소재, 기계, 선박 573개 기업, 신산업 제조업은 반도체, 정보통신, 의약/바이오, 디스플레이, 정밀화학의 686개 기업, 서비스산업은 금융, 물류, 관광/부동산, 환경 및 신생에너지 산업의 708개 기업을 지정하였다.)

설팅 서비스를 제공한다(Invest KOREA, 2008b: 107). 투자컨설팅팀은 투자 결정 이전에 외국인투자자에게 분야별 종합 컨설팅을 원스톱으로 제공하여 투자진행 시 비용 및 시간을 절약하고 신속하게 투자할 수 있도록 한다.

투자단계에서는 종합행정지원팀이 외국인 투자신고, 외투기업 등록 및 외국인투자관련 각종 민원처리를 맡아 해결한다. 특히 외국인 종합생활문화센터에서는 직접처리 민원과 분야별 상담을 담당하는데, 외국인 투자자들의 이용 및 만족도가 높다. Invest KOREA에 2008년 기준 총 16개 기관(정부부처 9개, 지자체 5개, 대법원, 유관기관 각 1개) 20명의 파견관이 원스톱서비스의 활성화와 외국기업 유치 및 규제 개선에 기여한다(Invest KOREA, 2008: 109).

외국인투자 사후관리는 KOTRA의 외국인투자 옴부즈만사무소가 맡아 투자 인센티브, 조세, 투자절차, 관세무역, 노무, 비자 등에서 발생하는 외국인 투자기업의 애로사항을 처리한다.

Invest KOREA는 외형적으로 세계 유수의 외국인투자 유치기관의 글로벌 스탠더드를 충족한다. 투자 과정 및 전략산업구조에 맞는 조직구성과 개별 프로젝트의 책임제 지정, 외국인투자 옴부즈만의 운영 등에서 미흡한 점을 찾기 힘들다.

그러나 Invest KOREA는 해외 투자진흥기관과 비교해보면 독립성이 취약하여 마케팅조직으로서 근본적인 한계가 존재한다. 투자유치를 성공적으로 달성하기 위해서는 해당 기관이 독립적으로 외국인투자 유치의 정책을 수립해야 하며 이를 뒷받침하는 예산권과 인사권이 필요하다. 싱가포르의 EDB나 아일랜드의 IDA는 인사권과 예산권을 보유할 뿐만 아니라 전국적인 투자유치활동을 총괄한다. 또한 세계 상위 투자진흥기관의 70%가 정부부처로부터 독립된 공공기관으로 총리나 대통령처럼 고위급에 보고라인을 형성하여 높은 독립성과 자율성을 유지한다(Ortega

〈표 7-11〉 Invest Korea의 2008년 투자창출활동 사업

투자창출활동 종류	산업 분야 및 활동
우편 및 텔레마케팅 캠페인	N/A
특정 산업 투자유치사절단 파견 및 방한	■ IT: 대덕특구 북미 글로벌 IT 공동 투자유치단(3.30~4.6) ■ R&D: R&D 센터 유치 TFT 북미, 구주, 일본 유망기업 타기팅, 방문 · 상담(08년 상반기) ■ 금융: 중동 유럽기업인(YAL) 사절단 방한(6.8~9) ■ 부동산, 관광 · 레저 - 중국 걸출화상기업협회 투자사절단 방한 - 세계 최대 부동산 관광 · 레저 박람회인 MIPIM 참가 ■ 물류 - 북미 물류 투자유치단 파견(6.15~22) - 실리콘밸리 지역 항공물류 유망투자가 4개 사 방문상담(9.7~12) - 평택항 투자유치사절단 파견(10.21~24) ■ 환경 및 신생에너지 - Bioenergy 2008 한국관 운영지원(5.25~6.1) - 발렌시아 태양광 박람회 투자유치관 파견(9.1~5)
특정 산업의 투자유치 설명회 및 상담회 개최	■ 투자유치 컨퍼런스(외국인투자가 방한 상담회 행사 프로그램): 5개 산업분야 총 153개 사 대상으로 개최(10.30) - 부품소재투자유치 컨퍼런스 - 지역개발투자프로젝트 설명회 및 상담회 - R&D Investment Forum - 해외 VC/PEF 초청 투자설명회 - 걸출화상사절단 대상 지역개발투자프로젝트 설명회 II ■ 정밀화학 투자유치세미나(5.23) ■ BT - Global Biotech Forum 연계 투자설명회(5.21) - BT 외국인투자 유치 워크숍(5.19) - Entech 2008 연계 환경 및 에너지 산업 투자유치설명회(부산): 밴쿠버 및 LA 소재 기업 14개 사 초청 설명회(10.15)
특정 기업 리서치 참가 및 영업 발표	■ 디스플레이: 미국 디스플레이기업 Ferro 외 8개 사 타기팅, 방문 상담(9.28~10.4) ■ BT - 미주 BT 투자유치로드쇼: 북미 바이오 분야 유망잠재투자기업 대상 비즈니스 모델 제안(10.20~27) - 북미 글로벌제약사 Pfizer, BMS, SALK R&D센터 유치 설명회(6.16~21) ■ 반도체장비: 미국 반도체장비 기업 Formfactor 외 4개 사 투자유치 방문 상담(6.9~14)

출처: Invest KOREA(2009a).

〈표 7-12〉 Invest KOREA의 2008년 투자서비스 활동

	Invest KOREA의 활동
투자상담 서비스 제공	■ 투자컨설팅 - 분야별 심층 컨설팅 - FDI 교육 및 프로젝트 자문 - 신규프로젝트 발굴 및 투자유치
투자 지원 및 허가 신속한 처리	■ 외국인 종합생활문화센터의 정부 민원(출입국업무/세무/법률 등) 서비스 제공 ■ 외국인투자가 출입국 우대카드(Investor Express Card)
사후투자 서비스 제공	■ 외국인투자옴부즈만사무소

출처: Invest KOREA(2009a).

and Griffin, 2009: 2). 그러나 Invest KOREA는 수출 진흥을 최우선 목표로 둔 KOTRA 내부에 설립되어 Invest KOREA가 자율적인 예산권과 인사권을 행사할 수 없다. 환언하면, 투자유치가 기관의 존재의 이유임에도 불구하고 투자유치실적을 극대화하기 위한 자율성에 제약을 받는 태생적 결함이 있으며 아래와 같은 문제점을 파생시킨다.[6]

먼저 마케팅 전략의 전문성을 키우는 조직운영이 미흡하다. 현재 Invest KOREA는 주로 코트라 통상직으로 구성되는데, Invest KOREA 내뿐만 아니라 KOTRA 본사로도 순환보직을 돈다. 순환보직은 KOTRA 경영진 차원에서는 통상, 수출, 투자업무 간의 시너지 효과를 노린 것으로 볼 수 있으나, 외국인투자 유치를 위한 마케팅 전문성 축적에 있어 커다란 제약이다. 한 예로, 국내에서 투자유치업무를 담당했던 인력이 해외순환 근무 시 투자유치 전담 KBC가 없는 개발도상국에 파견되기도 한다. 이 경우 보직이동 선후 업무가 유기적으로 연관되지 않아 이전 직위에서의 업무가 새로운 직위의 업무수행에 도움이 되지 않고 투자유치 마케팅 경험이 단절된다. 또한 PM제도의 프로젝트 책임자가 순환보직으

6) Invest KOREA의 근무자 몇 분과 인터뷰한 내용을 토대로 정리하였다. 인터뷰에 응해주신 분들께 감사드린다.

로 중간에 바뀌는 사례도 존재한다. 프로젝트 책임자의 변동은 밀착지원으로 신속하고 효율적인 투자를 이끌어내겠다는 본래 취지를 무색하게 만든다. Invest KOREA 입장에서는 새로운 직원이 시간과 노력을 들여 업무를 처음부터 파악해야 하므로 비효율적이며 해당 기업 또는 산업에 대한 전문성이 떨어진다. 기업은 투자결정이 기밀인데 투자유치자가 프로젝트 중간에 변하면 Invest KOREA의 지원의지에 의구심을 갖게 되고 신뢰성이 감소한다. 이처럼 순환보직에서 파생하는 마케팅 전문성 약화는 Invest KOREA 단장이 최종 인사권을 보유하고 있지 못하는 데서 기인한다.

또한 Invest KOREA는 조직구성원이 투자유치 마케팅에 전념하도록 하는 조직 인센티브구조가 취약하다. 한정된 자원을 투입하여 최대한의 마케팅 효과를 달성하려면 직원들에게 동기부여를 할 수 있는 제도를 구축해야 한다. 인센티브 제도는 첫째, 일관된 기준으로 목표를 설정하고 달성 여부를 지속적으로 평가해야 하며, 둘째, 달성한 목표를 성과에 반영하여 직원에게 보상이 이루어져야 한다(모종린 · 박민아, 2009: 20~23). Invest KOREA는 두 가지 요건이 제대로 지켜지지 않고 있다.

현재 Invest KOREA는 금액 위주, 프로젝트 발굴 수, 그리고 기타 다양한 방법으로 조직구성원의 성과를 평가하고 있다. 그러나 Invest KOREA 직원의 동기를 부여하는 합리적이고 일관된 기준으로 평가하는가에 대해 의구심이 든다. 해외 KBC는 개인의 유치실적으로 평가하지 않고 무역관의 총 실적을 평가하여 조직구성원의 동기를 유발하기 힘들다. 투자유치가 대개 장기간의 시간과 무형의 노력을 들여야 하는데, 프로젝트 발굴 및 유치 중 순환보직으로 이동하게 되면 그 업무에 대한 평가가 어렵게 된다. 이처럼 애매모호한 평가방법은 구체적인 목표설정과 동기유발이 불가능하므로 성과 목표를 개개인 직무별로 좀더 구체적으로 제시해야 하며 공정하고 일관된 평가가 이루어져야 한다.

Invest KOREA가 목표지향적 조직 운영이 미흡한 두 번째 이유는 인센티브구조가 성과중심적으로 운영되지 않기 때문이다. 유치실적이 인사고과에 제대로 반영되지 않으므로 투자유치실적 관리에 소홀하게 된다. 또한 포상금제도도 유치실적에 의해 지급되지 않고 직원들이 돌아가며 받는 분위기이다. 그 외에도 인센티브제도를 운영하기 어려운 구조적 문제도 존재한다. 해외 KBC에 근무하는 현지 인력은 대개 월급이 적은 계약직이어서 커리어를 장기적으로 설계할 수 없는 구조라 투자유치에 전념하려는 인센티브가 부족하여 인력의 교체비율이 높다. Invest KOREA가 자체적으로 새로운 프로젝트를 발굴하기도 하지만 많은 예산을 갖고 있는 지방자치단체나 경제자유구역청, 기타 유관기관이 발주한 해외 IR과 홍보 프로젝트를 지원하는 경우가 많아 신규투자자 발굴을 중시할 수 없는 모순점도 존재한다.

다음으로, 중앙 투자유치기관인 Invest KOREA와 기타 투자유치기관 상호간 마케팅 전략 및 업무 협력이 미비하다. 지식경제부 주도로 수립한 외국인투자 유치정책에 맞추어 Invest KOREA가 마케팅서비스를 제공하고 있으나 투자유치 유관기관과의 업무협력을 조정하는 권한이 필요하다. 아일랜드의 IDA는 투자유치 관련 강력한 권한을 보유하면서 외국인투자기업에서 문제제기를 하였을 때 24시간 내에 관계기관 회의를 소집할 수 있다(KOTRA · Invest KOREA, 2004: 108). 이러한 권한은 투자유치 유관 정부기관과의 협조체제를 이끌고 투자유치에 범정부적 리더십을 발휘할 수 있다. Invest KOREA가 아니더라도 기타 기관이 투자유치 주체간의 마케팅 업무협력 및 조정을 하는 협의체가 필요하다. 투자유치 유관기관간의 협력이 이루어지면 권한 혼선 및 중복문제도 해결될 것이다.

투자유치기관 상호간의 부족한 마케팅 협력과 마케팅 전문성의 약화는 전략에도 영향을 미친다. Invest KOREA가 진행하는 이미지빌딩활동은 정부의 홍보활동과 연계성이 미흡하다. 현재 Invest KOREA가 사용하고 있는 동북아 허브 브랜딩[7]과 국정홍보처에서 사용하고 있는 Dynamic Korea를 이어줄 만한 통일적인 브랜드 스토리라인이 부재하다. 이로 인해 국가홍보와 해외투자 IR이 시너지효과를 내지 못한다. 또한 Invest KOREA와 외국인투자 유관 기관은 상당한 기간 동안 분산적으로 홍보 및 광고활동을 하였다. 2008년이 되어서야 지식경제부 경제자유구역기획단, 국토해양부와의 사전 협력을 통해 홍보 콘텐츠를 공유하여 Invest KOREA가 한국의 매력적인 대표 투자 이미지를 부각한 CNN광고를 제작하였다(Invest KOREA, 2009a:55).

또한 한국 투자의 방해요소로 외국인투자자들이 꼽는 노사분쟁, 남북관계에서 오는 불안한 정치경제, 정부의 관료주의와 같은 이미지 및 고정관념을 개선하기 위한 이미지 홍보활동을 증가시켜야 한다.[8] 현실적으로 힘든 동북아허브로서의 이미지를 만드는 데 집중하는 것보다 한국 투자방해요소에 대한 인식을 개선하고 Dynamic Korea의 이미지와 연장선에서 풍부한 우수인력과 성장가능성이 높은 장점을 살리는 마케팅 전략이 필요하다.[9] 이런 점에서 2006년부터 〈르몽드〉와 〈슈피겔〉 등의 해외 주요 언론기자를 초청하여 FDI이슈뿐만 아니라 경제, 남부경협 등 다양한 전문적 콘텐츠를 제공하고 CNN과 같은 해외 주요언론을 통해 한

---

7) Invest KOREA 홈페이지에서 “The logistics solutions provider in Northeast Asia: Invest Korea”, “Korea, the Business Hub of Northeast Asia. One stop is all you need”로 홍보하고 있다.

8) 2009년 방한 외국인투자자들을 대상으로 Invest KOREA가 한 설문조사에 의하면 한국의 가장 큰 단점은 노사문제, 북한관련 우려, 불충분한 조세관련 인센티브 순이었고, 이 밖에도 과도한 규제, 높은 물류비용, 언어장벽도 단점으로 꼽혔다.

9) 2005년 주한 유럽상공회의소가 발표한 통상보고서, Invest Korea가 조사한 ‘한국 투자 매력적인 10가지 요인’, 한국의 가장 큰 장점은 우수인력인 것으로 나타났다. 두 번째는 우수한 IT인프라가 꼽혔으며, 지리적 위치, 물류인프라, 내수시장 순이다.

국의 비즈니스 친화적 이미지 홍보사업을 실시한 것은 긍정적으로 평가할 만하다. 2007년에는 기투자한 주요기업 CEO가 한국을 투자적격지로 설명하는 광고를 제작하여 111개국에 총 506회 방송한 것도 기존의 부정적 이미지를 개선할 수 있으므로 지속해야 한다.

기투자자들을 대상으로 하는 마케팅활동도 부족하다. Invest KOREA는 투자자 단계별 마케팅이 필요하다는 판단하에, 유망 투자자와 기존 투자자로 대상을 분류하고 맞춤형 투자유치 지원활동도 펴고 있다(Invest KOREA, 2008b: 85). 사실 새로운 외국기업의 투자를 유치하기보다는 국내에 이미 진출한 기업의 증액투자를 유도하는 것이 효과적이다. 그러나 현재 마케팅 전략은 대개 새로운 투자자들을 대상으로 하고 있다. 신규사업 아이템을 개발하여 기투자자들에게 홍보하고, 지속적인 연락관계를 유지하여 국내에 투자를 증가하도록 해야 한다. 또한 외국인투자 옴부즈만사무소의 역할을 강화하여 조세, 투자절차, 노무, 비자 등에서 발생하는 기투자자의 애로사항을 신속하게 처리할 뿐만 아니라 투자자의 고충을 사전에 예방하는 활동도 강화할 필요가 있다.

2) 지방정부 외국인투자 유치조직

16개의 지방자치단체의 투자유치조직은 지방자치단체 소속으로 투자진흥관, 투자유치기획단(투자유치과, 국제통상과) 이라는 이름으로 자체적으로 투자유치업무를 수행하며 독립된 기관이 존재하는 것은 아니다. 투자유치조직의 조직장은 민간부문의 마케팅 능력 도입과 해외 투자유치 경험을 중요시하여 대부분 사기업 및 코트라 출신 고위간부 출신이다. 그러나 일반 유치인력은 대개 전문계약직 공무원과 기존의 공무원 출신으로 충원되고 있다.

각 자방자치단체별 투자유치부서의 마케팅 관련 조직은 마케팅, 홍보,

국제협력 등의 조직명으로 존재한다. 전체 투자유치부서가 10명에서 20명 내외인데, 마케팅 및 홍보 담당 인력은 1~2명이며 주로 투자유치부서의 인력은 투자입지 개발사업에 치중하는 형태를 보인다. 해외사무소를 갖는 지방자치단체의 투자유치조직은 거의 드물다. 경기도가 5개 지역(LA, 뭄바이, 모스크바, 상파울루, 쿠알라룸푸르, 상하이), 충청남도가 3개 지역(상하이, 구마모토, LA), 경상북도가 7개 지역(북경, 뉴욕, LA, 캄보디아, 오사카, 첸나이, 동경)에 통상주재관을 파견한다. 경상남도의 경우, 상하이, 산동, 일본, 호치민에 인력을 파견하고 있으나 투자유치

〈표 7-13〉 지방자치 단체 투자유치조직(2010년 3월 기준)

	조직명/소속(인원)	마케팅 부서/인력
서울특별시	투자기획관 투자유치과(21명)	
부산광역시	투자유치단(10명)	6명(부서 존재하지 않음)
대구광역시	경제통상국 투자유치단(12명)	2명(홍보관련)
광주광역시	경제정무부시장 하 투자유치본부(18명)	-
대전광역시	경제과학국 투자유치마케팅과(15명)	관련업무 3명
울산광역시	경제통상실 투자지원단(26명),국제협력과(14명)	3명, 관련업무 2명
경기도	투자통상본부(68명)	교류통상과 해외마케팅(3명), 국제교류(4명), 해외협력(4명)
강원도	산업소속국 투자유치사업본부 투자유치과(10명)	1명
충청북도	경제통상국 투자유치과(20명, 외투 9명)	1명, 국제통상과(2명)
충청남도	투자통상실 투자유치 전담팀(15명)	1명(참고: 국제협력팀 존재)
전라북도	투자유치국 투자유치과(16명, 외자 4명)	(국제협력팀 35명)
전라남도	투자개발과 17명, 기업유치과 외자유치담당 5명	-
경상북도	투자통상국 투자유치과(24명, 외투 9명) 국제통상국 16명	2명
경상남도	남해안경제실 투자유치팀(17명, 외투3명)	2명, 국제통상과(5명)
제주도	국제자유도시본부 투자정책과 19명	

출처: 각 지방자치단체 홈페이지.

보다는 수출 위주 업무를 담당하고 있다.

지방자치단체의 투자유치조직을 평가해보면 소수의 지방자치단체를 제외하고는 조직 역량과 인력의 마케팅 전문성이 부족하다. 우선, 투자유치조직의 크기가 경기도를 제외하고 모두 20명 내외로 소규모이고 투자마케팅 인력도 5명 내외로 적다. 10명도 채 되지 않는 인원으로 투자환경 및 외국인투자에 대한 시장조사, 전략적 유치산업 조사 및 잠재 투자자 발굴, 투자상담, 마케팅 전략 수립 등을 전문적으로 수행하기는 어렵다. 마케팅 전문 인력이 부족하므로 투자희망자가 방문하여 상담을 원할 때 해당업무 담당 공무원이 아닌 외부지원인력에 주로 의존하고 있어, 업무의 전문성, 유치활동의 의지, 그리고 신속성이 떨어진다(박홍식 · 공성경, 2001: 192). 또한 투자마케팅을 담당하는 인력은 지방정부의 국제협력업무도 함께 담당하고 있는 경우도 있어 투자유치를 전문적으로 수행할 수 없다.

세계 상위권 투자진흥기관과 비교하였을 때 우리나라 지방정부의 투자유치 담당자는 투자유치에 적합한 역량을 보유하지 못했다. 지방자치단체의 투자유치조직은 소수의 단기 계약직 직원만을 전적으로 투자마케팅을 수행하기 위해 채용하였고, 대부분 기존 공무원이 순환보직에 의해 1~2년간 투자유치업무를 담당한다. 단기 계약직 직원은 장기간 쌓아야 하는 마케팅 전문성을 키울 수 없으며, 유치조직 내에서 지속적인 커리어를 기대하지 않으므로 그들의 능력을 최대한 발휘하여 투자유치를 업무를 수행하기 힘든 구조이다. 투자마케팅을 주도하는 지방자치단체 공무원은 순환보직으로 1년에서 2년마다 이동한다. 그러므로 투자유치 지식과 노하우 축적의 시간과 기회를 갖기 힘들며 대개 외국기업에 대한 정보도 부족하여 투자유치 관련 정보를 KOTRA에 거의 의존하고 있다. 세계 상위권 투자진흥기관에 근무하는 인력이 평균적으로 74%가 민간기업 근무 유경험자이고 수년간 동일 업무를 수행한다는 것을 감안한다면,

〈표 7-14〉 지자체별 투자유치 타기팅 선정 산업과 유치된 산업

	투자유치전략산업		기존 외국인투자 유치가 많은 산업
	지자체 희망	핵심지역전략산업	
서울특별시	신성장동력산업에 맞는 업종 선정/상암 DMC 첨단산업센터	섬유의류, 정보통신, 정밀기기, 비즈니스 서비스	금융, 무역, 도소매업, 서비스, 건설, 섬유의류, 운수창고, 의약, 전기 및 가스
부산광역시	항만물류, 기계부품/소재, 조선기자재, 관광, **자동차**	섬유의류, 신발, 자동차, 비즈니스서비스, 물류	건설, 운송기기, 수산
대구광역시	섬유, 안경, **기계** 금속산업, IT, BT, NT, 섬유의류	섬유의류, 기계, 메카트로닉스, 정보서비스	기계, 운송
광주광역시	자동차, 디지털가전, 광산업/첨단부품, 디자인, 신에너지, 문화콘텐츠	가전, 자동차, 전자정보기기, 문화	전기전자
대전광역시	대덕특구 연구개발단지, 정보통신, 바이오, 항공우주, 국방 전략산업	생물, 전자정보기기, 정보서비스, 정밀화학	도소매업
울산광역시	자동차, 조선, 석유화학산업, 정밀화학	석유화학, 자동차, 조선, 정밀화학	금속, 비료, 석유, 운송기기
경기도	첨단제조업, BT, IT, **물류**, R&D 센터	반도체, 전자정보기기, 정밀화학, 생물	운송기기, 의약, 운수창고, 전기전자, 화공, 농림
강원도	IT, BT, CT 산업, 해양개발산업	정밀기기, 관광, 문화, 생물	광업, 요업
충청북도	IT, BT	전자정보기기, 정밀화학, 생물	수산, 전기 및 가스, 식품
충청남도	첨단 유망업종 전략	석유화학, 자동차, 전자정보기기. 정밀기기	금속, 석유, 건설업, 제지목재
전라북도	첨단제조업 전략사업	자동차, 기계, 생물, 환경	요업, 제지목재
전라남도	부품소재, 관광, 물류, 항공, 생물	석유화학, 철강, 생물, 물류	비료, 화공요업. 제지목재
경상북도	바이오산업, 에너지산업, 자동차 부품소재분야	철강, 전자정보기기, 가전, 신소재	전기전자, 섬유의류
경상남도	자동차, **기계**, 조선, 항공우주, 생물, 전기전자	기계, 조선, 메카트로닉스, 항공우주	식품, 기계, 비료
제주도	생물, 관광	생물, 정보서비스. 관광	숙박, 기타서비스

출처: 산업자원부(2007); 임성훈(2005).
주: 굵은 글씨는 기존 외국인투자 유치가 많은 산업과 지자체 희망 산업이 일치하는 경우임.

우리나라 투자유치 공무원의 마케팅 전문성이 현저히 부족하다는 것을 실감할 수 있다. 또한 외국어 능력, 인터넷 정보수집 능력, 해외 경험이 전반적으로 부족하다는 것이 지론이다(박홍식 · 공성경, 2001: 189).

지방정부의 마케팅 조직이 전문성이 부족한 결과 체계적인 투자유치 마케팅 전략을 수립하지 못한다. 그 근거로서 마케팅의 가장 기본인 산업 타기팅이 실질적으로 이루어지지 않는다. 〈표 7-14〉와 같이 각 지방자치단체가 희망하는 전략산업, 과거 산업자원부가 선정한 핵심지역 전략산업, 그리고 지역별로 기존 외국인투자 유치가 많은 산업을 비교해보면 이들 간에 괴리가 존재한다(임성훈, 2005: 9).[10] 지방정부가 유치를 희망하는 산업과 기존 외국인투자가 많은 산업이 불일치한다는 사실은 지방정부가 투자유치 가능성이 높은 분야가 아니라 가능성이 희박한 분야를 선택했다는 것을 의미한다. 즉, 지방자치단체가 각 지역의 특성을 고려하여 유치 필요성, 유치 가능성, 유치경쟁력을 분석하여 산업 분야를 선정하지 않았으며 획일적으로 IT, BT, NT 등 첨단산업을 유행처럼 지역전략산업으로 선정한 데 원인이 있다.

지역적으로 경쟁우위 창출에 적합한 산업을 유치하려는 노력을 하기보다는 현실성이 없는 첨단산업에 집중하여 타기팅한 결과, 지방자치단체는 자신의 특화된 투자입지 장점을 부각시키는 전략 자체가 불가능하다. 〈표 7-15〉가 보여주듯이 각 지방자치단체가 선정한 전략투자 산업이 타

10) '기존 외국인투자가 많은 산업'은 지자체 입장에서 현재의 투자유치 경쟁력과 투자유치 가능성이 높은 분야로 광역지자체를 대상으로 지역별 외국인투자 산업분석에서 해당 산업별로 외구국인투자 유치액이 1위 및 2위를 차지한 산업, 또는 지역 내에서 상대적으로 높은 비중을 차지하는 산업을 정리하여 선정한 것이다.

'지자체 희망산업'은 Invest KOREA가 지자체에게 지역별 외국인투자 유치 분포 자료를 제공한 후 공문으로 지자체에 투자유치 희망분야를 접수하여 작성된 것이다.

〈표 7-15〉 지방자치단체의 투자유치 타기팅 산업과 지역별 투자입지 장점

(2010년 4월 기준)

	전략투자산업	투자입지 장점
서울특별시	신성장동력산업 (관광, 디지털콘텐츠, 패션, 컨벤션 유치)	전략적 지리 위치, 풍부한 고학력 인적자원, 우수한 경제인프라, IT 인프라, 환경친화적 도시, 편리한 교통망, 활발한 연구개발 투자, 낮은 조세 및 사회보장부담률, 편리한 외국인 생활환경, 국제규모 컨벤션시설
부산광역시	물류, IT(광대역 인터넷장비, 디스플레이, 홈네트워크), 관광	비즈니즈 프렌들리 도시, 전략적 위치, 교통의 교차점, 자립경제와 거대시장, 3대 밀레니엄 사업, 관광도시, 고능력 인력자원, 물류중심항, 동남 산업벨트의 중심
대구광역시	자동차, 의료, 로봇, 신재생에너지	배후 산업도시와 소비시장 발달, 교통의 중추, 우수한 외국인 정주여건, 풍부한 고급인력 배출, 뛰어난 R&D, 물류 중심지, 품격 있는 문화도시
광주광역시	광산업, 신에너지, 디자인, 첨단부품소재, 문화콘텐츠, 금형, 나노/신성장 동력산업	동북아경제권의 전략적 위치, 완벽한 SOC 구축, 우수한 인적자원, 지식기반산업에 적합한 R&D네트워크, 풍부한 산업용지와 국제적 전시시설, 기업친화적 환경, 환경 생태도시, 문화중심도시
대전광역시	대덕특구 연구개발단지, 정보통신, 바이오, 항공우주, 국방 전략산업	접근성, 산업인프라, 우수 인재와 전문인력 수급 용이, 중앙정부의 적극적인 지원, 최고 R&D 인프라 구축
울산광역시	자동차, 조선, 석유화학산업, 전자전기	최대 산업항만시설, 발단될 육상교통 인프라, 우수한 인적 자원, 높은 노동생산성, 안정적 고용환경, 첨단연구 지원시설, 풍부한 산업유틸리티
경기도	IT, 자동차, BT, 신재생에너지, 관광, 디지털 콘텐츠	IT강국 한국의 중심, 높은 교육수준을 가진 숙련된 인재, 최적의 비즈니스 및 생활환경, 신속한 원스톱 투자 행정지원 서비스
강원도	신재생에너지, 멀티미디어 콘텐츠, 생물, 의료전자, 정보제공, 해양생물, 신소재	접근성, 산업인프라, 우수 인재와 전문인력 수급 용이, 중앙정부의 적극적인 지원, One-stop 서비스로 기업의 애로사항 적극 해결, 풍요로운 여가생활, 세계적 기업 유치
충청북도	IT, BT, 반도체, 차세대전지	기업친화 정서, 인센티브 확대, 맞춤형 산업입지 조성, 중소벤처 적극지원, 원스톱 서비스, 안정적 노사관계
충청남도	첨단 유망업종 전략	최적의 지리적 위치, 완벽한 인프라, 우수한 인적자원, 매력적인 투자기반, 미래 투자유망입지(황해경제자유구역)
전라북도	자동차부품, 기계산업, 대체에너지, 생물, 문화, 영상, 관광, 물류 및 IT	교통인프라, 빠른 기업 애로 시스템 운영, 안정된 노사문화, 우수한 인재와 기업에 맞는 전문 인력 양성

〈표 7-15〉 계 속

	전략투자산업	투자입지 장점
전라남도	부품, 신소재, 신생에너지, 관광레저, 조선, 우주항공, 생물	환황해경제권 및 세계진출의 전진기지, 자유무역지역 지정 등, 남해안 관광벨트 개발사업, 해양관광단지 집중조성
경상북도	디스플레이, 모바일, 자동차 부품소재분야	풍부한 산업용지, 경제자유구역존재, 교통인프라 및 물류기반 조성, 세계적 수준의 연구기반
경상남도	자동차, 기계, 조선, 항공우주, 전기전자	경남 산업단지의 성장 동력, 지정학적 여건, 육로 · 해상 · 항공의 편리한 교통망, 살기 좋은 생활환경
제주도	생명공학, 관광, IT	국제자유도시, 동북아시아의 요충지, 천혜의 자연환경과 독특한 섬 문화, 다양한 관광객 수용시설과 편의시설, 연간 6천 명 이상의 대학 졸업생 배출, 2011년까지 국제수준의 공항 · 항만 등 기반시설(SOC) 확충

출처: Invest KOREA의 지방자치단체 홈페이지.

지방자치단체와 중복되고 제시하는 투자입지 강점도 특색이 없다. 모든 지방자치단체가 획일적으로 타깃전략 산업에 맞는 투자입지 강점을 나열하기 때문에 지방자치단체의 지역적 장점과 괴리되는 것이다. 예를 들어 6개의 지방자치단체가 신재생에너지와 IT를 공통적으로 타기팅하고 있으며 거의 모든 지역이 전략적 위치, 접근성, 우수한 인적자원을 제시한다. 그 결과, 지방자치단체의 장점을 축약하며 투자적격지로서 적합한 이미지를 창출하기 위한 브랜딩전략이 모호하게 되었다. 이처럼 기본에 충실하지 않고 커다란 그림이 없는 마케팅 전략으로 인해 지방자치단체가 미디어 광고, 투자 박람회 참가, 투자사절단 파견, 투자세미나 개최 등을 하고 있지만, 실질적으로 투자를 창출하는 활동으로 이어지지 못하고 있는 것이다.

3) 경제자유구역

경제자유구역은 각종 예외조치의 허용과 다양한 혜택의 부여를 통해 외국인투자자들에게 경쟁력 있는 기업경영 여건을 제공함으로써 외국인 투자를 유치하기 위해 지정되었다. 이에 따라, 경제자유구역청의 기본업무는 ① 경제자유구역의 개발을 추진하고, ② 외국인투자의 유치 활동을 전개하며, ③ 경제자유구역 거주자에 대한 전담 행정서비스를 제공하는 것이다. 현재 우리나라의 경제자유구역청은 상기와 같은 기본 업무에 준하여 조직을 크게 개발, 투자유치, 행정업무로 편성하여 운영하고 있다.

인천 경제자유구역청의 경우, 행정을 담당하는 기획조정본부와 도시개발을 담당하는 도시개발본부, 도시 관리업무를 수행하는 도시관리본부, 그리고 외국인투자의 유치를 담당하는 투자유치국으로 구분되어 있다. 이에 비하여 부산·진해 경제자유구역청, 광양만 경제자유구역청, 황해 경제자유구역청, 새만금·군산 경제자유구역청, 대구·경북 경제자유구역청의 경우 조직을 크게 두 개의 본부로 나누어 편성하여, 행정 및 개발업무는 행정개발본부에서, 외국인투자의 유치는 투자유치본부에서 담당하고 있다.

경제자유구역청을 앞 절에서 살펴본 투자유치 마케팅의 글로벌 스탠더드를 기준으로 평가해보면 마케팅 전문성이 떨어진다. 경제자유구역청의 인력구성을 보면, 경제자유구역청장이 현재 모두 정부관료 출신으로 사기업 경험자보다 민간조직의 마케팅스킬을 적극적으로 도입하려는 조직장의 의지와 관심이 부족하다. 앞서 살펴본 지방정부의 투자유치단장이 대개 해외마케팅 경험을 쌓거나 민간조직 출신인 데 비하여, 경제자유구역청장은 행시 출신 정부관료로 외국인투자 유치에 대한 관심, 그리고 유치활동에 필요한 민간조직적 리더십과 능력, 그리고 유연한 조직운영 의지를 기대하기 힘들다.

또한 경제자유구역청에 근무하는 마케팅 공무원은 대개 지방자치단체의 파견공무원으로 구성되어 있으며, 민간전문가를 영입한 경우는 거의 단기 계약직이다. 마케팅 경험이 거의 전무한 순환직 파견 지방자치단체

〈표 7-16〉 경제자유구역청의 마케팅 담당 조직(2010년 3월 현재)

	조직명/소속(마케팅 인원)	경제자유구역청장	외국인
인천	투자유치국 따로 조직 없음 (관련 업무 2명)	이헌석 전 인천국제공항공사 사외이사	0
광양만	투자유치본부 해외마케팅팀(3명)	최종만 전 행정부시장	1명
부산 · 진해	투자유치본부 홍보팀(4명)	현 공석(전 한국입법연구원 부원장)	1명
대구 · 경북	투자유치본부 투자정책실 유치정책팀(마케팅 관련 5명)	박인철 전 대덕연구개발특구 지원본부 이사장	1명
새만금 · 군산	투자유치본부 투자기획부 해외마케팅팀(4명)	이춘희 전 건설교통부 차관	0
황해	투자유치본부 투자정책과 유치홍보팀(5명)	김성배 전 재정경제부 소속	0

출처: 각 경제자유구역청 홈페이지.

공무원에게 전략산업유치 활동에 필요한 시장조사, 해외홍보활동, 맞춤형 1 : 1 기업세일즈는 무리한 요구이며, 가장 기본적인 영어회화능력과 투자 데이터 확보 및 분석도 어렵다. 경제동향과 투자자 심층조사로 투자자조차 인식하지 못한 투자기회를 설득력 있게 제시하여 투자를 유도하는 것이 마케팅의 기본이라는 것을 인식한다면, 현재 경제자유구역청의 전문성이 부족하다는 것을 절감할 수 있다. 단기 계약직 위주의 영입과 공무원 보수규정에 따른 현재 보상안으로는 우수한 마케팅 전문 외부 인력을 채용하기 힘들며 기존 공무원들로부터 투자유치에 대한 활발한 활동과 마케팅 마인드를 기대할 수 없다.

인력의 마케팅 전문성과 기본능력 외에 조직운영도 한계가 존재한다. 경제자유구역청은 지방자치단체 하부조직과 같은 일반 관공서 형태의 조직운영으로 전략적 마케팅활동을 활발하게 펼 수 있는 구조가 아니다. 앞서 살펴본 해외의 외국인투자 유치조직은 대개 독립적 준정부기관으로 민간조직문화를 바탕으로 투자유치에 전념한다. 그러나 우리나라 경제자유구역청은 설립취지와 상이한 업무에 행정력을 상당부분 할애하여 정

〈표 7-17〉 경제자유구역청의 전략유치산업

	전략유치산업
인천	금융, 첨단 산업 IT · BT, 관광 · 레저, 물류
광양만	물류, 금융, 신소재부품, 에너지, 항만, 교육 및 병원, R&D, 관광 · 레저
부산진해	첨단산업, 교육의료, 관광레저, 문화교육
대구경북	국제 지식기반산업 중심도시 IT, R&D
새만금 · 군산	신재생에너지, 탄소소재산업, 바이오(식품가공, MFT미생물융합산업), 관광 · 레저
황해	제조업, 차세대 성장동력 산업기술(R&D), 물류, 국제무역 및 물류 관련 금융서비스, 교육 및 주거 서비스, 관광 · 레저

출처: 각 경제자유구역청 홈페이지.

작 중요한 투자유치 마케팅 담당 인력이 경자자유구역청 조직 규모에 비하여 적다. 마케팅 인력은 대개 5명 내외로 해외 투자유치조직의 체계적이고 전략적인 국가 이미지 홍보, 투자입지 이미지빌딩과 특정 산업을 겨냥한 투자창출, 홍보활동이 현실적으로 어렵다. 다시 말하면, 투자유치와 무관한 업무를 경제자유구역청의 책임범위로 포괄하였기 때문에 관공서 형태의 조직운영을 초래하였고, 결국 경제자유구역청 본연의 투자유치마케팅 업무를 수행하는 데 소홀해진 것이다.

인력 및 조직운영상의 미숙한 점은 체계적 마케팅 전략과 전략적 장기성이 떨어뜨린다. 가장 기본적으로 전략유치산업 타기팅이 제대로 이루어지고 있는지 의문이다. 전략유치산업은 투자입지로서의 장점, 경쟁환경에 대한 충분한 사전조사를 한 후 성공가능성을 가늠하여 선정해야 한다. 또한 미시적이고 구체적인 유치분야를 설정하여 효율적인 자원투입을 하는 것이 마케팅의 타기팅전략이다. 그러나 경제자유구역청은 전략유치산업의 선정이란 기본적인 단계에서조차 실패하고 있다. 예를 들어 물류산업을 전략 유치사업으로 선정한 곳은 인천과 광양만, 황해, 관광 · 레저는 대구 · 경북을 제외한 5개 곳이다. 〈표 7-18〉을 보면 경제자유구역청 내부에서도 개발내용이 유사하며 중복되고 있는 것을 발견할

〈표 7-18〉 경제자유구역청 각 지구별 기능과 크기

인천 경제 자유구역	구 분	송도지구	영종지구	청라지구
	주기능	지식정보산업단지, 바이오단지, 첨단산업클로스터, 인천신항 송도랜드마크시티 등	영종하늘도시, 운북복합레저단지, 용유우의관광단지, 영종물류복합단지, 메디시티(JHH)	국제금융업무 레저스포츠단지, 로봇랜드, 첨단산업단지(IHP)
	면 적	53.4㎢	138.3㎢	17.8㎢
	사업기간	2020	2003~2020	2003~2020
	계획인구	25만 명	15만 명	9만 명

부산·진해 경제자유 구역	구 분	신항만지역	명지지역	지사지역	두동지역	웅동지역
	주기능	물류·유통, 상업, 주거	국제금융/업무 R&D 연구센터	첨단, R&D 연계부품소재산업	첨단, 항만배후단지	여가·휴양, 물류·유통
	면 적	11.3㎢	13㎢	37.8㎢	21.1㎢	21.6㎢
	사업기간	2014	2013	2007	2010	2020
	계획인구	23.5만 명	5.2만 명	1.1만 명	2.5만 명	1.6만 명

광양만권 경제자유 구역	구 분	광양지구	율촌지구	신덕지구	화양지구	하동지구
	주기능	국제물류유통	신소재부품, 석유, 철강, 항만	주거, 교육, 레저	관광 스포츠, 휴양	제철산업지원, 주거, 레저
	면 적	15.2㎢	33㎢	25.1㎢	10㎢	12.3㎢
	사업기간	2015	2020	2020	2015	2020

황해 경제 자유구역	구 분	송악지구	인주지구	지곡지구	포승지구	향남지구
	주기능	첨단, 국제업무	전자정보, 레저·휴양	첨단, 자동차	첨단, 주거 복합도시, 국제물류	제철산업 지원, 주거, 레저
	면 적	13㎢	13㎢	3.5㎢	20.1㎢	5.3㎢
	사업기간	2025	2025	2025	2019	2025

새만금·군산 경제자유 구역	구 분	새만금사업지구	새만금관광지구	고군산국제해양 관광지구	옥산배후주거지구
	주기능	국제업무, 연구개발, 사업생산시설	골프단지, 테마파크, 컨벤션센터	호텔, 콘도, 펜션단지, 생태박물관, 갯벌체험장	주거, 교육
	면 적	18.7㎢	9.9㎢	4.4㎢	16.6㎢
	사업기간	2018	2020	2020	2020

〈표 7-18〉 계 속

대구 · 경북 경제자유구역	구 분	구미디지털지구	금호강지식서비스지구	영천부품소재벨리	포항융합기술벨리
	주기능	글로벌 R&D센터, 외국병원, 국제학교	의류, 디자인, 방송, 미디어, 첨단, 의료	미래형 자동차 테마파크, 임베디드 기술센터, 하이브리드 자동차 부품	첨단, R&BD, 국제 비즈니스파크

출처: 한국물류협회(2009).

수 있다. 한 나라 안에서 타기팅하는 산업이 이처럼 중복된다는 것은 각 투자입지의 장단점을 제대로 인식하지 못하였고, 또한 경쟁환경에 대한 조사와 전략적 마인드가 부족하다는 것을 시사한다.

전략산업의 중복적 선정은 타기팅 개념이 미진하다는 것을 암시할 뿐만 아니라 근본적으로 우리나라 경제자유구역청의 개발 비전이 획일적으로 설정되었다는 것을 의미한다. 비전이 특색이 없으므로 각 경제자유구역이 제시하는 메시지와 각기 장점을 축약하는 핵심 이미지가 차별성이 없고 외국인투자자들을 끌어들일 수 없다. 새만금 · 군산은 녹생성장의 핵심 거점, 대구 · 경북은 지식기반도시로서 브랜딩을 하고 있으나 나머지 경제자유구역청은 모두 물류, 첨단산업, 비즈니스 허브를 표방한다. 각기 나름의 특화된 장점과 차별화 요소를 주장하지만, 실제로는 뚜렷한 차별화가 어렵다. 이러한 점은 홍보 전략의 수립과 목표투자자와의 커뮤니케이션을 어렵게 만들며, 전략적 포지셔닝이 적합하지 않게 되었기 때문에 메시지가 모두 추상적일 수밖에 없다. 인천 경제자유구역은 지리적 장점, 공항 등 물류인프라의 우수성, 수도권 우수인력조달 및 수도권과 중국의 거대소비시장 근접을 최대 강점으로 내세우며 슬로건을 Global Business Utopia로 채택하였으나 사실 개발 방향에서 본다면 광양만과 크게 다른 점이 없다.

〈표 7-19〉 경제자유구역청의 슬로건과 개발방향

경제자유구역청	슬로건	개발방향
인천	Global Business Utopia	• 비즈니스 허브 • 물류허브 • IT · BT 허브 • 관광레저 허브
광양만	Northeast Business Hub: Logistics and distribution	• 물류 · 생산 거점확보 • 관광레저허브 • 국제비즈니스 도시 • 교육의료허브
부산진해	Make our treasure your own, make it big in Gwangyang Bay	• 지식기반형 업무도시 • 최적의 기업정주환경 • 동북아 물류의 신거점 • 미래첨단 산업의 중심 • 자연친화적 관광레저
대구경북	Global knowledge creation. We are different	• 지식기반산업기반확립 • 지식기반제조업의 집적과 지식융합 도시 구축 • 국제학술클러스터 조성 • 쾌적한 도시환경과 정주여건 • 국제 지식산업도시 프로젝트 추진
새만금 · 군산	The Leader of low carbon, green growth in Korea, Super Grean-SGFEZ	• 새만금레저파라다이스 조성 • 고군산군도를 동아시아 최고의 고급 휴양관광도시로 고성 • 고품격 선진국형 생태 신도시 • 세계최고의 외국인 전용 주거단지
황해	Meet your team in Asia, team up with Korea	• 국제수준의 첨단기술산업 클러스터 육성 • 대중국 수출입 전진기지 및 부가가치 물류 육성

출처: 각 경제자유구역청 홈페이지.

5. 중앙정부와 지방정부의 마케팅능력 강화를 위한 정책 제언

이 장에서는 앞에서 살펴본 투자유치마케팅의 글로벌 스탠더드와 한국의 투자유치 활동의 격차를 줄이기 위하여 정책적 제언을 하고자 한다.

1) 마케팅 문화와 마인드 정착

외국인투자 유치활동을 하는 우리나라 기관들이 마케팅 개념을 도입해야 하는 이유는 마케팅이 '투자자' 지향적으로 유치활동을 가능하게 하는 데서 기인한다. 마케팅에 입각한 외국인투자 유치활동은 투자유치국이 외국인투자가의 선호도를 파악하고 이에 맞는 투자환경을 조성하여 타깃한 투자가에게 홍보한다는 점에서 일반적 정부정책과 근본적으로 다르다. 정부정책은 대개 국가 입장에서 원하는 결과 또는 효과를 겨냥하여 나아갈 노선이나 취해야 할 방침을 세운 것이다. 마케팅 개념을 도입하지 않은 일반적인 투자유치정책은 투자유치국 입장에서 필요하다고 생각하는 투자입지조건을 개선하거나 투자가의 선호도를 반영하지 못하는 홍보활동에 그친다. 즉, 외면적으로 동일한 유치활동으로 보이더라도 투자자(소비자)의 선호(욕구)를 파악하지 못하였기 때문에 효과성 면에서 현저히 떨어진다. 그러므로 마케팅에 입각한 외국인투자 유치정책은 전통적인 정부정책과 달리 정부가 기업(*Company*) 처럼 투자유치를 목표로 타국가/지역(*Competitor*)과 경쟁하고 투자자(*Customer*)에 기반을 둔 정책을 수립한다는 면에서 패러다임 변화인 것이다.

우리나라 투자유치조직은 이러한 마케팅 마인드를 체화해야 한다. 우리나라의 투자유치조직도 정부조직이거나 정부산하조직이다. 지방자치단체와 경제자유구역청은 공무원으로 이루어져있고, Invest KOREA는 공기업이기 때문에 활동하는 투자유치자들은 민간조직과 비교할 때 정도의 차이를 두고 관료주의적 색채를 띠고 있다. 또한 자신들과 경쟁관계에 있는 타 국가의 마케팅 전략이나 유치활동을 분석하고 유치경쟁에서 이겨야겠다는 자세가 부족하다. 투자유치활동을 본격적으로 시작한 지 약 10년이 지난 지금 민간기업처럼 철저한 경쟁자 분석을 하고 소비자(투자자) 중심의 전략을 수립하여 실행하는 것을 단기간 안에 기대하기는 힘들다. 대신 단계적으로 마케팅 마인드를 키울 수 있는 방법을 모색하는 것이 바람직하다.

마케팅 문화를 정착할 수 있는 첫걸음은 투자유치 담당자들이 외국인투자유치가 국가의 번영을 위한 가장 핵심적인 전략임을 인식하고 세계 유수의 투자진흥기관들과 함께 경쟁해야 함을 공감하는 데에서 시작한다. 마치 기업이 이윤창출이 목표인 것처럼 우리나라 투자유치기관은 외국인투자 유치가 존재의 이유이어야 하며, 기업이 타 기업과 경쟁하며 상품을 내놓고 끊임없이 소비자의 선호에 민감하게 반응하듯이 투자유치기관도 세계적으로 치열한 투자유치 경쟁에서 생존하기 위해 투자자 중심의 생각을 해야 한다. 조직의 환경적응과 인식변화가 조직문화의 변화를 일으키므로, 투자유치담당자가 외국인투자를 국가 최우선과제로 진정으로 공감할 때 마케팅문화가 정착될 것이다.

2) 마케팅 전문성 강화

마케팅 전문성을 강화하기 위한 방법은 두 가지로 이루어져야 한다. 첫째, 인력의 전문성을 증가하는 것이다. 이를 위해서는 민간조직에서 마케팅 경험이 있는 인력을 채용하거나 투자마케팅 담당자가 민간기업적 문화를 경험하게 하고 해박한 비즈니스 지식을 축적하여 역량을 함양하도록 교육하는 방법이 있다. 공무원으로 구성되어 있는 투자유치조직은 마케팅을 전문가를 영입하거나 홍보 전문 컨설팅사와의 업무 협조를 장려하여 투자유치조직의 전문성을 높이는 것이 시급하다. 기존 투자유치담당 공무원이 마케팅 전문성을 키울 수 있도록 교육을 하거나 신규직원 채용을 통해 마케팅 능력자를 확보하는 방안은 장기간 시일이 소요되므로, 보다 단기적으로 마케팅 전문조직에 외주를 주거나 민간조직으로부터 마케팅 인력을 파견 받는 법이 바람직하다. 해외 사례를 보면, Investment Canada나 영국의 IBB는 민간소속 마케팅 전문 인력이 수년간 파견근무할 수 있는 장기계약을 맺어 민간 마케팅 스킬을 도입하고 있다. 또한 마케팅 인력이 장기 근속하여 전문성을 제고할 수 있도록 할 수 있는 별도 커리어 트랙을 신설하는 방안도 고려해 볼 수 있다(모종린 외, 2009: 121).

아무리 인력이 뛰어나더라도 인재를 활용하는 조직운영이 바람직하지 않으면 투자유치조직은 효과적으로 마케팅을 실행할 수 없다. 그러므로 투자유치조직의 전문성을 키울 수 있는 조직운영이 중요하다. 4절에서 살펴본 바와 같이 우리나라 투자유치조직이 마케팅 전문성을 가질 수 없는 이유는 순환보직과 계약직 채용에서 기인한다.

순환보직은 지방자치단체, 경제자유구역청, 그리고 Invest KOREA 모두의 문제이다. 지방자치단체와 경제자유구역청 내에서 업무에 상관없이 순환보직이 일어나므로 능력이 있더라도 업무 전문성을 쌓을 수가 없다. 순환보직이 정부부문의 전문성 축적에 큰 장애로 작용한다는 것은 많은 연구가 지적하였으며 특히 외교·안보·통상처럼 고도의 전문성이 요구되는 분야에서는 그 폐해는 더 크다(김광호, 2007: 519). Invest KOREA에 근무하는 통상직 KOTRA 직원도 Invest KOREA 내뿐만 아니라 기타 업무로도 발령이 나며, 특히 PM제도하에 투자책임을 맡고 있는 담당직원도 프로젝트가 끝나기 전에 기타 업무로 순환보직하는 경우가 있다.

우리나라에서 순환보직이 문제가 큰 것은 평균 재직기간이 짧아 전문성을 기를 수 없기 때문이다. 김광호(2007)는 한 분야에서 수년에서 수

십 년씩 근무하는 외국과 달리 정부부처 통상·국제협력담당 국·과장의 이동상황을 집계한 결과 평균 재직기간이 1년 남짓에 지나지 않았다고 한다. 이에 준하여 지방자치단체와 경제자유구역청에 근무하는 공무원들의 평균재직기간을 가정한다면, 투자유치는 대개 짧게는 3년에서 5년까지 이어지는 장기적 성격의 업무임을 고려할 때 순환보직의 비효율성이 엄청나다는 것을 짐작할 수 있다. 순환보직을 하게 되면 업무의 연계성과 전문성이 떨어질 뿐만 아니라 책임소재도 불분명해지기 때문이다.

투자유치 업무의 특별성을 감안한다면 이러한 문제점을 해결하기 위해 업무의 성격을 고려하여 순환보직의 범위가 한정되어야 한다. 경제자유구역청과 지방자치단체 내의 투자유치담당자들은 업무의 성격이 유사한 보직간 또는 선후업무가 유기적으로 연관되어 이전 직위에서의 업무가 새로운 직위의 업무수행에 도움이 되는 보직간으로 이동의 범위를 제한해야 한다(김광호, 2007: 551). 또한 순환보직으로 인한 짧은 재직기간을 연장하기 위해서는 전보제한의 강화를 제시할 수 있다(김광호, 2007: 552). 순환보직을 유보할 수 있는 조직 운영의 유연성을 투자유치조직에 부여하여, 전보제한 기간을 준수하도록 하거나 투자유치 프로젝트 책임과 같은 장기적 성격의 업무를 수행할 때 전보를 허용하지 않는 전보제한 기간을 두는 것이 현실적이면서도 실효성이 높을 것으로 예상된다(김광호, 2007: 529).[11)]

또한 투자유치 관련 업무를 장기간 체계적으로 할 수 있는 정규채용과 성과연봉제가 필요하다. 대개 지방자치단체와 경제자유구역청이 민간마

---

11) 김광호(2007)는 순환보직이 자주 일어나는 것은 구조적인 문제라고 설명한다. 동일직급 내에서 자리의 가치에 있어 하위인 보직에서부터 상위인 보직이 연쇄적으로 존재하여, 한 직급 내에서 하위보직으로부터 상위보직으로의 이동을 마치면 상위직급의 하위보직으로 승진하여 다시 해당 직급의 상위보직으로 이동을 계속하게 되는 것이 일반적인 공무원 보직경로이다. 따라서 조직 내 한 직급에서 결원이 발생하면 연쇄이동이 발생하게 된다.

케팅 인력을 보완하기 위하여 단기 계약직으로 인원을 충원한다. 장기적인 커리어가 없으므로 이들의 투자유치에 대한 의지와 적극성은 낮을 수밖에 없다. 그러므로 단기 계약전문직보다는 정규채용을 통해 각 조직의 마케팅전문성을 개선하고 체계적인 마케팅 전략을 수립하는 것이 바람직하다.

3) 마케팅 조직 내 성과중심적 인센티브 부여

우리나라의 투자유치조직은 투자유치활동에 대한 동기를 부여하는 조직 인센티브 시스템을 구축해야한다. 세계 유수의 투자진흥기관과 비교해보면 지방자치단체와 경제자유구역청, 그리고 Invest KOREA는 조직 구성원이 투자유치 마케팅에 전념할 수 있는 인센티브구조가 취약하다.

외국인투자 유치는 그 업무의 성격상 장기간의 노력과 시간을 투여해야만 성과가 난다. 그러므로 투자유치조직이 독립되어 있지 않고 기타 업무를 담당하는 인력과 함께 성과평가를 하게 되면, 성과가 쉽게 나는 업무 담당자에 비해 투자유치업무 담당자는 불합리하다. 예를 들어 외국인투자 유치와 수출, 통상 업무가 함께 있는 KOTRA 내에 설립된 Invest KOREA에서 업무에 따른 차등을 두지 않고 실적평가를 할 경우, 수출 담당자가 외국인투자 유치 담당자 비해 인사고과에 더 유리하다. 외국인투자 유치는 수출과 비교할 때 한정된 시간 내에 동일한 자원량을 투입하여 성과가 나기 어렵기 때문이다. 업무에 상관없이 순환보직을 도는 지방자치단체와 경제자유구역청의 공무원도 마찬가지이다. 이로 인해 우리나라 투자유치조직에서 투자유치실적을 인사고과와 성과급에 반영하는 것이 현실적으로 힘들었다.

그러므로 투자유치실적을 인사고과에 반영하도록 하되, 우리나라 조직 특성을 고려하여, 타 업무 담당자와 분리하여 평가하는 것이 바람직하다. 즉, 투자유치 담당자들끼리만 경쟁을 하도록 하여 불이익이 없도록 해야 한다. 공정하고 투명한 인사고과 반영을 위해서는 투자유치가 장기적 업무임을 감안하여 구성원에게 직무별 마케팅업무 내용과 구체적인 기준을 제시하고 이를 정기적으로 일관되게 측정하고 평가하는 시스템을 구축해야 한다. Ortega&Griffin(2009)이 소개한 코스타리카처럼 우리나라 투자마케팅 조직도 한 달 프레젠테이션 수, 한 해 잠재투자자 유치국 방문 수와 고용창출 수와 같이 구체적인 목표를 직원에게 제시해야 한다. 이와 같이 업무별로 구체적 목표설정 및 일관된 평가방식은 마케팅담당자의 업무효율성을 증가시킨다.

이처럼 구체적으로 설정된 목표 실적을 평가하고 승진·보직심사에 반영한다면 투자유치 담당자에게 실질적인 인센티브를 제공하게 된다. 실적 우수자에게는 발탁승진의 기회를 제공하고, 실적 부진자에게는 인사이동 시 후선배치 및 역량강화 연수를 실시한다면 직원의 업무성과가 증가할 것이다(박한식, 2007). 또한 코스타리카의 CINDE와 Invest in Bogota처럼 목표달성 수준을 초과하고 투자고객평가가 좋으면, 명확한 보너스 기준에 따라 포상금을 지급하는 것도 바람직하다.

4) 마케팅 담당 조직의 협력 네트워크 구축

중앙부처, 지자체, 경제자유구역청, Invest Korea, 공기업 등 기관 간 유기적 연계성을 증가하기 위해서는 마케팅 담당 기관 간 연간계획 및 관련 정보 등의 협력 네트워크를 구축해야한다. 우리나라 외국인투자 유치 정책은 지식경제부가 수립하고, 정책조정은 외국인 투자위원회에서 결정하며, Invest KOREA, 지방자치단체, 경제자유구역청 및 각 정부부처가 서로 협조하며 투자가를 발굴, 유치, 사후관리를 하고 있다. 투자유치에 관련되는 조직이 다양하고, 권한이 분산되어 있어 각 주체간의 협

〈그림 7-3〉 범국가 외국인투자 유치 체계

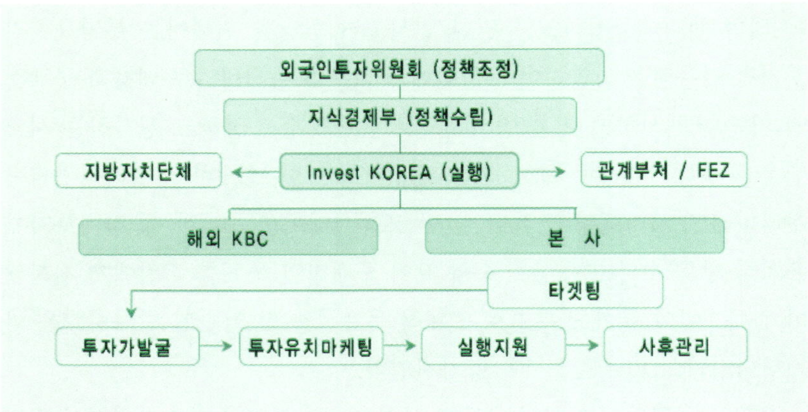

출처: Invest KOREA(2008b).

력네트워크가 공고하지 않으면 효과적인 투자유치활동을 실행할 수가 없다. 특히 홍보 마케팅의 경우 각 조직마다 산발적으로 시행되어 국가이미지의 통일성과 투자적격지로서의 강한 이미지를 발산해내지 못하고 있는 실정이다.

그러므로 국가 IR과 투자유치 IR을 비롯하여 연간 해외 마케팅 계획을 각 주체들이 함께 논의하여 수립하여야 한다. 이런 점에서 2010년 3월에 각 부처, 지방자치단체, KOTRA 등이 개별적으로 진행해온 외국투자설명회를 일원화하기로 하고 이를 전담할 외국인 투자홍보협의회를 발족한 것은 긍정적으로 평가할 만하다. 협의회는 범정부차원의 통합 홍보 및 IR 계획 수립, 분기별 실행계획 수립 및 IR조정, 해외기획 IR 사전 통보, 투자유치기관 간 IR 정보 공유, 한국 투자홍보대사 위촉 등 사안에 대한 협의를 하게 된다. 이러한 투자마케팅의 협력 네트워크는 가장 먼저 정보공유를 활성화하는 계기가 되어야 한다. IR 콘텐츠와 개최 계획, 결과 등을 공유하게 된다면 해외에 우리 정부의 일관된 메시지를 전달하고 외국인투자 유치 홍보의 효과성을 제고할 수 있기 때문이다.

유관기관의 상호협력체제가 실질적 정책조율을 담당하려면 신뢰를 바탕으로 투자유치에 대한 강력한 의지에 대해 공감대가 형성되어야 한다. 영국의 UKTI는 12개의 지방 투자유치기관과 정기적으로 회의를 열어 정책조정을 검토하고 각 기관의 투자유치방식과 고민을 함께 해결한다(Oregta&Griffin, 2009: 4). 경쟁적 관계에 있는 영국의 지방투자유치기관이 목표의 공유, 조정정책의 시스템화, 그리고 서비스 제공의 책임에 대해 합의를 한 후 국가이익을 위해 실질적인 업무조정과 협의를 이루어내는 것은 서로에 대한 신뢰와 협조정신 없이는 불가능하다. 우리나라의 투자유관기관들도 투자유치 활성화라는 공유된 목표를 확인하는 데서 출발한다면 앞으로 구축하는 협력 네트워크가 실질적인 업무조정을 이끌어낼 수 있다.

6. 결론

이 글은 외국인 투자실적이 정체하는 현 시점에서 기존 외국인투자 유치제도를 근본적으로 재검토하며 마케팅 중심의 시장친화적인 외국인투자 유치정책으로 정책전환이 이루어져야 한다고 주장하였다. 기존의 인센티브 위주의 투자유치전략은 비용과 시간에 비하여 그 효과가 미비한 반면, 마케팅 전략은 외국인투자가들이 직면하는 비대칭 정보문제를 해결하고 투자 리스크를 줄여 투자를 유치하므로 가장 효율적인 방법이기 때문이다.

이와 같은 주장을 하기 위해 이 글은 지금까지 외국인투자 유치에서 마케팅이 어떠한 의미를 갖고, 외국인투자 유치를 성공적으로 하고 있는 해외 투자유치기관이 마케팅의 촉진(*promotion*) 활동을 응용하는 현황을 검토하였다. 외국인투자 유치의 마케팅 글로벌 스탠더드에 비추어 전략과 조직 면에서 우리나라 외국인투자 유치기관을 평가해본 결과, 우리나라의 외국인투자 유치기관이 나아가야 할 길이 아직 멀다. 외면적인 면에서는 지난 10년 전과 비교하여 많이 개선하였으나, 아직까지 투자유치기관이 마케팅을 수행할 기본의지와 마인드가 부족하다는 것이 결론이다.

마케팅을 도입한 외국인투자 유치활동이 결실을 얻으려면 이를 달성할 수 있는 거버넌스가 확립되어야 한다. 마케팅의 중요성을 알고 마케팅을 체화한 조직구성원의 문화, 전문성을 키워주는 조직운영, 일관된 외국인투자 유치 마케팅 실적 평가기준, 그리고 외국인투자 유치 담당자들이 자신의 능력을 발휘하고 그 성과가 보상을 받는 조직운영 등이 바로 그것이다. 이러한 마케팅 거버넌스를 활성화하기 위해서 외국인투자를 국가의 정책적 우선순위로 두고 이를 강하게 추진하는 리더십이 강조되어야 한다. 21세기 국가의 미래를 위해 외국인투자가 중요한 성장동력임을 인식하고 시장친화적인 투자유치활동을 제시하는 것이 외국인투자정책이 바람직한 방향으로 나아갈 수 있는 첫걸음일 것이다.

참고문헌

권영철. 2001.6. "마케팅 개념에 입각한 외국인직접투자 유치정책." 〈국제경영리뷰〉 5(1): 1~27.

김광호. 2007. "정부부문의 전문성제고를 위한 인사제도 개선." 〈우리경제의 선진화를 위한 정부역할의 재정립〉. 한국개발연구원.

대외경제장관회의. 2010. 2. "해외 IR의 효과성 제고 방안."

모종린 외. 2009. "경제자유구역의 영어환경 조성 과제 및 지원방안." 연세대학교 국제학대학원 국제학연구소.

모종린 · 박민아. 2009. "기업세계화와 영어상용화: LG전자 사례." 글로벌교육리포트 2호. 안민정책포럼 · 연세대 국제학연구소.

박한식. 2007. 5. 3. “HR팀 탐방 직무와 성과중심의 HR 구축에 주력: KODIT 신용보증기금 인사부.” 《월간인재경영》.

박홍식 · 공성경. 2001. “투자유치 마케팅의 문제 -지방정부 외국인 직접투자의 유치를 중심으로.” 〈중앙행정논집〉 15(2) : 173~198

산업자원부 · KOTRA. 2007. 《외국인직접투자유치 백서》.

우연희. 2005. “한국 정부 기구의 해외 IR 활동 분석: 재정경제부와 인천, 부산 진해, 광양만 경제자유구역을 중심으로.” 중앙대학교 석사논문.

윤영미. 2006. “경기도의 해외기업투자유치 현황과 성과: 경제사회적 파급효과를 중심으로.” 《지방자치단체와 글로벌 투자유치전략》. 한국국제정치학회. pp. 249~281.

〈이데일리〉. 2010. 3. 5. “(edaily 인터뷰) 외자유치단장의 마지막 고언.”

이 철 · 장대련. 2006. 《글로벌 시대의 국제마케팅》. 학현사.

임성훈. 2004. 《전략적 외국인투자 마케팅》. 학현사

임성훈. 2005. “전략적 외국인투자 마케팅 체계에 대한 고찰.” 동북아중심추진위원회.

지식경제부. 2007. “외국인투자정책.” 《산업자원백서》.

한국무역협회. 2009. “자유무역과 경제자유구역의 외국인투자 유치 전략연구.”

Mai The Cuong. 2005. “The Marketing Approach to FDI Attraction.” Vietnam Development Forum and National Economics University

Wells, L. T. and Wint, A. G. 2000, *Marketing a Country: Promotion As a Tool for Attracting Foreign Investment*, Washington, DC: World Bank.

Ortega, Celia and Carlos Griffin. September 2009. “Investment Policy and Promotion,” The Investment Climate In Practice No. 6. World Bank.

KOTRA Invest KOREA. 2004. 8. “외국사례로 본 투자환경 개선 방향.”

KOTRA Invest KOREA. 2006. 6. “한국 · 싱가포르 · 대만 투자환경 비교조사.”

Invest KOREA. 2008a. “1998~2008년 외국인투자 유입과 철수 동향.” FDI 현안리포트 2008-2.

Invest KOREA. 2008b. “2007년도 Invest KOREA 연차보고서.”

Invest KOREA. 2009a. "2008년도 Invest KOREA 연차보고서."
Invest Korea. 2009b. "Invest Korea 2009."
Invest KOREA. 2009c. "한국투자환경의 해외 홍보사업 활성화 방안."
각 경제자유구역청 홈페이지
각 지방자치단체 홈페이지
Invest KOREA 홈페이지 (www. investkorea. org)

찾아보기

ㄱ

ㄴ · ㄷ · ㅁ

ㅂ · ㅅ

ㅇ

김보훈

연세대학교 주거환경학과를 졸업하고, 현재 동대학교 국제학대학원에서 국제교육, 교류 업무를 담당하고 있다. 《비즈니스 스킬 업! : 자신있는 대인관계》를 번역한 바 있으며, 글로벌 교육에 관심이 많아 글로벌 교육포럼 연구활동에 참여하고 있다.

김의성

미국 다트머스대학 경제학과를 졸업하고 컬럼비아대학에서 경제학 석사 · 박사학위를 받았다. UCSD 조교수를 역임하고 현재 연세대학교 국제학대학원 교수로 재직하고 있다. 주요 저서로 "Trade Liberalization and Productivity Growth in Korean Manufacturing Industries", "1996년 이후 정치자금 조달패턴"과 *Economic Crisis and Corporate Restructuring in Korea* 등이 있다.

김지은

연세대학교 사학과 · 정치외교학과를 졸업하고 동대학교 국제학대학원 국제통상 석사학위를 받았다. 한국개발연구원의 연구원을 지내고, 현재 안민정책포럼의 연구원으로 활동하고 있다. 주요 논문으로는 "홍콩: 공용어 지정과 영어매체학교의 활성화를 통한 영어상용화", "외환위기 이후 흉악범죄의 증가와 정부의 범죄억지정책"이 있다.

김치욱

서울대학교 외교학과를 졸업하고 미국 텍사스대학(오스틴)에서 정치학 석사 및 박사학위를 받았다. 가톨릭대학교 아태지역연구원 전임연구원을 역임하고, 현재 세종연구소 지역연구실 연구위원으로 활동하고 있다. 주요 논문으로 "개도국 주식시장 개방의 정치경제", "국제정치의 분석단위로서 중견국가", "미국의 Gs 창출과 패권의 네트워크화 전략", "국제금융제도 개혁과 중견국가", "G20의 부상과 중견국가 한국의 금융외교" 등이 있다.

류 상 영

연세대학교 정치학과를 졸업하고 동대학원에서 석사와 박사학위를 받았다. 일본 게이오대학 방문연구원, 삼성경제연구소 수석연구원, 캐나다 UBC 방문교수를 지내고, 현재 연세대학교 국제학대학원에서 정치경제학 교수로 활동하고 있다. 주요 저서는 "Changing dynamics in Korea-Japan relations: policy ideas and developmental strategies", "Determining the existence of Amakudari in publicly-traded Japanese companies", "The Political Dynamics of Informal Networks in South Korea: The Case of Parachute Appointment" 등이 있다.

모 종 린

미국 코넬대학 경제학과를 졸업하고 캘리포니아 공과대학에서 석사학위, 스탠퍼드대학에서 정치경제학으로 박사학위를 받았다. 텍사스대학(오스틴) 정치학과 조교수, 연세대학교 국제학연구소 소장, 언더우드 국제대학의 초대학장을 역임했다. 현재 연세대학교 국제학대학원 교수와 미국 스탠퍼드대학 후버연구소 연구위원으로 활동하고 있다. 주요 저서로 《한국의 영어경쟁력: 영어공용화와 상용화의 국내외 사례연구》 등이 있다.

이 인 재

서울대학교 법학과를 졸업하고 동대학교 법과대학원 석사학위, 미국 시카고 로스쿨 LL. M, 뉴욕대학에서 경제학 박사학위를 받았다. 한국노동연구원의 부연구위원을 지내고, 현재 인천대학교 교수와 한국법경제학회 학술이사로 활동하고 있다. 주요 논문으로 "Essays on Legal System and Economic Performance", "Why Do Married Men Earn More: Productivity or Marriage Selection", "정책 평가 방법으로서의 퍼지집합이론의 응용: 일자리 창출 정책의 경우", "기간제 근로자 인사관리의 영향요인과 효과, 노동정책연구" 등이 있다.